新编21世纪高等职业教育精品教材·通识课系列

市场调查与分析

MARKET RESEARCH AND ANALYSIS

主　编◎何阿甾　黄龙妍
副主编◎黄晓薇　吴　霖　刘晓敏

中国人民大学出版社
·北京·

图书在版编目（CIP）数据

市场调查与分析 / 何阿秒，黄龙妍主编．--北京：中国人民大学出版社，2022.2

新编 21 世纪高等职业教育精品教材．通识课系列

ISBN 978-7-300-30123-5

Ⅰ.①市… Ⅱ.①何… ②黄… Ⅲ.①市场调查-高等职业教育-教材②市场分析-高等职业教育-教材 Ⅳ. ①F713.52

中国版本图书馆 CIP 数据核字（2021）第 279191 号

新编 21 世纪高等职业教育精品教材·通识课系列

市场调查与分析

主　编　何阿秒　黄龙妍

副主编　黄晓薇　吴　霖　刘晓敏

Shichang Diaocha yu Fenxi

出版发行	中国人民大学出版社		
社　　址	北京中关村大街 31 号	**邮政编码**	100080
电　　话	010－62511242（总编室）		010－62511770（质管部）
	010－82501766（邮购部）		010－62514148（门市部）
	010－62515195（发行公司）		010－62515275（盗版举报）
网　　址	http://www.crup.com.cn		
经　　销	新华书店		
印　　刷	北京溢漾印刷有限公司		
规　　格	185 mm×260 mm　16 开本	**版　　次**	2022 年 2 月第 1 版
印　　张	14.5 插页 1	**印　　次**	2022 年 2 月第 1 次印刷
字　　数	313 000	**定　　价**	32.00 元

前言

目前，我国高等职业教育已进入“以加强内涵建设、全面提高人才培养质量为主”的新阶段。高等职业院校教育的目标是培养技术应用型人才，以此来满足中国制造大国向中国制造强国经济转型对人才的需求。做好市场调查与分析是企业经营决策的必要提前，是现代市场经济条件下企业经营管理的重要组成部分。根据时代发展的需求，本书按照专业设置与产业需求对接、课程内容与职业标准对接、教学过程与生产过程对接的要求，深化校企协同、合作育人。

本书在内容上以“工学结合一体化”为指导思想，以市场调查与分析工作过程为导向，以工作项目为引导来进行教学内容的安排。本书共分为五个教学项目共十三个教学任务：项目一认知市场调查，主要包括两个任务，分别是认识市场调查和选择市场调查机构；项目二设计市场调查，主要包括三个任务，分别是制定市场调查方案、设计市场调查问卷和设计市场调查抽样；项目三组织和实施市场调查，主要包括三个任务，分别是组建和培训市场调查队伍、运用市场调查方法和监控市场调查实施；项目四整理与分析市场调查资料，主要包括两个任务，分别是整理市场调查资料和分析市场调查资料；项目五撰写与提交市场调查报告，主要包括三个任务，分别是撰写市场调查报告、提交市场调查报告和跟踪与管理市场调查后的工作。本书在内容的处理上力求实用，做到内容精练、深入浅出，便于读者消化理解，在相关部分具体内容中设有“知识拓展”“同步案例”“项目实训”“思政园地”等，既开阔了读者的视野，增长了知识，调动了学习的主动性、创造性，又达到了学以致用的目的；既关注市场调查与分析实践的高度同步，又增加了教材的趣味性、可读性，充满实战气氛。

本书由何阿秒、黄龙妍担任主编；黄晓薇、吴霖、刘晓敏担任副主编。具体编写分工如下：何阿秒负责本书的整体策划、编写大纲、统稿和定稿；黄龙妍负责编写项目一、项目五；黄晓薇负责编写项目二；吴霖负责编写项目三；刘晓敏负责编写项目四。

感谢盖洛特（福州）市场调研有限公司提供市场调查分析与技术以及调查案例等的支持，同时也要感谢中国人民大学出版社对本书编写的支持与帮助。最后，本书在编写过程中参考了大量国内外学者的有关教材、著作、文献、案例以及报纸、互联网资料和企业资料等，在此深表谢意。

由于时间仓促，编者水平有限，同时随着科学与技术的迅猛发展，市场调查与分析的手段和方法也在不断更新和创新，因此书中难免会有不妥之处，敬请广大读者及同行专家批评指正。

编者

2022 年 1 月

目录

项目一　认知市场调查 / 001

任务一　认识市场调查 / 003

任务二　选择市场调查机构 / 029

项目二　设计市场调查 / 049

任务一　制定市场调查方案 / 051

任务二　设计市场调查问卷 / 058

任务三　设计市场调查抽样 / 076

项目三　组织和实施市场调查 / 092

任务一　组建和培训市场调查队伍 / 094

任务二　运用市场调查方法 / 104

任务三　监控市场调查实施 / 133

项目四　整理与分析市场调查资料 / 152

任务一　整理市场调查资料 / 154

任务二　分析市场调查资料 / 167

项目五　撰写与提交市场调查报告 / 193

任务一　撰写市场调查报告 / 195

任务二　提交市场调查报告 / 213

任务三　跟踪与管理市场调查后的工作 / 217

参考文献 / 228

项目一　认知市场调查

学习目标

知识目标

1. 了解市场调查的含义
2. 理解市场调查的作用
3. 明确市场调查的内容
4. 了解市场调查类型
5. 掌握市场调查步骤
6. 了解市场调查机构的类型
7. 明确市场调查机构的职能
8. 熟悉企业与市场调查机构合作的流程

能力目标

1. 能够联系实际说明市场调查的作用
2. 能够根据调查目的准确选择调查内容
3. 能够区分市场调查的几种类型及其应用条件
4. 能够根据市场调查步骤，初步设计调查流程
5. 能够列举当地各种类型的市场调查机构
6. 能够根据市场调查机构的职能组建企业内部的调查部门
7. 能够选择市场调查机构并与之合作

重点难点

重点

1. 明确市场调查的内容
2. 掌握市场调查的步骤
3. 明确市场调查机构的职能
4. 熟悉企业与市场调查机构合作的流程

难点

1. 能够根据市场调查步骤初步设计调查流程
2. 能够选择市场调查机构并与之合作

项目任务导航图

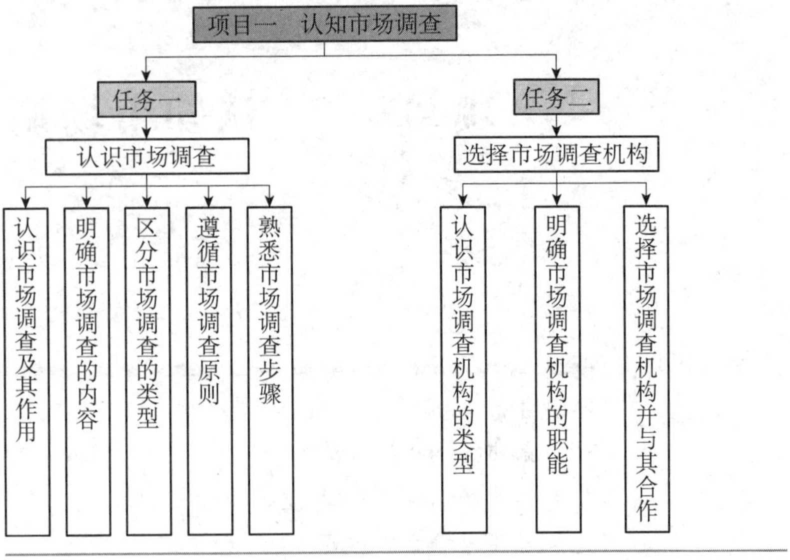

案例导入

S品牌洗发水的产品策略研究

A公司是国际知名的日用化妆品公司，其所生产的S牌洗发水曾经深受国内用户喜爱。但是目前，一方面，该产品的配方已经陈旧，市场表现显示也很难进一步扩大市场份额；另一方面，竞争对手的产品对A公司的市场威胁越来越大。公司决策层认为，必须采取果断措施，推出新产品，取代旧产品，以改变这种不利局面。而令决策层犹豫不决的是，毕竟旧产品还有一定的市场，而新产品能否被消费者接受还很难断定，如果淘汰旧产品，而新产品又不能让消费者满意，就等于拱手把既有的消费者送给了竞争对手。还有一点更令高层担心的是：新产品较竞争对手的产品而言是否具有竞争优势？为给这些问题一个明确的答案，A公司要求市场调查部进行产品测试。研究目的为：新产品是否能被旧产品的消费者认同，从而选用新产品？新产品较竞争对手的产品而言，是否具有竞争优势？优势在哪里？

市场调查部将该项目分解为两个部分，分别抽取两个样本进行测试：(1) 新产品是否能够留住原有消费者？这部分测试主要在S产品的原有消费者中进行；(2) 在一般消费者中，新产品较竞争产品是否具有竞争力？能否吸引他们使用该产品？这部分测试在目标市场中进行。在对市场进行初步了解的基础上，经过与A公司决策层的充分沟通，确定了三个竞争产品进入第二部分的测试。

由于测试涉及多个产品，不同的测试顺序会对结果产生较大影响，为了避免这种影响，必须保证测试顺序的随机性。但是又鉴于洗发产品的特殊性，只能采取留置测试，这又使访问员的控制力度变弱。为此，市场调查部采用动态平衡技术与特殊的留置容器，保证了测试顺序的随机性，消除了测试顺序性误差。最终，市场调查部提出了保留旧产品、力推新产品的市场策略，受到了决策层的认可，其后A公司产品的市场表现证明了市场调查部研究的科学性。

问题：

1. 为什么A公司要将新产品分别在原有消费者和一般消费者中进行测试？

2. 如果A公司不对新产品开展市场调查，会面临什么样的经营风险？

任务一　认识市场调查

一、认识市场调查及其作用

（一）市场调查的含义

市场调查是指运用科学的方法和合适的手段，有目的、有计划地收集、整理、分析和报告有关市场信息，以帮助企业、政府和其他机构及时、准确地了解市场机遇，发现存在的问题，正确制定、实施和评估市场营销策略和计划的活动。

市场调查的含义可以从以下几个方面理解：

1. 市场调查的主体

市场调查的主体是企业、政府和其他机构，即企业、政府和其他机构围绕具体的营销活动，通过自身的调查机构与专业人员或请专业的市场调查咨询公司，对相关的信息进行收集。

2. 市场调查的对象

市场调查的对象是市场信息，表现为各种数据或现象结果。广义的市场信息是指关于市场活动及相关因素的各种消息情报、数据、资料的统称。狭义的市场信息是指对企业生产经营产生影响的各种环境因素，通常分为宏观环境和微观环境两大类。营销调研以获取企业相关的市场环境因素作为活动对象，市场信息即是市场调查的内容。

3. 市场调查的目的性

市场调查具有目的性。市场调查的重要职责就是提供能够帮助发现问题与机会的市场信息，并且在必要的时候充分了解情况，帮助制定营销决策。

4. 市场调查的系统性

市场调查是对市场状况、企业营销活动进行信息收集和分析研究的全过程性活动，它包括调查计划设计、资料收集、整理、分析和调查报告等阶段。这一过程的每一个环节密切联系，并形成一个有机系统。在各个阶段如果不按照这一系统的要求周密计划、精心组织和科学实施，就难以得出正确的调查结果。因此，在进行重要决策时一定要系统地进行市场调查，若根据片面信息进行决策将导致难以挽回的损失。

5. 市场调查的科学性

针对企业所面临的营销环境和问题而进行相应的资料收集与分析，必须从有效的计划开始，按照科学的步骤和方法来实施。这个过程包括计划、收集、整理、分析和报告等；而且市场调查过程中要采用科学的方法和合适的手段来进行。各种调查方法，各适用于收集不同的信息；在整理分析收集来的信息时，采用不同的方法进行筛选、统计与分析。它要求市场调查人员从调查设计、抽样设计到资料收集、数据分析和统计处理等过程都必须严格遵循科学的程序。

（二）市场调查的作用

【知识拓展】

市场调查的发展

1. 市场调查是企业实现生产目的的重要环节

企业生产的目的是满足人们日益增长的物质和文化生活的需要，为此，首先要了解人们需要什么，以便按照消费者的需要进行生产，尤其是消费者的需要在不断变化，这就不但要调查，而且要及时进行调查。因此，市场调查是国民经济各部门制定计划及企业实现生产目的的重要一环。

2. 市场调查是企业进行决策或修订策略的客观依据

企业进行经营决策首先要了解内部和外部的环境及信息，要掌握信息就必须进行市场调查。企业的管理部门或有关负责人要针对某些问题进行决策或修正原定策略，如产品策略、定价策略、分销策略、广告和推广策略等，通常需要进行市场调查获取信息为其决策提供依据。

3. 市场调查是企业改进技术和提高管理水平的重要途径

当今世界，科学技术发展迅速，新发明、新创造、新技术和新产品层出不穷，日新月异。通过市场调查所得到的情况和资料有助于我们及时了解世界各国的经济动态和有关科技信息，为本企业的管理部门和有关决策人员提供科技情报。

4. 市场调查是增强企业竞争力和应变能力的重要手段

市场竞争是激烈的，情况也在不断发生变化。市场上的各种变化因素可以归结为以下两类：

（1）可控制因素，如产品、价格、渠道、促销等因素。

（2）非可控制因素，如国内环境和国际环境所包括的有关政治、经济、文化、地理条件，战争与国外分支机构等因素。

这两类因素是相互联系、相互影响，而且不断发生变化的。及时调整可控制因素以适应非可控制因素的变化情况，才能应付市场上的竞争。只有通过市场调查才能及时了解各种非可控制因素的变化情况，从而有针对性地采取某种应变措施去应付竞争。通过市场调查所了解的情况或所获得的资料除了了解市场目前的状况外，还可预测未来的市场变化趋势。

二、明确市场调查的内容

【知识拓展】何时无须进行市场调查

市场调查内容是很广泛的，但不同企业和不同行业、相同企业在不同时期内对市场调查的内容会因需要的不同而有所侧重和选择。以下所涉及的是企业在市场调查过程中应广泛收集的各方面的资料和信息，企业可根据确定的市场调查目标进行相应的取舍。

企业市场营销活动的成功，主要受三大方面的影响，即消费需求、产品设计和市场营销活动的适用程度。而这三方面内容都是在一定的社会环境下存在的，因此市场调查的内容主要涉及社会环境调查、市场需求调查、产品调查和市场营销活动调查这四大方面。

（一）社会环境调查

消费者的任何活动都离不开所处的社会环境，企业消费者的任何活动也都离不开所处的社会环境，企业的经营活动也一样。一个地区的社会环境是由政治、经济、文化、气候、地理等因素组成的，而这些因素往往是企业自身难以驾驭和影响的，只有在了解的基础上去适应它，并将其为“我”所用，才能取得经营的成功。对社会环境的调查包括以下几个方面。

1. 政治环境

（1）政府的经济政策。一般说来，政府的经济政策（包括对外经济政策）是为了适应本国经济条件和利益而制定的。我国由于各地区生产力水平、经济发展程度不同，政府对各地区的经济政策也不同。有些地区的经济政策宽松些，有的严格些。对行业也采取倾斜的政策，对不同的行业采取不同的优惠、扶持或限制政策，这些都会对企业的经营活动产生影响。进入国际市场的企业，还需了解当地政府的对外经济政策。当地政府对于外国投资是鼓励还是限制；对产品优惠保护、减税或限制、加税的政策如何，对投资方或供应方都会产生有利或不利的影响。此外，在不同时期，国家的经济政策也会做出相应的改变或调整，它会波及各个地区、各个行业，因此，对企业的经营也会产生影响。

（2）政治体制。这方面的调查是进入国际市场的企业需要认真考虑的问题。外国的体制是否与本国相同，是资本主义还是社会主义，是民主制还是专制，其政党是多党制还是一党制，或是两党轮流制？各派的政见、地位不同等，都会对国家经济政策、法规的制定和实施产生影响，尤其是当地政府对外国产品和投资所采取的积极或消极的态度，是调查中需要考虑的重点。

（3）政策的连续性和政府的稳定性。政策的连续性对于企业有一个良好的外部经营环境具有重要作用。政策随着时间和条件的改变会有所变化，但相对稳定性则是必需的。企业应对政府有关经济政策和法规、目前的状况、未来一段时间内将作何调整、会在什么时候、什么条件下做出调整有一定的了解，当地政府的稳定性直接影响对外经济政策的连续性，由于政府的不断更迭所引起的政策多变、换届政府不继续履行上届政府的诺言或政策、对外国投资采取没收或国有化的政策，会直接影响外国投资的收回和利益。

2. 经济环境

（1）经济发展水平。它主要影响市场容量和市场需求结构。经济发展水平增长快，就业人口就会相应增加。而失业率低，企业开工率高以及经济形势的宽松，必然引起消费需求的增加和消费结构的改变；反之，需求量就会减少。

（2）经济特征。它包括某一地区或国家的人口、收入、自然资源及经济基础结构等，这些因素都在不同程度上影响市场，如每一地区或国家由于资源条件的不同，总是对缺乏的资源或产品产生需求；此外，重工业区、轻工业区、农业区等某种行业比较集中的地区，因其市场需求也有自己的特点，因此，某种产品的适用程度也会有所不同。

（3）贸易政策和法规。了解国外市场的贸易政策和法规是进入国际市场的企业必须要做的事情。有关贸易的政策和法规包括该国的关税情况、配额分配情况、国内税、货币管制措施以及卫生与安全规定等。在贸易保护主义日益加重的情况下，各国的非关税壁垒也日益严重，如果不全面了解当地的有关法规，必然会导致经营的失败。

3. 文化环境

每一个地区或国家都有自己传统的思想意识、风俗习惯、思维方式、宗教信仰、艺术创造、价值观等，它构成了该地区或国家的文化并直接影响人们的生活方式和消费习惯。对于市场经营人员来说，经营活动必须适合当地的文化和传统习惯，才能得到当地人的认可，产品才能被人们接受。

在构成文化的诸因素中，知识水平影响人的需求构成及对产品的评判能力。知识水平高的地区或国家，科技先进、性能复杂的产品会有很好的销路；而性能简单、易于操作、价格便宜的产品则在知识水平低的国家能找到很好的销路。在文化因素中，还有一个不容忽视的方面，即宗教信仰及传统的风俗习惯，市场营销活动应尊重当地的宗教信仰，否则会引起当地人的极大反感，导致销售活动的失败。

同步案例

文化环境调查改变一家小五金企业的命运

世界著名管理专家彼得·德鲁克讲述了他经历过的一件事情：1920 年，他在一家有着 100 多年历史的进出口公司实习，这是一家向印度出口小五金制品的公司，他们的产品是一种挂锁。该公司几乎每个月都有一整船的产品运往印度。但是这种挂锁不太牢靠，一枚大头针就能够把它打开，用力一拉也能够把它打开。在 1920 年以后，印度的生活水平不断上升，而这种锁的销量却在下降。老板认为可能是因为锁的质量问题而影响了销路，于是对锁进行了技术改造，重新设计了挂锁，加强了锁的质量。

但是事与愿违，改良过的锁根本卖不动。四年后该公司破产了，有一个原来规模只有其 1/10 的小竞争者取代了它的位置。因为小竞争者了解到了这样一个实际情况：原来挂锁向来是印度人神圣的象征，没有任何小偷敢去开启这种挂锁。因此钥匙从来没有被使用过，而且经常丢失，而这家进出口公司却强调挂锁的牢靠性，使消费者感到非常不方便。但是对于新产生的中产阶级来说，挂锁的功能明显不能满足他们的安全需要，于是销量减少了。当小竞争者了解到这个情况后，生产制造了两种锁：一种是没有锁头和钥匙只有一个拉栓的锁，售价不到原来的三分之一；另一种锁则相当牢靠，配有三把钥匙，但是售价是原来挂锁的两倍。两种产品都很畅销。

资料来源：陈松．市场调查与预测［M］．长沙：湖南师范大学出版社，2020.

---

4. 气候、地理环境

气候会影响消费者的饮食习惯、衣着、住房及住房设施。某种气候条件下，消费者的商品选择会带有一定针对性，这种情况并不是人为因素造成的，因此同样的产品在不同气候条件下，会有截然相反的需求状况，销售方面当然也会有很大差别。

地理因素也就是各地区的地理环境，如山区、平原、高原、江河湖海流经地区或远离水资源的地区等。地理环境决定了地区之间资源状态分布、消费习惯、结构及其消费方式的不同，因而产品在不同的地理环境下的适用程度和需求程度会有很大差别，由此引起销售量、销售结构及销售方式的不同。

以上所述社会环境的各个因素并不以企业的意志为转移，因此市场调查首先就要对企业所处的外部环境进行调查，以便对这些不可控制因素的特征有充分的了解，从而避免在经营中出现与周围环境相冲突的情况，并尽量去利用环境中有利于企业发展的方面，保证经营活动的顺利进行。

（二）市场需求调查

对企业来说，市场就是具有一定支付能力的需求。平时听说的产品市场好坏、容量大小等实际上是针对消费者而言的。市场容量大小制约着企业生产、经营的规模。没有需求也就谈不上具有市场容量，当然就无法进行生产。因此针对消费者所进行的调查是市场调查内容中最基本的部分。

1. 消费需求量调查

消费需求量直接决定市场规模的大小，除了上文所述的社会环境对需求量的影响以外，影响需求量的因素还有以下两方面。

(1) 货币收入。消费者需求数量的大小要取决于其货币收入的多少。在拥有一定货币收入的条件下，消费者才可能选择和购买自己所需的商品。货币收入主要来自以下几个方面：

1) 劳动收入。如职工的工资收入、奖金；农民出售农产品所获得的收入；从事兼职工作所获得的工资以外的收入；有偿转让或出售自己的发明专利所获得的收入等。这部分收入是消费者货币收入来源中最基本、最主要的部分，随着国家经济水平的发展、劳动生产率的进一步提高，这部分收入呈不断增长的趋势。

2) 从财政信贷系统获得的收入。如助学金、奖学金、救济金和储蓄利息等。

3) 其他方面的收入。如股息收入、亲属的赠予、接受的遗产等。

需要注意的是，不同的收入阶层，货币收入的多少是有很大差别的。不同的收入阶层会根据自己的收入水平选择适合本人身份及收入的商品。

(2) 人口数量。人口数量是计算需求量时必须考虑的因素。因为人口数量多，对商品的需求量就大，尤其是日常食品和日用工业品这类商品，其需求量随着人口的增加必然增加。但在考察某一产品的市场销量可能有多大时，还要将人口因素与货币收入联系在一起，人口数量大并不意味着对所有产品的需求潜力大。在低工资、低收入或货币收入增长缓慢的情况下，尽管人口数量大，但对某种产品并不一定就形成现实的购买力，它可能要在一段时期或很长时期以后才能体现出来，真正形成购买力。如果只考虑某地区人口数量多，就认为产品肯定好销，很有可能出现事与愿违的情况。此外，在考虑人口数量时，也要把流动人口考虑进去，有些地区是人口流入量大于流出量，有些地区则相反。流动人口的比例大，需求量也就大，需求增长量也越多，所以这一因素是不能忽视的。

2. 消费结构调查

消费结构是消费者将其货币收入用于不同商品的比例，它决定了消费者的消费投向，对消费结构的调查包括以下几个方面的内容。

(1) 人口构成。由于人口的性别、年龄、职业、文化程度、民族等的不同，其消费投向会有很大的差异。就消费者的性别而言，女性消费者在美容、服装、零食方面的开销较大；而男性消费者则在烟酒、社交方面的开销较大。就年龄来讲，儿童在食品、玩具方面的支出占很大比重；青年则崇尚时髦和新奇的商品，对新产品的认可过程很快；老年人则更注意商品的实用性和营养、保健方面的功能。就职业而言，不同的职业收入水平的差异及职业特点的需要，使消费投向的特点也很明显。大公司的职员由于收入水平高，追求名牌、突出身份的观念就较强；而一般企事业单位的职工相比之下更倾向于价廉物美的商品；从事教育及科研工作的消费者，则将很多花费用在书籍、报刊等购买上。知识水平的高低同样影响消费投向，知识水平高的消费者注重商品性能的科学性、外包装的艺术性，突出个性也是这部分消费者追求的目标。不同的民族由于风俗习惯、宗教信仰不同，消费投向更是具有各自的特点。因此，在市场调查中，为了更准确地瞄准目标市场，必须把人口特征作为重要的调查内容来考虑，从中了解不同特征消费者对商品的看法和偏好的程度，以此为依据来确定应该面对的消费者群，并针对这部分人的消费意愿进行产品的设计和市场营销活动。

(2) 家庭规模和构成。家庭规模也就是家庭的人口数。家庭的人口数多，对商品的需求量就大。但购买力的大小则要视就业人口在家庭总人口中的比重而定。目前，我国的家庭规模呈逐渐缩小的趋势，两个大人加一个子女或两个子女的家庭类型已经具有普遍性。由于家庭人口不多，且两人只负担一两个孩子，因此这样的三口或四口之家其购买力就很大，尤其是用于子女的开销更大，此外，用于耐用消费品、奢侈品及装饰方面的开支也在不断增长。

在家庭构成上，过去四世同堂的家庭构成已越来越让位于三口或四口之家。由于大家庭分解为若干独立的小家庭，每个单位的小家庭也需要完备的家庭用品和设施，因此对商品的需求量必然增加。随着近几年经济的迅速发展，住房条件不断改善，家庭装饰材料及大件高值家用电器的需求量逐年上升的情况正好说明了这点。

(3) 收入增长状况。经济增长，收入水平也会随之相应增加。根据恩格尔系数所测算的消费结构的比重变化显示，当人们收入增加时，用于吃、穿方面的支出比重会逐渐下降，而用于住、用方面的开支则会呈上升趋势。日本曾对零售业各行业的店铺增减情况做过一次普查，发现副食零售店一直是增长的，这同在外就餐人数的增加有很大关系。妇女就业增加与饮食业和家庭用的经过一定加工的副食行业的发展有直接联系；体育用品、乐器、花木等行业也在增长，说明业余时间生活趋于多样化；而一直处于下降状态的是鞋靴、西服、禽蛋等行业。这与吃、穿所占的比重减少有关。我国的调查结果也表明了在生活水平提高以后，吃所占的比重在下降，而穿、用、住的花费增加，这种由于收入增长所带来的消费结构的变化对企业今后的生产方向具有指导意义。

(4) 商品供应状况以及价格变化。商品供应状况指市场上商品的供应是否充足。当商品由于某种原因供应不足或限量供应时，消费者会将其消费投向转移到哪种产品上去？当商品价格提高或提高到一定幅度以后，消费又会转到哪种产品上？这种调查一方面使企业了解由于供应和价格的变动而引起的需求变动；另一方面也为那些生产替代产品的厂家提供了参考依据。

3. 消费者行为调查

消费者行为是市场调查中较难把握，而又带有不确定性的因素。它受多方面因素影响，如消费者心理、性格、宗教信仰、文化程度、消费习惯、个人偏好和周围环境等。这些因素都可以在一定程度上促成消费者的购买行为。消费者行为调查就是要了解这些主客观因素及发展变化对消费者购买行为的影响。

(1) 消费者心理需要。消费者心理需要是促成消费者购买行为的关键因素。由于心理需要具有多变性、多样性和复杂性，因此非常有必要调查消费者出于何种心理需要采购某种商品，怎样去迎合这种心理需要进行产品的宣传。

消费者心理需要的表现：

1）习俗心理需要。由于消费者所处的地理环境、风俗习惯、宗教信仰、传统观念以及种族的不同而存在的不同心理需要。

2）同步心理需要。在社会风气、潮流、时尚的影响下，赶时髦、随潮流的心理需要。

3）偏爱心理需要。由于心理素质、文化程度、业余爱好、职业习惯和生活环境的影响，从而产生对某种商品的特殊爱好。

4）经济心理需要。即注重经济实惠、价廉物美、货价相等的心理需要。

5）好奇心理需要。即对新事物、新构想的求知心理及追求新颖、奇特的心理需要。

6）便利心理需要。即要求购买方便、迅速，服务周到、热情，商品易携带、维修和使用的心理需要。

7）美观心理需要。要求商品的美观，使人赏心悦目或产生舒适感的需求。

8）求名心理需要。为保证商品的质量以及体现一定的社会和经济地位而产生的挑选名牌、以商品品牌来决定购买的心理需要。

在促成消费者发生购买行为的过程中，可能是一种也可能是多种心理需要发挥了作用，如果能抓住起关键作用的几种心理因素，在产品设计、外观包装、广告宣传等方面强化某种效果，就会达到促进购买、吸引顾客的目的。

教学互动

有些市场调查人员发现，当他们向被调查者询问洗发水的有关问题时，得到的回答肯定是洗发水最重要的是能够把头发洗干净并具有护理头发的功能，但当市场调查人员把货样拿给人们看时，却有很多人总是先闻一闻有没有香味。还有，在美国，长期以来肥皂制造商搞不清楚粉红色香皂是否受欢迎，因为每当把不同颜色的香皂摆在人们面前时，他们总是指着粉红色的那块，但是在商场里粉红色的香皂却很少成为热销款。

问题：市场调查人员应该怎样做才能更好地把握消费者的心理？

（2）购买行为类型。根据消费者购买行为的不同进行的分类：

1）习惯型购买。根据以往形成的习惯或效仿别人的经验购买，表现为长期惠顾某种型号商品或某家商场而不易受外界的干扰。

2）理智型购买。根据自己的经验和学识判别商品，对商品进行认真的分析、比较和衡量后才做出决定，而且不愿意外人介入。

3）感情型购买。即在购买时因感情因素的支配，容易受到某种宣传和广告的吸引，经常以商品是否能符合感情的需要进行购买。

4）冲动型购买。即消费者为商品的某一方面（商标、样式、价格等）所强烈吸引，迅速做出购买决策，而不愿对商品做反复比较。

5）经济型购买。即消费者多从经济方面着眼考虑购买，特别是对价格非常敏感，购买高级商品以求好而购买低级商品以求廉的购买行为。

6）随意型购买。即消费者缺乏购买经验，或随大流或奉命购买，并乐于听取别人的指教。

消费者的购买行为会因所购商品、购买地点、时间及周围环境的不同而改变，这又与决定消费行为的决策过程有关。

（3）消费者的决策过程有以下几种情况：

1）长期的决策过程。即消费者探寻有关这种商品的具体细节情况，然后把各种信息来源进行整理、分类、比较和评价，选出最佳方案进行决策。

2）限定的决策过程。即不经过外部探索这一阶段而做出的决策，当某人有了某种需求以后，由于所爱的品牌不能满足这种需求，于是在其他品牌的商品中选择一个过去曾经尝试过而且感觉不错的品牌。

3）习惯性的购买决策。指既不通过外部探索也不经过评价过程，而是按照以往的习惯迅速、直接地做出购买商品的决策。

4）突发性的购买决策。消费者没有经过探索评价的过程，因对商品所表现的某种特征极感兴趣，而迅速做出购买商品的决策。

尽管企业的营销管理人员无法直接塑造或操纵消费者文化、家庭的建立以及人格或其他心理特征，但可以通过调查来了解这些因素，以便能以积极主动的方法去影响消费者的决策过程。在经营过程中，完全有必要也有可能以某种消费者购买方式的知识为基础，来组织对消费者进行的信息传递和输送，说服消费者对某一特定产品、服务或社会活动采取实际的行动。

（三）产品调查

对任何一家企业来说，产品必须满足消费者的需要，才能促使消费者进行购买。然而这样还不够，还要使产品能够得到越来越多消费者的认可，才称得上成功的产品。推出一种成功的产品，既可以在原产品的基础上进行某种改良，也可以另创一种崭新的产品，究竟应该采用哪种方法，这就需要对有关产品的许多方面进行调查。

1. 产品生产能力调查

（1）原材料来源。是否能保证按时供应，充分供应。

（2）生产设施的现代化程度，机器设备的先进程度。

（3）技术水平情况。采用的是否是先进技术，在同行业中处于什么样的地位。

（4）资金状况。生产成本与利润，贷款与自有资金的比例，负债情况，资金周转等。

（5）人员素质。包括管理人员、设计人员及实际操作人员。

在以上的调查项目中值得重视的是，生产该类产品的技术水平达到了什么样的层次、在企业中高水平技术的利用程度如何，这是增强生产能力的最有力的潜在因素。

2. 产品实体调查

产品实体调查是对产品本身各种性能的好坏程度所做的调查，它包括以下几个方面：

(1) 规格。产品规格大小，会在不同的消费者中有不同的反应，对于一个特定的市场，产品规格必须适合当地人们的习惯或爱好。比如有些市场需要产品的所有规格，越齐全越好，而有些市场可能只青睐某种或某几种规格。

(2) 颜色及图案。颜色在不同地区会有不同的象征意义，人们对颜色的偏好也会因地而异。而消费者对颜色的偏好会直接影响产品的销售。图案也存在类似情况。某些地区受人欢迎的图案，在其他地区可能是忌讳或不祥的表示。

(3) 味道。不同消费者对产品味道的反应是多种多样的，即在不同的地区，消费者会偏好不同的特殊味道。所以人与人之间、地区之间普遍存在对各种味道或口味的不同偏好，如果在这个方面不能满足消费者的需求，产品就可能出现滞销。

(4) 式样和类型。对很多服装和一些日用品而言，式样和类型的要求在不同的地区也存在差异，如城市与农村之间、国家之间、地区之间等。此外，式样和类型也容易因时尚的改变而迅速发生变化，因此必须了解各地区之间的差异及未来可能发生的变化。

(5) 原料。产品的原料构成会因地区、国家的不同而存在不同的需求。如有些国家喜爱用纯天然原料制成的衣服，有的则习惯于用混纺原料，有些地区或国家则喜欢用化纤作为原料，不同的需求和习惯会对某种商品产生不同的市场容量。

(6) 性能。产品性能是消费者最为关注的问题之一。产品的耐用性、功率的大小、发热量、防水功能、能源损耗和方便保养等都是消费者在购买商品时会考虑的问题，但不同的消费者对产品的某个或某几个性能的关注程度会有很大差别。有些消费者注重产品的耐用性；有些消费者关心产品维修是否方便；而有些消费者则关心产品功率及能源损耗方面的性能如何。

3. 产品包装调查

产品的包装应该既美观、结实，又便于运输和装卸。因此，根据包装的作用，要进行以下内容的调查：

(1) 销售包装。这种包装视产品的供应对象不同而不同。对于日用工业品和食品，包装应该起到美观、保护和宣传的作用。美观作用可以对产品的推销起到很好的效果，在同类商品同时陈列的时候，醒目、独特、美观的包装会吸引顾客的视线，引起顾客注意，最终使顾客形成购买行为。保护作用即包装能否起到不损害使用价值的作用，如防潮、防晒及包装材料的质地是否结实。宣传作用指包装应该能向消费者传达产品的信息，使顾客更好地了解产品，如在包装上印刷产品的使用说明、产地、原料、数量、规格等。针对上述说明的包装所起的作用，可在调查中查明：

1) 包装与当地的推销环境是否协调或是否突出；

2) 消费者对某种图案或颜色有无特殊的偏好；

3）在同类产品中顾客认为最好、最受欢迎的产品包装造型；

4）竞争产品的包装样式；

5）包装上是否需要详尽的说明。

除了上述几个调查项目外，也要对包装规格大小要求进行调查，不经常购物的人接受大包装；反之，小包装则更适宜。

对于工业品的包装，需要调查下列内容：

1）包装是否易于储存、拆封；

2）包装是否牢固、便于运输；

3）包装是否便于识别商品；

4）外包装是否有利于再利用、回收等；

5）包装的费用情况。

（2）运输包装。在运输过程中，商品包装是否能适应运输方式的要求以保证商品的使用价值不受损害，不同运输工具要求什么样的包装形式，这些都是对包装的重要调查项目。

对装卸方法、防盗、防潮、防晒、仓储形式及包装成本的调查，为决定采用什么样的包装材料和形式提供了很好的参考。

（3）产品包装的附带性调查。对产品包装的附带性调查，主要针对产品上的商标和标签而言，好的商标既有维护和传扬厂方名声的作用，也有独特、吸引人的作用，因此要做的调查有：

1）商标名称和标志是否与其他产品相同或类似；

2）商标名称和标签在消费者心中的影响，是否醒目、吸引人；

3）商标和名称是否与当地人的心理相协调。

4. 产品生命周期调查

任何进入市场的产品都有其市场寿命，也被称为产品的生命周期，包括引入期、增长期、成熟期和衰退期四个阶段。企业首先要明确自己所生产和经营的产品处于生命周期的哪一阶段，因此需要在产品的销售量、利润率、经营者和消费者对产品的兴趣等方面进行调查。

（1）引入期。当产品处于引入期时，这时产品初次进入市场，带有一定风险性，必须经消费者认可才能在市场上站稳脚跟，此时市场调查的重点应是：

1）消费者选择此种产品的动机；

2）消费者对此种产品价格的承受力；

3）消费者对此种产品的需求程度；

4）市场上有无类似产品；

5）产品的特殊优势。

（2）增长期。当产品处于增长期时，产品已在市场上保住了自己的阵地，并开始出现上升势头，这时的调查内容应包括：

1）产品受欢迎的原因；

2）产品在哪些方面尚有不足，还需改进；

3）是否出现了竞争产品；

4）潜在的消费者需求量有多大。

（3）成熟期。在此阶段，产品已进入销售的最高点，市场上出现了多家竞争者，销售量已很难再提高，且还有下降的趋势，此时生产或经营单位应考虑转型或改进产品，因而对市场的调查应着重在：

1）消费者减少购买的原因；

2）竞争产品的优势。

通过这样的调查，企业可以确定应采取什么样的公关宣传手段及促销活动来促使消费者购买，维持市场占有率。

（4）衰退期。当企业已确定产品进入衰退期后，就要停止生产或经营，而转向其他产品。随着市场商品的丰富、产品更新换代的速度加快，一些产品的生命周期并不按照四阶段来完成其市场寿命，有些产品进入市场以后，或直接进入成熟期，或经过短暂的增长期后进入衰退期。此外在不同的地区同种产品会处在生命周期的不同阶段，城市处于成熟期，农村可能进入增长期；国内市场进入增长期，发达国家可能已进入成熟期甚至是衰退期，而其他一些发展中国家可能只处于引入期或增长期。因此只有通过调查来明确产品的生命周期，并采取相应的措施，才能制定出正确的产品政策。

5. 产品价格调查

产品定价除了需要考虑本企业的产品生产成本及费用以外，还要视市场及竞争情况而定。定价高，利润也高，但销量会减少，资金周转较慢；定价低，利润也低，但销量会增加，资金周转较快；在销售旺季时，可适当提价，淡季时可适当降价。但是由于产品的价格弹性不同，调价会带来不同效果，因此要对调价后引起的销售量增加或减少进行调查。除此以外，定价的高低与目标市场消费者的购买力高低也有关系，目标市场中消费水平高的顾客与消费水平低的顾客所能承受的价格变动有很大不同，前者更注重体现身份，后者更注重价廉物美，因此在定价方面需要调查的内容有：

（1）目标市场不同阶层顾客对产品的需求程度；

（2）竞争产品的定价水平及销售量；

（3）采用浮动价格是否合适，提价和降价带来的反应；

（4）目标市场不同消费者对产品价格的要求；

（5）现有定价能否使企业盈利、盈利水平、在同类企业中居于什么样的地位。

这些项目的调查，可使企业及时了解定价水平的高低，应何时调价等。

（四）市场营销活动调查

市场营销组合包括产品、价格、渠道与促销，前面已涉及产品及价格，以下主要介绍渠道、促销方面的调查内容。

1. 竞争对手调查

产品进入销售旺季，竞争对手会更多，竞争可以是直接竞争，如经营或生产同类产品的厂家；也可以是间接竞争，即生产用途相同的产品，如矿泉水制造厂商对果汁、汽水的厂商来说就构成了间接竞争。不论何种竞争，不论竞争对手的实力如何，要想使自己处于有利地位，首先要对竞争对手进行调查，以确定企业的竞争策略。需要调查的内容有：

(1) 竞争者产品的优势；

(2) 竞争者所占有的市场份额；

(3) 竞争是直接竞争还是间接竞争；

(4) 竞争者的生产能力和市场计划；

(5) 竞争者对经销渠道的控制程度；

(6) 在竞争中主要竞争者有哪些，他们对市场的控制力有多大，消费者对主要竞争者的产品的认可程度；

(7) 竞争者产品的缺陷，消费者还有哪些要求未在竞争产品中体现出来。

查明以上这些情况，才能判断出本企业所具备的与竞争对手相抗衡的条件或可能性，才能清楚地知道自己在市场竞争中所处的地位。如果要打进国际市场，还需要了解外国厂商在市场上的份额及在该国市场上所处的优势等。任何一个成功的竞争者，都有自己的经营优势或特色，如产品质量好、价格适中、公司雄厚的资金保证、对销售渠道的控制、成功的广告、有效的促销手段等。因此对竞争者的分析一方面可以借鉴他人的长处和经验，另一方面又可以以此为依据判定企业竞争策略，以达到以己之长克他之短的功效。

2. 销售渠道调查

(1) 销售渠道调查内容有：

1) 此类商品最常见的流通或分销渠道的情况；

2) 现行经销渠道中最成功的类型；

3) 市场上是否存在分销此种产品的权威机构，如果有，他们经销的商品的市场份额；

4) 经营此种产品的经销商，尤其是主要经销商，是否愿意或有否能力再接受新的货源；

5) 经营此种产品的经销商，尤其是主要经销商，经销此种产品的要求和条件；

6) 经销商除了经销产品以外，是否还承担其他促销业务，如广告宣传、售后维修等，还需要什么帮助，如技术培训、资金扶持等；

7) 经销此种产品的竞争情况，成功者优势是什么；

8) 经销商维持的一般库存量是多大；

9) 产品在每一环节的加价或折扣是多少。

在掌握了上述调查项目的资料以后，企业就可以针对分销渠道做出决策。在选择渠道时，还要考虑到自己的目标市场，有些经销商的力量很强，推销有力，但可能不屑于或不愿花费更多的人力、物力向该企业的目标顾客进行推销；而有些经销商尽管实力不太雄厚，但却被目标顾客接受和欢迎，他们也会全力去推销产品。因此在调查中，除了做量上的比较外，还要考虑一些人为的因素，这样才能做出最有力、最有效的选择。现代的营销手段中，单靠产品自身的优势已不足以取得最后的成功，如果产品生产出来以后，质量和价格等都可以与同类产品相竞争，但却出现销路问题，则很可能是在渠道的选择上出现了问题，它最终将会导致产品政策的失败。

(2) 选择由零售商直接供应消费者时，需考虑的调查内容有：

1) 零售企业所在区域、服务范围、服务的人口数量；

2) 购买此种商品的顾客经常选择哪类零售商店进行购买；

3) 经营此种商品的商店其进货来源有哪些；

4) 有哪些或哪类零售商店经营此种商品很成功及其成功的原因。

3. 服务调查

在我国，商品的售前、售中、售后服务已日益成为广大消费者购买商品时考虑的重要因素。在生活水平提高的情况下，小件商品的售后服务并不被人们特别看重，但在耐用家电和技术性产品的购买上，服务是非常重要的内容。企业之间的竞争往往在服务上做文章。某种产品在特定地区的维修方便，会使其销售量在本地超过其他没有这种优势的同类产品，这种现象已经屡见不鲜。就服务本身来讲，它包括的内容有：产品代办托运、免费运送、上门修理、技术咨询、培训有关人员、提供零配件、代办保险、索赔、担保产品性能和使用期限等。对不同的产品，顾客对服务的要求也有所不同，如技术性产品与家用电器，都要求维修方便，并担保使用性能，但前者更注重技术培训和咨询方面的服务，后者则更注重运输、维修是否方便等。因此，要进行以下几方面的调查：

(1) 消费者或供应对象希望在哪些方面得到服务；

(2) 消费者公认的服务方式好的同类产品有哪些；

(3) 竞争者提供的服务有哪些，有哪方面的欠缺和不足。

4. 促销活动调查

促销活动包括广告宣传、公关活动、现场演示、优惠或有奖销售等一系列活动。在产品生命周期的不同阶段或在不同季节情况下，采用哪一种或哪几种方式更能促销，需要依据调查资料进行决策。

(1) 广告调查。在所有促销活动中，广告被公认为是效果最好、影响面最广的形式之一，它被消费者广泛接受，而且对消费者购买动机的形成有重要的促进作用。要想广告具有良好效果，在制作广告前要对消费者和商品的情况进行调查，并计算费用情况，以确定广告的创意和制作过程。那么在制作广告前应进行的调查活动包括以下几方面：

1) 消费者调查。广告的诉求对象就是该商品的消费者，因此必须调查消费者的收入情况、需求水平、心理特征、知识水平、风俗习惯等，在同类产品已经出现的情况下，还应调查消费者使用商品的情况和要求。

2）商品调查。主要调查和研究同类产品中，此种商品的独特之处，以确定向消费者强调商品的哪一部分功效来吸引更多的顾客，这种调查对确定广告宣传的主题有重要作用。

根据对上述两项内容的调查，可以进一步分析消费者的需求水平、潜在需求、购买时间和地点等，从而决定采用什么样的广告主题和广告媒体，并估算广告制作、播放或刊登的费用。

3）广告效果的调查。好的广告会给人留下深刻的印象，促成购买动机的实现，并激发消费者的潜在需求。一个广告播出之后，专家或专业人员与一般的受众对其会有不同的理解和看法，有时他们之间的看法会截然相反。但由于广告本身所具有的商业特性，广告的成功主要看其推销商品的功效，因此很多企业和广告人员对广告的效果会提出疑问，花了那么多的广告费是否产生了预期的效果。为此，进行广告效果的调查要考虑：

第一，广告引起什么人、多少人的注意，在众多的观者中，它给哪部分人留下的印象最深；

第二，广告是否能引起观者的兴趣；

第三，广告给观者留下什么样的商品形象；

第四，看过广告后，是否产生购买欲望。

（2）其他促销活动的调查。促销活动除了广告以外，还有降价、优惠销售、有奖销售、现场演示、馈赠礼品等方法。促销活动的调查主要有下列内容：

1）采取优惠、赠品、有奖销售等方法以后，销售额的增加幅度，消费者的反应是积极的，还是漠不关心的；

2）有多少使用其他品牌的消费者在上述促销活动进行以后改用本公司的产品；

3）改用本公司产品的顾客其反应程度如何；

4）促销活动展开以后市场占有率的变化，在竞争中的地位是否发生变化。

现在已有很多企业采用促销活动中的赠品战略及优惠销售，这些成为消费者司空见惯的销售方式。因此，这些促销活动应该有自己的特色，并能在消费者心中形成一种固定的形象，尤为重要的是让消费者相信他能在购买中确实得到实惠。由于在不同地区，不同消费者的习惯、生活方式和价值观不同，因而不宜采用固定的促销形式，而对促销活动的调查可以使企业掌握促销活动的适用程度、实际效果和长远效果，并及时就出现的问题对促销方式进行调整和改进。

三、区分市场调查的类型

从各种角度将市场调查区分为不同的类型，有利于对市场调查进行全面系统的理解，也有利于在市场调查实践中明确调查目的和确定调查内容。

（一）根据信息收集的方法或资料来源的不同分类

根据信息收集的方法或资料来源的不同，市场调查可分为文案调查、实地调查和网络调查三种类型。

1. 文案调查

文案调查是收集、分析历史和现实中各种已有的信息和情报资料，获取与调查目的相关信息的一种调查方法，它具有获取信息快、方法简单、节省资金等特点，同时文案调查还可以与实地调查结合使用。

2. 实地调查

对市场现象进行实地调查，是市场调查收集资料的方法之一。实地调查包括访问法、观察法和实验法等。访问法是将要调查的事项以面谈、电话、书面等形式对被调查者进行询问而获得调查资料的方法。观察法是凭借自己的努力或借助仪器观察市场，并进行现场记录而获得资料的方法。实验法是在现实或模拟环境中小规模进行实验，判断相关量之间关系的调查方法。

3. 网络调查

网络调查是借助网络直接收集一手资料或间接收集二手资料的市场调查方法。随着信息技术的迅猛发展，个体与社会发生了根本性的变化，个体通过结成网状的电信设备进行网络层面的物质活动、精神交往和话语交流，这使得网络调查具有巨大的技术优势和发展潜力。网络调查跨越了时空限制，不仅节省人力、物力和财力，而且将彻底改变传统的调查模式，是一次根本性的变革。但网络调查也存在问题和弊端，其中最主要的问题就是网络调查结果的可靠性、客观性。

（二）根据市场调查目的和深度的不同分类

根据市场调查目的和深度的不同，市场调查可分为探索性调查、描述性调查、因果关系调查和预测性调查四种类型。

1. 探索性调查

探索性调查也称非正式的市场调查，其目的主要是对市场进行初步探索。探索性调查是在情况不明时，为了找出问题的症结和明确进一步深入调查的具体内容和重点而进行的非正式的初步调查。例如：在营销过程中，发现某种商品的销售突然发生变化，要弄清原因在哪里，是商品质量问题、价格问题，还是销售渠道问题、广告宣传问题或其他问题。这就需要用探索性的调查方法来寻求答案，初步发现问题的症结所在，为进一步调查做好准备。

探索性调查一般不必制定严密的调查方案。往往采取简便的方法，要求调查人员有敏锐的洞察力、高度的想象力和创造力，及时掌握一些初步的信息资料，以便较快地得出调查的初步结论。这类调查收集资料的途径主要有三种：第一，收集二手资料，如政府统计公报、学术刊物的研究文章等；第二，访问熟悉调查主题的专家、业务人员、用户等；第三，参考以往类似的实测。

2. 描述性调查

描述性调查是指对需要调查研究的客观事实的有关资料进行收集、记录、分析的正式调查。这类调查比探索性调查更深入精细，需要事先拟订调查方案进行实地调查，收集一手资料。其目的是要摸清问题的过去和现状，并在此基础上寻求解决问题的办法与措施。例如：市场潜在需求调查、商品普及率调查、市场占有率调查、消费行为调查、竞争调查、新产品开发调查等。

3. 因果关系调查

因果关系调查指为了弄清有关市场变量之间的因果关系而进行的专题调查。在市场营销中，常常是多种因素影响商品的销售，某些因素之间存在因果关系，如价格与销售量、广告与销售量的关系等。在众多影响销售的因素中，哪一个因素起主导作用？这就需要对它们之间的因果关系的变化规律进行调查分析。因果关系调查以收集有关市场变量的数据资料为主，并运用统计分析和逻辑推理的方法找出它们之间的相互关系，判断何者是原因（自变量），何者是结果（因变量）。可见，因果关系调查是在描述性调查的基础上对某些问题调查的进一步深化，是为了找出问题的关键、探讨解决办法的一个重要步骤。

4. 预测性调查

预测性调查是指通过收集、整理和分析历史资料与现在的各种市场情报资料，运用数学方法对未来可能出现的市场商情变动趋势进行的调查。这类调查属于市场预测的范围，是在描述性调查和因果性调查的基础上对市场的潜在需求进行估算、预测和推断。在市场竞争激烈的情况下，为了避免因企业盲目生产和进货造成的产销脱节或购销脱节，就必须进行市场调查和预测市场潜在需求，这样才能把握市场机会。

同步案例

J 公司的调查设计

J 公司推出 X 洗发剂，是该公司最成功的营销决策之一，其中市场调查对决策的成功起到了关键作用。当年，J 公司在决策过程各阶段的调查设计简介如下：

□ 发现问题阶段

调查类型：描述性调查。

调查设计：用信函方式，对女性进行大规模的抽样调查，并对照 6 年前的调查数据。

调查结果：包括女性护发的变化趋势、女性头发的性质特点、女性使用洗发剂的情况，如护发的方式已经改变，油性头发成了主要问题；青年女性已成了洗发剂的第一目标，是洗发剂的最常用者，而且最能接受新产品。

□ 研究问题阶段

调查类型：探索性调查。

调查设计：与青年女性的代表进行焦点小组访谈。

调查结果：油性头发是护发市场或洗发剂市场面临的主要问题（假设）。

□ 拟定决策方式阶段

根据上述假设，公司建立了 X 洗发剂的产品概念和新产品设计方案，提出了包装方案和销售渠道方案。

□ 评估和选择决策方式阶段

调查类型：因果性调查。

调查设计：实验法。公司将 X 洗发剂送到 400 名女性手里试用两个星期，然后通过电话了解她们的反应，如是否喜欢，对使用性能的看法以及建议等，然后又在若干城市选择一些商店进行试销。

调查结果：试用或试销证明关于油性头发的假设是对的，公司根据这一假设开发的新型洗发剂——X 洗发剂是能够受到女性尤其是青年女性欢迎的。

资料来源：卢海涛，马楠，吴波虹，周永刚．市场调查与分析［M］．北京：人民邮电出版社，2019.

（三）根据市场调查的组织方式的不同分类

根据市场调查的组织方式不同，市场调查可以分为全面调查和非全面调查两种类型。

1. 全面调查

全面调查又称为普查，是对市场调查对象的全部单位进行的调查，目的是了解市场中重要的基本情况，对市场状况做出全面、准确的描述，从而为制定有关政策、规划提供可靠的依据。

2. 非全面调查

非全面调查是对总体中的部分单位进行的调查，它又分为市场典型调查、市场重点调查和市场抽样调查。市场典型调查是从总体中选择具有代表性的部分单位作为典型进行调查，其目的是通过典型单位的调查来认识同类市场总体的规律及其本质。市场重点调查是从调查对象总体中选择少数重点单位进行调查，其目的是通过对这些重点单位进行调查，反映市场的基本情况。市场抽样调查是根据概率原则抽出适当的样本进行的调查，其结果可以控制，在市场调查中应用较广。

市场调查各种组织方式的区别不仅表现为调查对象范围的不同和选取调查单位方法的不同，而且也决定着市场调查过程中收集、整理、分析资料方法的不同。不同的市场调查组织方式必须配合适当的收集资料的具体方法，这样才能很好地完成市场调查的任务。

(四)根据市场调查产品层次分类

根据产品层次的不同，市场调查可分为不同商品类别和不同商品品种的调查。

按商品大类可分为食品类、服饰类、日用品类、医药类、燃料类等市场调查。按商品大类进行的市场调查，其资料可以用来研究居民的消费结构及其变化，可从总体上研究市场。各种商品大类的市场调查还可以进一步划分为不同的小类或具体商品品种的市场调查。如食品大类商品又可划分为粮食类、副食类、调味品类等小类商品的市场调查。按商品小类进行市场调查，所取得的资料对于研究不同商品的供求平衡、组织商品生产与营销、提高企业的经济效益是必需的，对于宏观上的研究也有重要作用。

(五)根据市场调查空间层次分类

根据空间层次的不同，市场调查可分为国内市场调查和国际市场调查两种类型。

1. 国内市场调查

国内市场调查是指以国内市场为对象进行的调查，可以分为全国性和地区性的市场调查，还可以分为城市和农村的市场调查。

2. 国际市场调查

国际市场调查是以世界市场的需求动向为对象进行的调查。我国国内市场是国际市场的重要组成部分，国际市场同时也影响着我国国内市场。

按不同空间进行的市场调查所获得的资料，对于研究不同空间市场的特点，合理组织各地区商品的生产与营销，进行地区间合理的商品流通，具有十分重要的价值。

(六)根据市场调查时间层次分类

市场调查按时间层次不同可分为定期性市场调查、经常性市场调查和一次性市场调查三种类型。

1. 定期性市场调查

定期性市场调查是指企业针对市场情况和经营决策的目标，按时间要求定期所做的市场调查，它的形式有月末、季末、年终调查等。通过定期调查，分析研究一定时间内企业经营活动的内部和外部信息，以便科学地认识市场环境，定期按计划指导业务经营活动。

2. 经常性市场调查

经常性市场调查也叫不定期的市场调查，它是根据企业经营活动的实际需要，组织进行不定时的连续调查。例如：企业对产品质量的调查、消费者对商场服务质量的调查都属于经常性市场调查。在经常性市场调查中，每次调查时间、内容都是不固定的。

3. 一次性市场调查

一次性市场调查也叫临时性市场调查，它是为解决企业某一经营问题的特殊需要而进行的调查。问题解决了，市场调查也就结束了。如某企业要开发新产品，对新产品开发的可行性进行一次专门的市场调查。

（七）根据购买商品的目的分类

根据购买商品的目的不同，市场调查可分为消费者市场调查和产业市场调查两种类型。

1. 消费者市场调查

消费者市场的购买目的是满足个人或家庭的生活需要。消费者市场是最终产品的消费市场，是社会再生产环节的实现。消费者市场调查的目的主要是了解消费者需求的数量和结构的变化。而消费者需求数量和结构的变化受到多方面因素（如人口、经济、社会文化、购买心理和购买行为等）的影响。对消费者市场进行调查，除直接了解需求数量及其结构外，还必须对诸多影响因素进行调查。

2. 产业市场调查

产业市场也称为生产资料市场，其购买目的是生产出新的产品或进行商品转卖。产业市场是初级产品的消费市场，涉及生产领域和流通领域。产业市场调查主要是对市场商品供应量、产品的生命周期、商品流通渠道等方面的内容进行调查。

（八）根据商品流通环节分类

根据商品流通环节的不同，市场调查可分为批发市场调查和零售市场调查两种类型。

1. 批发市场调查

批发市场调查主要是从商品交易的参加者、批发商品流转环节的不同层次、批发商品购销形式、批发市场的数量和规模等方面进行的调查。批发市场调查着重掌握我国批发市场的商品交易状况，分析批发市场的流通数量、流通渠道与社会生产和零售市场的关系等。

2. 零售市场调查

商品零售是为了满足个人或社会集团消费的商品交易。零售市场调查，主要是调查不同经济形势下零售商的数量与社会零售商品的流转情况，研究其发展变化的规律，调查消费者在零售市场上的购买心理和购买行为，调查零售商品的数量和结构等。

（九）根据市场调查的主体的不同分类

根据市场调查的主体的不同，可以将其分为企业的市场调查、政府管理部门的市场调查、社会团体组织的市场调查和个人的市场调查四种类型。

1. 企业的市场调查

企业是市场调查的主体，企业经常要根据市场变化对各种营销问题进行判断和决策，不失时机地采取有效的对策。企业的市场调查主要由企业的市场营销部门承担。实际上，并不是所有的企业都是自己开展市场调查的，有很多企业委托专业的营销调研公司进行市场调查。因此，广义的企业市场调查的主体还应该包括专门的营销调研公司、市场调查公司、广告公司等。

2. 政府管理部门的市场调查

政府管理部门对地方经济的发展起着至关重要的作用。为了促进本地区经济的发展，加强对外交流，政府管理部门通常要从整体上统筹安排、全面部署，对经济的发展进行宏观的调节和管理，要开展市场调查，掌握一手资料。一般而言，政府管理部门从事的市场调查所涉及的范围较大。

3. 社会团体组织的市场调查

各种社会组织和社会团体为达到某些特殊的目的，也会开展某些市场调查活动，如消费者组织对某个地区或某个市场的某种产品质量的调研。

4. 个人的市场调查

个人由于种种原因有时也会进行一些市场调查。例如：大学教师为开展教学所进行的市场调查；研究机构的研究人员为了研究某个项目所进行的市场调查；消费者为一次复杂的购买所进行的相关市场信息的收集等。个人的市场调查一般范围较小，调研活动本身也不规范。

（十）根据市场调查的内容分类

根据市场调查内容的不同，可以将市场调查分为专题性市场调查和综合性市场调查两种类型。

1. 专题性市场调查

专题性市场调查是指市场调查主体为解决某个具体问题而对市场的某个方面进行的调查。这种市场调查具有组织实施灵活方便、所需人力物力有限、对调研人员的要求相对较低等优点，但是它也存在提供信息具有局限性、市场调查主体无法仅凭此种调研对市场全面了解的不足。在许多情况下，当企业或其他市场调查主体面临某些涉及面有限的具体问题需要做出决策时，只要所提供的信息能保证满足决策所需，专题性调研就是合理的选择。事实上，大多数市场调查为专题性调查。

2. 综合性市场调查

综合性市场调查是指市场调查主体为全面了解市场的状况而对市场的各个方面进行的全面调研。相对于专题性调查而言，综合性调查涉及市场的各个方面，提供的信息能全面地反映市场的全貌，有助于市场调查主体正确了解和把握市场的基本状况。但是，由于这种市场调查涉及面广，组织实施比较困难，不但需要投入相当多的人力、物力，对调研人员的要求也相对较高。一般而言，这种市场调查只有在必要时才组织实施，在实践中用得比较少。

四、遵循市场调查原则

市场调查是通过收集、分类、筛选资料为企业生产经营提供正确依据的活动，要遵循以下原则：

（一）时效性原则

在现代市场经营中，时间就是机遇，时间意味着金钱。丧失机遇会导致整个经营活动失败；抓住机遇则为成功铺平了道路。市场调查的时效性就表现为应及时捕捉和抓住市场上任何有用的情报、信息，及时分析、反馈，为企业在经营过程中适时地制定和调整策略创造条件。在市场调查工作开始之后，要充分利用有限的时间，尽可能多地收集所需要的资料和情报。调查工作的拖延不但会增加费用支出，也会使生产和经营决策出现滞后，对生产和经营的顺利进行极为不利。

（二）准确性原则

市场调查工作要把收集到的资料、情报和信息进行筛选、整理，在经过调查人员的分析后得出调查结论，供企业决策之用。因此，市场调查收集到的资料，必须体现准确性原则，对调查资料的分析必须实事求是、尊重客观实际，切忌以主观臆造来代替科学的分析。同样，以偏概全也是不可取的。要使企业的经营活动在正确的轨道上运行，就必须要有准确的信息作为依据，才能瞄准市场、看清问题、抓住时机。

（三）系统性原则

市场调查的系统性表现为应全面收集有关企业生产和经营方面的信息资料。因为在社会化大生产的条件下，企业的生产和经营活动既受内部也受外部因素的制约和影响，这些因素既可以起积极作用，也可以起消极作用。由于很多因素之间的变动是互为因果的，如果只是单纯地了解某一事物，而不去考察这一事物如何对企业产生作用和为什么会产生作用，就不能把握这一事物的本质，也就难以对影响经营的关键因素做出正确的结论。从这个意义上说，市场调查既要了解企业的生产和经营实际情况，又要了解竞争对手的有关情况；既要认识到企业内部机构设置、人员配备、管理人员素质和方式等对经营的影响，也要调查社会环境的各方面对企业和消费者的影响。

（四）经济性原则

市场调查是一件费时、费力、费财的活动。它不仅需要体力和脑力的支出，同时还要利用一定的物质手段，以确保调查工作的顺利进行和调查结果的准确。在调查内容不变的情况下，采用的调查方式不同，费用支出也会有所差别。同样，在费用支出相同的情况下，不同的调查方案也会产生不同的效果。由于各企业的财力情况不同，因此需要根据企业的实力去确定调查费用的支出，并制定相应的调查方案。对中小企业来说，没有像大企业那样的财力去搞规模较大的市场调查，就可以更多地采用参观访问、直接听取顾客意见、大量阅读各种宣传媒体上的有关信息、搜集竞争者的产品等方式进行市场调查，只要工作做得认真细致又有连续性，就会收到很好的调查效果。因此，市场调查也要讲求经济效益，力争以较少的投入取得最好的效果。

教学互动

有的企业家非常重视对消费者的调查研究，认为不管付出多大的代价，也要把消费者的真正需求搞清楚。你认为这种观点正确吗？

（五）科学性原则

【知识拓展】
科学抽取样本

市场调查不是简单地收集情报、信息的活动，而是在时间、经费有限的情况下，获得更多、更准确的资料和信息，这就必须对调查的过程进行科学的安排。调查方法的选取、调查对象的选择、问卷的拟订都需要进行认真的研究，同时还要运用一些社会学和心理学等方面的知识，以便与被调查者更好地交流；在汇集调查资料的过程中，要使用计算机这种高科技产品代替手工操作，对大量信息进行准确严格的分类和统计，对资料的分析应由具有一定专业知识的人员进行，以便对汇总的资料和信息做出更深入的分析；分析人员还要掌握和运用相关数学模型和公式，从而将汇总的资料以定量的数据表示出来，精确地反映调查结果。

（六）保密性原则

市场调查的保密性原则体现在两个方面：一是为客户保密。许多市场调查是由客户委托市场调查机构进行的。因此市场调查机构以及从事市场调查工作的人员必须对调查获得的信息保密，不能将信息泄露给第三方。在激烈的市场竞争中，信息是非常重要的，信息泄露出去有可能损害客户的利益，同时也会损害市场调查机构的信誉，因此市场调查人员必须特别谨慎。二是对被调查者提供的信息保密。如果被调查者发现自己提供的信息被泄露出来，一方面可能给他们带来某种程度的伤害，同时也会使他们失去对市场调查机构的信任。被调查者愿意接受调查是市场调查机构存在的前提，如果市场调查机构不能得到被调查者的信任和配合，那么整个市场调查行业的前景也是不堪设想的。

五、熟悉市场调查步骤

市场调查是一项复杂、细致的工作，涉及面很广，为了使整个调查工作有节奏、高效率地进行，使调查取得良好的预期效果，必须在市场调查中建立一套科学的程序。不同类型的市场调查的步骤都要按照其调查内容的繁简、精确程度、调查的时间、地点、预算、手段以及调查人员的素质等条件确定。但一般来说，大致都要经过市场调查准备阶段、市场调查实施阶段和市场调查总结阶段（见图 1－1）。

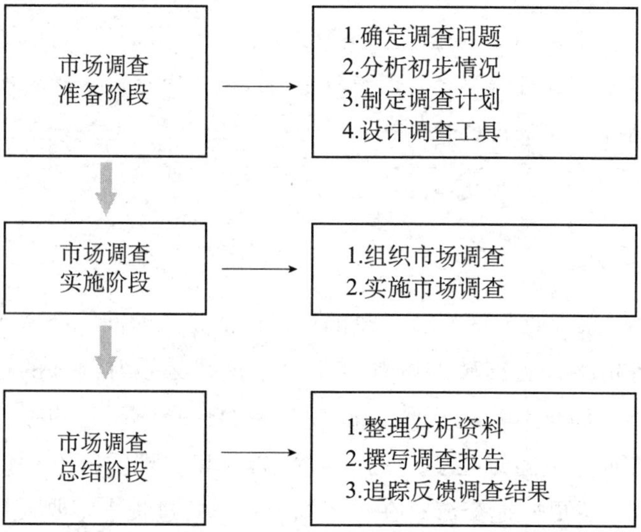

图 1－1　市场调查的流程

（一）市场调查准备阶段

调查准备阶段是市场调查工作的开始，准备工作是否充分将对以后的调查工作的开展和调查的质量起到很大的影响作用。

1. 确定调查问题

确定调查问题，即明确调查目的，主要应明确调查什么、为什么调查、用什么方式调查、结果的用途、材料说明。这是市场调查首先要解决的问题。因为这些问题明确了，整个调查工作才能“有的放矢”。在企业生产经营活动中不断出现新情况、新问题，如发生销售变化、利润下降等现象，为了扭转局势，就必须查找原因，是商品货源不足，还是购买力投向转移？是服务质量下降，还是顾客购买地点发生变化，或者是企业资金不足，周转缓慢？要考虑这些问题，涉及面较宽，问题也比较笼统，宜先通过初步调查明确产生问题的原因，选定调查问题的核心。

2. 分析初步情况

在确定调查问题以后，就要对有关市场情况进行初步分析，即市场调查人员对所掌握的有关内外部信息资料，如企业业务活动记录、统计报表、会计报表、产品质量、消费者的消费习惯、流通渠道及新产品情况和竞争对手或市场环境资料等进行分析研究，掌握影响市场变化的原因。如果资料不全，一时难以确定目标，也可以先组织进行非正式的探测性调查类的初步调查，以判断问题的症结所在。也可以邀请有关管理者和专业人员分析有关问题，拓展思路。在确定调查目的基础上，进一步研究调查应采用哪种方式，调查的具体内容、范围及对象等，为下一步调查工作的顺利进行奠定基础。

3. 制定调查计划

确定调查目标后，就要制定调查计划。调查计划是对市场调查本身的具体设计，主要包括调查的目的要求、调查项目、调查方法、组织领导、调查人员配备及日程安排、经费估计等内容。

4. 设计调查工具

市场调查实施中都需要使用到调查工具——调查表，调查表包括调查问卷、信息资料记录表等，调查表的合理与否，直接关系到调查结果的准确性，因此，必须精心设计调查表。

在运用访问法收集信息的过程中，调查问卷是记录访问对象的口头或书面回答的必备工具。具体进行调查问卷设计之前，需明确市场调查的基本主题，而且对正式使用的调查问卷应在小范围内试用，检验设计的合理性，发现问题及时改进。

对观察法、实验法、案头调研法也要设计一定形式的调查表或信息资料记录表，如观察记录、实验记录、汇总表，准备哪些表格要依据调查的需要而定。

预先准备这些调查工具，使调查工作能有条不紊地进行，使日后收集的资料更规范、更适用，以方便后继的资料整理汇总工作。

（二）市场调查实施阶段

1. 组织市场调查

调查计划确定后，就要根据计划进行人、财、物等的一系列组织工作。组织工作的好坏在很大程度上影响着整个调查工作的成败。

（1）组织机构和调查人员配备。根据调查的目的和规模，建立相应的组织机构并进行合理的分工，明确各自的责任。根据调查计划配备相应的调查人员，并且注意对调查人员的培训，保证调查结果的质量。培训工作的内容主要包括三个部分：

首先是本次调查的意义，使调查人员了解它的重要性；

其次是介绍本次调查的工作过程、工作内容、调查项目的含义、统一口径等问题，使整个调查工作纳入统一的管理轨道；

最后是相应的调查工作技能的培训。

（2）资金配备。即所需资金及时到位，能够保证调查人员培训、设备购置等配备工作和调查工作的需要。

（3）物资配备。包括计算机等设备的购置，调查、汇总等表格的设计和印刷及其他所需物资的配备工作。

2. 实施市场调查

准备工作完成后，要按计划进入调查资料的收集实施阶段。这一阶段的主要任务就是组织调查人员深入实际，系统地收集各种资料数据，它是市场调查的主体和成败的关键。因此，调查收集的资料必须满足完整、系统、真实的要求。

收集资料一般有两种类型：

一是原始资料，即调查人员通过现场的实地调查所收集的一手资料。实地调查应根据调查的目的和现象选择恰当的方法，主要包括访问调查、观察调查、实验调查等方法，也可将多种方法有机结合起来使用，会收到更满意的结果。

二是二手资料，即由他人收集、整理的资料。其中包括：企业内部资料，如企业内部的各种记录、统计报表、财务报表、报告、用户来函等；企业外部资料，主要包括政府机关、金融机构、统计部门、咨询机构等提供的资料、图书、文献，报纸杂志上刊登的有关资料，同行业间的情报交流资料，推销采购人员提供的市场情况等。

（三）市场调查总结阶段

对市场调查获得的资料进行处理是整个调查工作的最后一环，也是市场调查能否充分发挥作用的关键一环。它包括整理分析资料、编写调查报告及追踪反馈调查结果。

1. 整理分析资料

市场调查所获得的资料，大多数是分散、零星的，某些资料还可能是片面的、不准确的，必须系统地加以整理分析，以便取得真实的、能反映问题本质的资料。整理分析工作主要包括：

（1）资料的审核、订正。即对调查所得的资料要审查其是否全面，根据是否充分，是否存在误差，是否有遗漏或重复之处，数据和情况是否相互矛盾，是否有可比性，是否有不完整的答案，是否有调查人员自己加入的见解等。一旦发现问题，应及时复查核实，予以订正、删改和补充，力求材料的真实可靠。

（2）分类汇总。凡经核实订正的资料，应按照调查提纲的要求进行分类汇总。对资料的分类要注意研究不同类别资料的差异性和同一类别资料的相同性，还要注意宜细不宜粗，有利于把被调查者多方面的反映都包括进去，从而可以更好地发挥情报作用。为了便于归档查找和使用，还应编制有关的统计表或统计图。

（3）综合分析。对大量资料进行综合分析，研究市场活动的情况及其发展变化规律，找出客观事物的矛盾及其内在联系，从中得出合乎实际的结论。对资料的分析，可以运用多种统计方法，以便能有效地进行对比，使人们对调查结果概念清楚。

2. 编写调查报告

调查报告是对调查结果所做的书面报告，是市场调查的最终总结。编写一份有分析、有说服力的调查报告，是市场调查最后阶段最主要的工作。

调查报告的结构大体由导言、正文、结束语三个部分组成。

市场调查报告的内容主要包括：调查单位的基本情况；本次调查的原因和目的；调查资料的来源和调查方法及抽样形式；资料的分析及调查研究的结论；根据判断性的结论提出相应的建设性意见。还可以包括调查方法和步骤的说明等。

调查时所应用的有关图表可以作为报告的附件。

3. 追踪反馈调查结果

编写调查报告不是调查过程的终结，而是为下一次市场调查做铺垫。追踪反馈就是要根据实践检验调查报告反映的问题，检验建议是否可行、实用，效果如何，要不断地总结经验教训，不断地提高市场调查的工作能力和认识水平。

任务二 选择市场调查机构

一、认识市场调查机构的类型

市场调查机构是一种服务性的组织机构。按其服务的性质将市场调查机构分为企业内部市场调查机构和企业外部市场调查机构。企业外部市场调查机构按其提供的服务类型，可分为完全服务公司、有限服务公司和其他调查机构（见图 1-2）。

（一）企业内部市场调查机构

企业是大多数市场调查的最终消费者，因此，理解市场调查如何运作的逻辑起点应该是企业。多数大企业都有自己的调查部门，有些企业把市场调查部和战略计划部结合起来，而另一些企业则把市场调查部与客户满意部结合起来。

企业内部市场调查机构按发展的逻辑过程、发达程度和表现形态，大体可以归纳为三种。

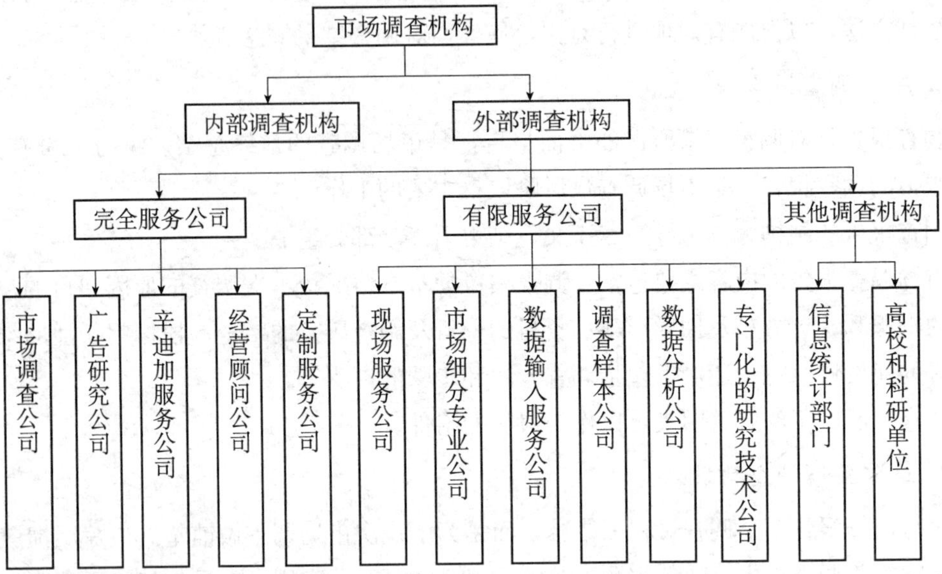

图 1-2　市场调查机构的主要类型

1. 正式的市场调查机构

在企业内部设有正式的市场调查机构，一般被认为是企业内部市场调查机构的高级形态。应该说明的是，在企业内部设置正式的市场调查机构，并不排斥其他有关部门也承担一定的调查工作。事实上，企业内部正式的市场调查机构主要负责市场调查的组织、总体规划和协调以及承担某些主要的职能工作和调查任务，其他一些部门完全应该结合本部门的职能工作或业务活动也进行一部分市场调查工作。例如：市场信息的收集与记录、初步的整理与分析等。专业机构、专职人员与兼职机构和兼职人员有机组合、协同工作是企业搞好市场调查与预测的前提和保证。

通常，企业内部市场调查部门的规模都比较小。有关研究发现，航空公司等服务企业中，拥有 10 人以上的市场调查部门的企业占 15%；在制造业企业中，拥有 10 人以上的市场调查部门的企业占 23%。由于兼并和再造工程的实施，调查部门的规模呈逐渐缩小趋势，但调查部门的经理们不希望继续缩减人员，并且有大约一半的调查部门经理希望能不断增加他们的预算。企业市场调查部门规模的缩小和预算的持续增加意味着企业自己开展调查的比例将逐渐减少，更多的资源将流向调查提供者。通常，小企业市场调查部门的员工充当的是企业内部的调查使用者与外部提供者之间的媒介。

2. 非正式的市场调查机构

在企业中没有明确由某个职能机构负责和承担市场调查的任务，但至少有专人负责市场调查与预测，这些人员往往归属于销售部、市场部等，通常这种组织形式可以看成企业内部市场调查机构的中级形态。

3. 松散的市场调查机构

在企业中没有明确的组织机构承担市场调查任务，而是由某些人员实际上从事着一些必要的市场调查工作。这些人员可能是企业的经营决策人员、计划人员、供销人员、统计分析人员、财会人员等。显然，在这种状态下，企业只有兼职的市场调查人员，这可以看成是企业内部市场调查的初级形态。

企业对内部市场调查机构的配置受多种因素的影响和制约。除了观念可能对配置产生影响外，企业还应综合考虑以下各种因素。

(1) 企业的规模。一般而言，大型企业的产品种类多、市场范围大、经营人员多、力量雄厚，有可能建立正式的市场调查机构。

(2) 企业经营业务的性质和范围。如果企业经营的业务受国家控制比较严，或者市场范围小，市场调查与预测的任务就相应较小。

(3) 企业的经营条件。设置市场调查机构，应充分考虑企业的资金、人员等条件。

(4) 市场状况。作为外部条件，企业经营商品的供求、竞争等状况也影响市场调查的任务。

总之企业配置何种形态的市场调查机构应视企业的具体条件和要求而定，特别是要视企业的市场信息需求而定，即市场调查要考虑工作量的大小，要符合经济核算原则，而并非不顾条件，越高级越好。

教学互动

企业的市场调查部门建立后，还需要与企业外的市场调查机构合作吗？

(二) 企业外部市场调查机构

1. 完全服务公司

完全服务公司有能力完成其委托人所委托的全部市场调查任务。这种完全服务公司能够自己找出问题，进行调查设计，收集和分析数据，并且完成最后的报告。显然，这是一些大公司，它们有专业的部门和设备来完成整个市场调查任务。

(1) 市场调查公司。市场调查公司是专营市场调查业务，提供综合服务的机构。这些公司也被称为标准服务公司，能提供全套综合服务。一般从研究方案、问卷设计、抽样技术、现场实施、数据分析到调查报告，所有市场调查环节都能由市场调查公司独立进行设计操作，并能熟练运用入户调查、街头拦截、开调查会、个案访谈、电话调查、网上调查等各种方式收集资料。同时这种公司的报告和数据只提供给唯一的委托客户，且提供的服务式样是标准化的，如美国的盖洛普市场调查公司、中国的华南市场研究有限公司、上海神州市场调查公司、大正市场调查公司和中国香港市场研究社（SRH）等均属于这种类型。

同步案例

世界市场研究先驱 AC 尼尔森公司

1923 年，现代市场研究行业的奠基人之一，阿瑟·查尔斯·尼尔森先生在美国创建了 AC 尼尔森公司。自 1923 年至今，AC 尼尔森公司为市场研究建立了很高的行业标准，其涵盖的知识面、专业性以及全球性都是无与伦比的。AC 尼尔森公司在 100 多个国家和地区提供全方位的市场研究服务，提供具有战略意义的市场剖析，让客户能够全面了解本企业的产品和整个市场，提高产品销量，发掘并占领新的市场，营造竞争优势，做出重要的决策。AC 尼尔森公司的信息服务策略性地把从概念到最终消费的各个环节紧密地联系起来，使客户更好地理解每个有利于业务成功的关键问题，包括“谁”“什么”“多少”“何时”“何地”等。先进的分析技术更能深入解答“为什么”的问题，并能预测商业决策的改变可能对市场产生的影响。AC 尼尔森公司的专业人士经验丰富，具有广泛的市场研究、销售和零售业背景。他们是客户的商业伙伴，熟知统计和信息处理、先进软件的开发以及发展客户业务的每一个领域。AC 尼尔森公司的高级服务水平是市场研究行业的标准。AC 尼尔森公司的宗旨是提供市场洞识，帮助客户制定以事实为依据的市场策略。遍及全球的 2 万多名员工共同向着这一目标做出不懈的努力，建立了以保密和坦诚为基础的、紧密可靠的客户关系。通过使用开放的系统、一致的研究方法和最高的质量标准，AC 尼尔森公司为客户提供全球跨国、跨区域和跨市场的信息，从战略和战术层面满足其业务需要。

资料来源：https://max.book118.com/html/2018/0626/6113040041001203.shtm.

（2）广告研究公司。不少稍具规模的广告研究公司，都设有市场调查机构。它们的服务对象为广告主，同时也接受一般企业的市场调查业务，因此拥有具备丰富市场调查经验的主管以及训练有素的调查工作人员。

（3）辛迪加服务公司。辛迪加服务公司主要是收集一般的资料，一般不专门为某个客户服务，任何人都可以购买它们的资料。与顾客或广告研究公司相反，这类公司数量少，但规模大，主要提供受众的媒体资料和产品流通资料。美国营业额排名在前面的市场调查公司一般都是这类公司，中国的央视调查咨询中心下属的央视索福瑞媒介研究有限责任公司也属于辛迪加信息服务公司。

（4）经营顾问公司。经营顾问公司以办理企业经营指导业务为主，一般也兼办市场调查业务。

（5）定制服务公司。定制服务公司是根据不同顾客的特殊要求进行定制服务的机构。每个客户的要求都作为一个特定的项目进行。这些调查公司往往需要花费大量的时间与客户一起探讨问题，然后根据客户特定的问题设计调查方法。这些公司提供系列的调查服务，包括测试市场、焦点小组访谈、消费者调查和行业调查等。

2. 有限服务公司

有限服务公司专门从事某个方面或某几个方面的市场调查工作。这些公司拥有专门的人才开展某种调查技术工作，如目测、佯装购买；从事某个调查领域的工作，如对年轻人的调查、对某项体育项目（如高尔夫球）的调查等。这些有限服务公司可以根据从事的不同领域进行进一步分类，如现场服务公司、市场细分专业公司、数据输入服务公司、调查样本公司、数据分析公司以及专门化的研究技术公司。

（1）现场服务公司。现场服务公司是进行专门的电话访问、深度小组讨论、邮寄调查或入户调查的有限服务公司。因为要在全国范围内进行访问，所以人员费用很高。对现场服务公司也可以进一步分类，例如：有的公司专门进行个人访问；有的公司专门进行邮寄调查；有的公司被称作“电话信息库”，专门进行电话访问；有的公司提供场外督导管理、案情摘要和现场审计；有的公司开展对消费者的售点拦截访问。

（2）市场细分专业公司。市场细分专业公司是对特定的调查对象进行数据收集的有限服务公司，如对儿童、少年、青年或位于特定区域的人们进行数据收集。有些市场细分专业公司针对某个特定的行业进行调查，如专门对非营利性机构进行调查等。这类有限服务公司对他们所从事的行业都有较深的了解。

（3）数据输入服务公司。数据输入服务公司是专门编辑已完成的问卷，进行编码和数据输入，提供高质量的软件系统和数据输入服务的有限服务公司。计算机使得调查人员能够在访问的同时将数据输入分析软件，从而极大地提高了效率。

（4）调查样本公司。调查样本公司是专门从事样本设计及分发的有限服务公司。这类公司拥有自己的调查部。它们从其他公司购买样本，然后再把这些样本及调查问卷送到某个“电话信息库”来完成调查，但是这种情况非常少见。一个拥有全国样本的公司可以独立进行电话调查，从而节约时间。综合系统样本公司也是一类调查样本公司，它们列出各种家庭及不同行业的样本、行政区样本和用于选择非正规样本的程序。

（5）数据分析公司。数据分析公司是指在调查过程中为数据的分析和解释提供技术帮助的有限服务公司。它们通常采用复杂的数据分析技术进行数据分析与解释，如联合分析技术等。

（6）专门化的研究技术公司。专门化的研究技术公司是市场调查行业中非常专业的有限服务公司。例如：名字调查公司是一类对名字进行测试的公司，可以测试品牌名、公司名等。又如：微型测量公司利用计算机图像来测试、估价，修改包装、货架外形和对广告用的标志做再设计。

3. 其他调查机构

随着我国市场经济的运行，各省市的调查机构都应运而生。如信息统计部门、高校和科研单位等。

（1）信息统计部门。目前中央和各省市也建立了市场调查机构，调查研究全国和各省市的市场动态，预测市场趋势，为各行各业提供市场信息。例如：商业部有商情信息中心，民政部有社会调查中心。其他省市还有各级的城乡调查队等。这些市场调查中心的任务就在于运用国家的力量，组织全国或各省市的市场通信网，用以收集和交流国内外市场信息。同样，发达国家的政府也在组织和经费上对收集经贸信息给予大力支持。例如：美国商务部每5年或10年定期组织对商业、制造业、农业、人口等进行普查，这对市场调查和决策起着重大作用。

【知识拓展】中国国家统计局的职能

（2）高校和科研单位。在大专院校、经济研究单位设立市场调查机构，运用科研人员的力量，有针对性地进行专题调查和预测。例如：复旦大学、中国人民大学、上海财经大学、上海交通大学、上海社科院等大学均有市场调查机构。在国外也是如此，如美国哈佛大学市场科学研究所从事研究有关计量和预测方法的改进以及公共政策对市场营销的影响等。

二、明确市场调查机构的职能

（一）专业市场调查机构的职能

专业市场调查机构最主要的职能是服务职能，即根据委托方的要求，进行各种市场调查、研究、咨询、预测，提供企业所需的各类数据、资料、情报、信息，为企业的经营服务。

具体来说，市场调查机构的职能有以下几个方面。

1. 承接市场调查项目

专业市场调查机构拥有专业人才，有从事市场调查与预测的丰富经验和能力，可以公开承接社会各方的委托，按客户的要求开展市场调查与预测活动。一般而言，专业市场调查机构所能承接的市场调查与预测项目包含的范围较广，主要涉及以下几个方面：

（1）可以为开发新产品的市场营销活动进行市场调查与预测，包括调查市场占有率、竞争者实力、销售渠道、季节影响和产品生命周期等。

（2）可以对市场的规模、结构进行调查与预测分析。

（3）可以对市场供求关系的现状和发展趋势进行调查与预测。

（4）可以对消费者的消费需要、购买动机和购买行为进行调查与预测。

（5）可以对产品的性能、包装等进行试验。

（6）可以对市场价格及其走势进行调查与预测。

（7）可以对客户需要的其他问题和方面进行调查与预测。

2. 提供信息

专业市场调查机构往往有自己的信息网络，为了工作业务所需，它们订有大量的专业期刊和信息杂志，并有大量的信息来源，在长期的实践中也积累了大量的信息资料，从而其本身就是一个很大的信息库，可以为社会和用户提供有关的信息资料。这种提供可以是由专业市场调查机构主动地、无偿地向社会提供，也可以按有关客户的要求有偿提供。

3. 提供咨询服务

专业市场调查机构凭借其专业优势，结合宏观经济形势、政府政策倾向等为社会和企业提供诸如市场运营理论、运营技术的研究、产品投放、营销网络、促销手段、实施与控制等市场营销体系方面的各类咨询服务，从而为企业科学决策与经营管理提供依据。具体有以下几个方面：

（1）帮助委托方拟定广告战略，确认重点。

（2）共同研讨广告计划。

（3）确认商品特性（功能、价格、设计、名称、包装）。

（4）确认市场占有率、普及率、产品生命周期、季节变动以及需求情形。

（5）确定消费者对商品的使用习惯、购买动机等心理因素。

（6）确认商品流通状况。

（7）广告作品调查、广告效果测定。

（8）销售效果测定。

4. 提供专项培训服务

专业市场调查机构要利用专门人才（如聘请的专家学者、企业中高层主管等）开展有关企业战略，市场营销，人力资源管理，商务沟通领域的新知识、新政策、新经验等方面的专项培训，从而提高企业经营管理人员的服务水平。

（二）企业内部市场调查机构的职能

与专业市场调查机构不同，大部分企业内部的市场调查机构人员配备较少，所承担的多是策划与监督实施的任务，而具体的调查工作往往会委托给专业的市场调查机构。企业内部市场调查机构的主要职能如下：

1. 收集内部资料

收集杂志、报纸、网络等不同渠道传递的行业、产品等相关市场信息和数据资料，整理后归类存档，从而为企事业单位领导层以及其他相关人员的营销决策提供重要的参考。

2. 策划与确认市场调查方案

拿出一定的设想或拟定市场调查方案，然后选择相应的外部市场调查机构，并由其来策划具体的方案。

三、选择市场调查机构并与其合作

尽管许多大型企业都设立了自己的市场调查部门，但大多数的企业还是没有条件和能力自设调查部门或自组一套调查班子。然而，这并不是说这些企业就不需要做市场调查工作，实际上，即使是自设调查部门的企业，当它自身的力量无法满足对市场信息的需求时，也需要委托市场调查机构来承担企业自己无法开展的调查与预测工作。特别是对于那些意欲打入国际市场的企业，都必须寻找一些当地的市场调查机构对国外市场的供应、需求及流通渠道等进行深入的调查，以利于确定市场策略。一般而言，当地市场调查机构具有能够与当地居民进行广泛接触，详细而又深入地了解有关产品在当地市场的销售状况和顾客购买动机的优势，原因在于当地市场调查机构具有有关当地贸易惯例、具体行业和产品结构以及历次调查经验等的专门知识，具有语言方面的便利，花费的成本比自己调查要低以及更具客观性等。因此，可以说，如何开展与调查机构的合作是摆在所有企业面前的课题。那么，如何选择市场调查代理公司呢？如图 1－3 所示。

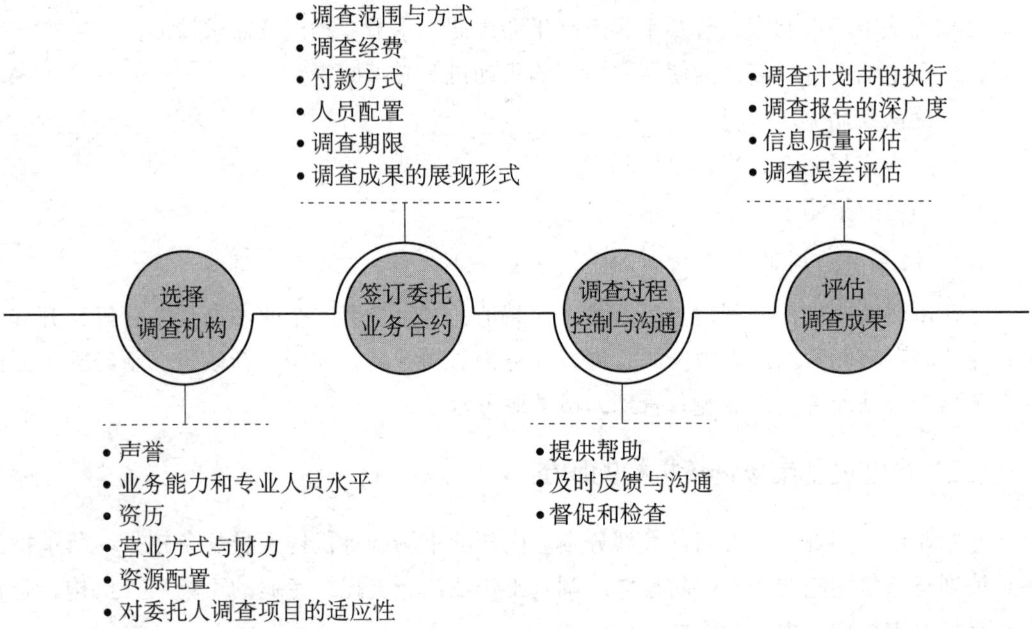

图 1－3　企业与专业市场调查机构合作过程

（一）选择调查机构

1. 选择专业调查机构的渠道

（1）全国性的工商管理机构和工商业咨询协会以及它们的出版物、企业名录等。

（2）各驻外使馆的商务处，这是寻找境外调研代理机构的常用渠道。

（3）诸如国际贸易促进会之类的国际性机构和组织。

（4）广告代理公司。

（5）市场所在地的进口商、批发商和经销商。

2. 初步选择

各个调查机构在所承办的调查类型和所能提供的服务性质方面都不相同。有些机构专门从事某些产业部门范围内的调查，有些机构则专门从事消费者广告动机方面的调查，而在各个方面都很擅长的机构是很少的。因此，企业在选择调查机构时，必须对目标调查机构进行多方位的了解。企业可以向每个目标调查机构发出征询，先略述调查的项目，并请求每个调查机构提供便于企业进行选择的内容，这些内容通常包括以下六个方面。

(1) 调查机构的声誉。可以从以下几个方面判断：

1）在同行中的声誉，哪些方面比较突出，突出的方面是不是企业所需要的。

2）在勇于创新、运用新技术、新方法以及坚持原则方面的声誉。

3）在职业道德上的表现如何。如在为客户保守秘密、不弄虚作假等方面的声誉。

(2) 调查机构的业务能力和专业人员的水平。可以从以下几个方面判断：

1）公司管理人员的资历、实践经验和学识水平。

2）承接、代办过的业务数量、质量。

3）过去客户的反映、满意程度。

4）是否发生过其他方面的法律纠纷。

5）公司业务情况的发展前景和规划。

6）有哪些方面的专业调查人员，调查的经验如何。

7）调查技术有无新的突破和发展。

(3) 调查机构的资历。可以从以下几个方面判断：

1）公司成立的时间、开展调查和咨询业务的时间。

2）主要职员的任职期。

3）承接项目的范围和特点，是否有所擅长。

4）客户对象主要有哪些，主要目标顾客的类型。

(4) 调查机构的营业方式与财力。可以从以下几个方面判断：

1）公司采用什么方式来吸引客户，招揽业务的难易程度。

2）公司的营业项目分类和估价是否详细和准确。

3）公司代理业务的收费估价是否合理。

4）常用的支付条件。

5）公司的资金信用状况及经费保证程度。

(5) 调查机构的资源配置。可以从以下几个方面判断：

1）工作人员的数量，特约调查人员的配置情况。

2）办公室设备是否现代化。

3）统计、汇总资料采用的是什么软件。

4）外勤服务情况。

(6) 调查机构对委托人调查项目的适应性。可以从以下几个方面判断：

1）在同类项方面的经验。

2）在特定领域方面的专长。

3）受派担任本项目的工作人员的适应情况。

4）为委托人进行工作的经验。

5）目前在为委托人进行的工作。

同步案例

盖洛特市场研究有限公司对外宣传资料

盖洛特市场调查研究成立于2000年1月，是一家集公共政策研究、社情民意调查、政府第三方测评、市场调查、企业管理咨询等业务于一体的综合性高新技术咨询服务企业。公司总部位于福州，下设厦门、泉州2个分公司，是目前福建省实力较强、规模较大的专业市场研究咨询公司。

盖洛特以国际行业规范为准则，结合在中国丰富的市场调查研究经验，以专业的市场调查研究方法和技术，与客户的需求相结合，为客户寻求最有效的市场营销方案，最终达到盖洛特与客户在中国市场共同发展的宏伟目标。

盖洛特秉持“用数据说话”的经营理念为各企业提供系统的“数据收集、挖掘和分析、应用和营销”等服务；坚持以“精准数据”为点，以“大数据”为面，采用“以点带面”“点面结合”为客户提供数据服务；同时拥有专业的专家顾问团队，这些都使得企业长期持续经营和发展，发扬企业的优良传统，不断创新和研究，适应时代发展的要求，由企业积极倡导，全体员工自觉实践，从而形成企业信念、激发企业活力、推动企业发展。

对于方案的解决，盖洛特秉承：

一、多种调查方法解决方案（盖洛特+51调查网）

1. 数据采集方法

包括入户调查、街头拦截调查、电话调查、深度访谈、焦点小组访谈等。

2. 互联网采集方法

包括PC端在线调查、手机客户端在线调查、二维码扫描+手机在线调查、微信公众号调查等。

二、多种渠道解决方案

盖洛特旗下有51diaocha（51调查网）、Cocenter（科森特）、上海神启数据3家子公司和福州、厦门、泉州、海口4个分公司/办事处，以及全国的代理商资源、兼职神秘顾客等多渠道资源。

三、多种研究模型解决方案

拥有品牌研究、消费者行为研究、渠道研究等7个研究模块，渠道咨询研究、服务与支撑等60多种研究模型。

盖洛特的特色执行力体现在：

一、会员库 & 在线调查服务平台

“福州伍壹调查网络科技有限公司”（简称“51调查网”）是盖洛特数据研究股份公司旗下的全资子公司，是公司为了响应市场需求，以用户“数据自助化”服务为目的设计研发的互联网在线调查平台。

二、定性-远程座谈会执行类型项目

拥有座谈会同声翻译设备、远程视听技术、大型座谈会会议室/现场、座谈会观察室。

三、全国-神秘顾客执行类型项目

盖洛特基于“51调查网”在遍布全国各个中小城市（部分到乡镇）的几十万会员优势，可根据暗访调查项目需要，随时通过会员系统发起邀约合格、合适的神秘顾客参与到项目中，满足各种项目的神秘顾客条件要求。结合“51调查网”的答卷填写系统和项目管理系统，根据项目的神秘顾客暗访安排及内容，委托方可以从“51调查网”的子客户系统进行“可视化、实时远程监控”，了解项目进展情况。

四、全国-电话调查（CATI）执行项目

福建科森特通信技术有限公司（盖洛特子公司），成立于2007年，是福建省内被国家通讯管理局审批通过，拥有500+个电话外呼座席的一家专业经营“电话调查、调查营销”的专业营销呼叫平台、专业调查（CATI）外呼平台，10年来是福建移动公司电话呼叫业务外包的战略型合作伙伴。

为帮助客户在激烈的市场竞争中脱颖而出，盖洛特致力于提供创新的研究和资料搜集服务，通过搜集数据，创造性地、准确地对其加以分析，来支持相关的创新思想，以向客户提供全新的视角。

资料来源：由盖洛特市场研究有限公司提供。

---

3. 比较选择

通过对市场调查机构以上各项目的分析、评估，委托企业便可以把所要选择的目标锁定到最有希望的两三个调查机构上。接着就应该分别安排会晤，在会晤中可以比较深入地讨论委托企业的调查需求和调查机构探索这些需求的方法。初步会晤以后，要求各家调查机构提出书面的调查建议书，通过对调查建议书的比较分析，进一步了解各家调查机构的项目适应性。

调查建议书的内容大致包括以下几个方面：

（1）工作人员的配备、专业水平、实际工作经验和能力。

（2）抽样调查的方法与技巧。

（3）拟定问卷的构思与问卷的样本。

（4）实地采访中，管理人员、专职调查员、特约调查员和临时调查员的配备情况。

（5）选择访问员的标准与培训的计划。

(6) 对问卷有效性的监督、管理措施。

(7) 制作图表的设备与技巧。

(8) 项目完成所需时间的估计。

(9) 项目的费用预算情况。

委托企业在研究了几个调查机构的建议后就能够和最能满足调查需求的那个调查机构洽谈合作事宜了。

(二) 签订委托业务合约

企业经过慎重而周密的选择以后，确定了调查机构，便可以委托调查机构进行调查活动。市场调查机构是一个营利性的组织，因而这种委托代理关系就是一种商业关系。为了使双方的利益都能得到有效的保障，必须签订委托业务合约来明确双方应承担的义务、责任和享有的权利。委托业务合约一般应包括以下内容：

1. 调查范围与方式

在合约中，首先要说明的是调查的范围，以此来要求调查机构围绕调查目标进行策划和设计。调查方式则由调查机构根据调查的主题和对象进行确定，并写在合约中。此外也可以规定一些其他事宜，如调查对象、走访的次数和形式、企业应向调查机构提供的资料及双方联系的方式与时间等。

2. 调查经费

可以是调查机构根据预估项目所需的各项费用支出向企业提出应付的款项和数额，双方同意后写入合约中；也可以是企业提供数额，调查机构认为在此数额范围内完成调查是可行的而接受委托。在合约中写明应付数额。必须注意，合约中经费预算必须注明每个调查项目的开支情况，如劳务费、礼品费、管理费以及利润等。另外，要尽量避免"按日结付"的预算方法，即调查机构每日开支多少，委托企业每日支付多少的做法，这对委托企业是极为不利的。预算中还可以注明，对于超过预算的追加款项的处理办法，一般企业可接受的追加款项在10%的范围之内。

3. 付款方式

既然有调查费用的预算，双方必然牵涉付款方式的问题。通常情况下，都采用分期付款的办法，即随着调查的展开和完成的情况分批支付，待调查全部结束，结清余款。如果代理双方有过多次合作，信任程度较高，也可以采用事先付款或事后付款的方式。若是代理双方牵涉两个国家的国际市场的调查项目，双方还必须确定付款的币种及汇率结算等问题。

4. 人员配置

调查机构指派的全体调查人员的名单及各自应承担的职责在合约中应明确规定。这既有利于委托企业对调查项目的完成情况进行了解，也有利于调查机构对承担每项工作的调查人员的工作情况进行指导和监督。若是调查机构将其中的部分项目再分包给其他调查机构，也须将调查人员的配备情况列明。不过，这种情况原则上不能改变费用预算。

5. 调查期限

必须在合约中规定调查项目执行的时间和完成的期限，只有按时完成调查项目，才能保证调查结果的时效性。对未能完成调查任务的处理办法也应同时注明。通常，如果调查机构超期违约，在费用结算时会被扣除一定的调查经费。

6. 调查成果的展现形式

调查成果以书面形式记录和呈现出来就成为调查报告。调查报告分中期报告和最终报告两种。除了大型的调查项目以外，一般的调查成果都以最终的调查报告来体现。因此，对最终报告的内容必须具体要求，可以有调查结果、分析、营销策略、趋势预测等内容或其中的部分内容。有些企业还要求调查机构在报告中提供一些如当地市场主要生产商、经销商及客户的相关资料，也应在合约中注明，以便调查机构进行准备。

同步案例

项目市场调查合同书（样本）

委托方（以下称甲方）：

受托方（以下称乙方）：

乙方受甲方委托，独家承担市场调查项目的全程运作。为明确双方责、权、利及相应义务，建立诚信互助的良好合作关系，顺利完成委托调查的项目，以达到为甲方制定营销整体规划和市场推广策略提供依据的目的，特订立本协议。

一、甲乙双方经过协商一致，由乙方以书面报告或电子媒体的形式向甲方提供调研报告，作为调研项目的委托结果和调研项目的完成证明

二、调研项目内容、形式、验收标准和进度要求

详见合同附件。

三、合同酬金总金额和支付方式

(1) 本合同酬金总金额为人民币　　　　（大写）元。

(2) 本合同签订之日起　日内，甲方付给乙方本合同调查费用总金额　%的预付款，作为调查前期启动费用（人员组织、培训、初步调查、抽样测试等）。

(3) 乙方按照本合同及附件之约定，如期完成项目并提交规定调查文档后，经甲方验收合格，甲方于验收合格之日起　日内付清余款。

(4) 费用总预算见《市场调查计划》。

四、乙方责任

(1) 乙方以双方商定的《市场调查计划》（见合同附件）为基本指南，本着“客观、准确、及时、系统、反馈”的原则，按计划既定的时段、区划、数量及质量标准完成调查过程并提交相应文档。

（2）乙方及时将调研项目的进程情况以及项目进行中遇到的问题向甲方报告。

（3）乙方保证在为甲方提供服务时，未经甲方书面同意，不把该服务项目的全部或部分工作委托给第三方。

（4）乙方保证提交甲方的数据、资料及任何信息没有侵犯任何第三方的知识产权及其他权益。

（5）乙方确保严守甲方公司及其他相关协作企业的全部商务秘密，同时遵守合同期间内不得承接其他同类产品企业的调研项目。

（6）乙方承诺在调研项目进程中接受甲方的监督检查。

（7）乙方应告知并要求参与本调研项目的雇员遵守本合同的保密规定及其他规定，若参与本调研项目的雇员违反本条规定，乙方应承担连带责任。

五、甲方责任

（1）甲方应按双方商定的《市场调查计划》（见合同附件）向乙方提供有关企业或产品的必要的真实信息、资料文档。

（2）甲方应按乙方要求的时间向乙方提供样品，以便乙方随问卷一并赠送给被调查家庭或个人。

六、知识产权及保密条款

（1）本调研项目的成果特指乙方因完成本协议项下市场调查工作而形成的所有原始数据、分析报告、调研结论。调研结论（报告）的所有权归乙方，但在双方约定的保密期限内，乙方不得将上述报告、数据、结论向第三方提供并从中获利。

（2）保密期限约定为，自本合同签订之日起计算，保密期限不受本协议有效期的限制。

（3）该保密期限届满，乙方仍应尊重并保证不侵犯甲方因本调研项目获得之成果及其所附的一切权益。

（4）保密期限届满后，乙方对于报告中所涉及的基础数据享有再次使用并提供给第三方的权利。

七、调研项目的进行和验收

（1）甲方有权对乙方为调研项目所做工作进行监督检查。

（2）乙方应按照合同及附件约定的方式及进度进行调研工作，并于　年　月　日前按照协议和附件的约定向甲方提交调研报告及有关文件。

（3）甲方在收到乙方调研报告之日起　日内按照附件约定的标准进行验收。若验收不合格，但甲方认为调研报告经过补充或修改能够达到约定标准的，乙方应在收到甲方通知之日起　个工作日内按照甲方要求修改完成并提交给甲方，否则乙方应承担违约责任。

八、违约责任

（1）乙方未按照约定日期完成调研项目并向甲方提交有关文件的，每逾期一天乙方应向甲方支付本协议酬金总金额　%的违约金。

（2）乙方超过合同约定时间日（宽限期）仍未完成项目的，甲方有权解除协议，乙方除退还甲方已付酬金外，还应向甲方支付本协议酬金总金额　%的违约金。

(3) 乙方虽按期完成任务，但提交的结果不符合双方所约定的标准时，若甲方认为调研报告经过补充或修改能够达到约定标准的，乙方应在收到甲方通知之日起　日（宽限期）内按照甲方要求修改完成并提交给甲方，每延期一天，乙方应向甲方支付本合同酬金总额　%的违约金。

(4) 乙方虽按期或在宽限期内完成任务，但提交的结果不符合双方所约定的标准时，视乙方违约，甲方有权解除合同，乙方除退还甲方已付酬金外，还应向甲方支付本协议酬金总额业　%的违约金。

(5) 甲方未按照第三款之约定向乙方支付调研项目合同规定费用，每逾期一天，甲方应向乙方支付本项调研工作酬金总值　%的违约金；逾期超过日，甲方除继续履行协议外，应向乙方支付本协议酬金总金额　%的违约金。

九、争议的解决

因本合同引起的一切争议，双方首先应当友好协商解决，协商不成，可向本合同签订地法院提起诉讼。

十、报告文档

乙方应向甲方提交的全部文档是：市场调查计划、消费者留置（入户）调查问卷、市场调查统计分析报告、市场调查综合分析及营销建议报告。

十一、市场调查计划由乙方提交并由甲方签字认可后，双方均不得擅自变更。

十二、本合同一式两份，甲乙双方各执一份。

十三、本合同签订于　年　月　日，于签订之日起生效，任何于协议签订前经双方协商但未记载于本协议之事项，对双方皆无约束力。

十四、本合同及其附件对双方具有同等法律约束力，但若附件与本协议相抵触时以本协议为准。

十五、本合同自签字之日起生效执行，有效期至调查计划所规定终结日止。

十六、本合同未尽事宜由双方友好协商解决。

甲方签字：　　　　盖章　　　　　　　乙方签字：　　　　盖章

　　年　月　日　　　　　　　　　　　　年　月　日

（三）调查过程控制与沟通

企业的调查部门选定了某一调查机构作为项目的调查执行机构后，并不等于完成了工作，还必须参与到调查机构整个调查项目的实施过程中，起到监督控制和沟通的作用，这是一种互相合作的关系，在这种关系中，双方必须完全信任，充分合作。

1. 提供帮助

首先，企业应当明确，它将自始至终提供任何调查机构所需的帮助，以便于调查机构充分了解和掌握企业的实际情况和要解决的问题，确定调查的主题、范围、方式和技巧。特别是有些专业性的问题，调查对象的选择还要借助企业的关系网。

2. 及时反馈与沟通

调查机构也要及时地将调查中发现的问题反馈给企业。例如：将企业目标与市场实际情况矛盾之处等通报给企业。最后，要定期或不定期地交换意见，以便企业掌握调查的进展情况，并在彼此沟通后及时修改、调整，充实调查工作。

3. 督促和检查

在整个调查项目的实施过程中，企业的调查部门还应时刻担当起监督的职责。一方面要督促调查机构按进度完成调查项目，以免影响企业后续工作的开展。例如：企业要开发新产品，委托调查机构调查市场的需求潜力，但是调查项目却延长一段时间才完成，这时其他企业或许早已抢先一步，这种损失是无法估量的。另一方面，调查项目的实施过程中还要时刻检查调查的质量，虽然调查机构也会重视过程控制，但其检查的角度是不同的。

（四）评估调查结果

任何一个市场调查项目的实施结果，总有其值得称道的一面，也总有其不足的一面。对市场调查项目进行评估是必要的。企业应该站在客观公正的角度去评估调查机构的调查结果。

通常可以通过提出以下问题进行评估：

（1）整个项目是否在规定的时间内完成？

（2）整个项目是否在规定的预算范围内完成？

（3）调查报告的编写和陈述是否合理？

（4）调查报告是否深入而全面？

（5）各种结论和建议是否对企业有实质性的帮助？

（6）整个项目实施过程中是否存在明显的误差？

通过结果评估使双方对项目进行共同的回顾和展望，一方面使调查机构认识到自己的不足之处，以便进一步提高调查技术水平，另一方面使企业对调查结果有更深入的认识，以便后续工作的开展。

思政园地

第七次全国人口普查

在2020年开展的第七次全国人口普查，是在中国特色社会主义进入新时代开展的重大国情国力调查。2020年10月11日至12月10日，第七次全国人口普查开展入户工作。第七次全国人口普查将采取电子化方式开展普查登记，同时倡导普查对象自主填报的方式，鼓励大家使用手机等移动终端自行申报个人和家庭信息。此次普查将采用互联网云技术、云服务和云应用部署，全流程加强对公民个人信息的保护，确保公民个人信息安全。

普查对象是普查标准时点在中华人民共和国境内的自然人以及在中华人民共和国境外但未定居的中国公民，不包括在中华人民共和国境内短期停留的境外人员。普查主要调查人口和住户的基本情况，包括姓名、居民身份证号码、性别、年龄、民族、受教育程度、行业等内容。

资料来源：https://baike.sogou.com/v181891356.htm?fromTitle=%E7%AC%AC%E4%B8%83%E6%AC%A1%E5%85%A8%E5%9B%BD%E4%BA%BA%E5%8F%A3%E6%99%AE%E6%9F%A5.

问题：为什么要开展全国人口普查?

提示：第七次全国人口普查是在中国特色社会主义进入新时代，中国人口发展进入关键期时开展的一次重大国情国力调查。通过人口普查全面查清中国人口数量、结构和分布，准确把握人口变化趋势性特征，才能够更加准确地把握需求结构、城乡结构、区域结构、产业结构等状况，为科学制定“十四五”时期国民经济和社会发展规划提供科学准确的人口信息支持，有利于推动中国经济高质量发展。

【项目总结】

经营活动中出现了营销问题，是企业进行市场调查的最根本原因。也只有通过市场调查，才能了解到底存在哪些问题。只有确切了解了市场营销活动中存在的问题，市场调查的目标才能够明确。也只有明确调查目标，调查工作才会顺利进行。方向明确、过程组织有力、资料收集充分、分析论证科学的市场调查活动，才能对企业决策起到科学的参考作用，市场调查的重要作用也才能够体现出来。

市场调查的内容主要涉及社会环境、市场需求、产品设计和市场营销活动这四大方面。社会环境调查包括政治环境调查、经济环境调查、文化环境调查、气候/地理环境调查。市场需求调查包括消费需求量调查、消费结构调查、消费者行为调查。产品调查包括产品生产能力调查、产品实体调查、产品包装调查、产品生命周期调查、产品价格调查等。市场营销活动调查包括竞争对手调查、销售渠道调查、服务调查、促销活动调查等。

根据不同的标准，市场调查可分成不同的类别。

市场调查要遵循时效性原则、准确性原则、系统性原则、经济性原则、科学性原则和保密性原则。

市场调查的基本步骤为：确定调查问题、分析初步情况、制定调查计划、设计调查工具、组织市场调查、实施市场调查、整理分析资料、撰写调查报告、追踪反馈调查结果。

市场调查机构是一种服务性的组织机构。按其服务的性质可分为企业内部的市场调查机构和企业外部的市场调查机构。

专业市场调查机构的最主要职能是服务职能，即根据委托方的要求，进行各种市场调查、研究、咨询、预测，提供企业所需的各类数据、资料、情报、信息，为企业的经营服务。与专业市场调查机构不同，大部分企业内部的市场调查机构人员配备较少，所承担的多是策划与监督实施的任务，而具体的调查工作往往会委托给专业的市场调查机构。

企业与专业市场调查机构合作的过程包括：选择调查机构、签订委托业务合约、调查过程控制与沟通、评估调查结果四个步骤。

【项目检测】

一、单选题

1. 市场调查的最终目的是为企业、政府和其他机构进行（　　）提供科学的依据。

A. 科学研究　B. 决策和预测　C. 员工管理　D. 财务决算

2. 各种调查方法，各适用于收集不同的信息；在整理分析收集来的信息时，采用不同的方法进行筛选、统计与分析体现了市场调查的（　　）。

A. 目的性　B. 时效性　C. 科学性　D. 系统性

3. （　　）不是市场调查的内容。

A. 产品销售　B. 市场竞争　C. 消费者需求　D. 社会保险

4. 零售商调查属于（　　）范畴。

A. 销售渠道调查　B. 竞争对手调查　C. 产品调查　D. 促销调查

5. 一些企业的广告支出预算是根据销售的某一固定比例确定的，究竟两者的真正关系如何应通过（　　）调查来解答。

A. 探测性　B. 描述性　C. 因果关系　D. 预测性

6. （　　）不是市场调查应遵循的原则。

A. 保密性　B. 经济性　C. 时效性　D. 便利性

7. （　　）公司主要是收集一般的资料，它们一般不专门为某个客户服务，任何人都可以购买它们的资料。

A. 定制服务　B. 辛迪加服务

C. 经营顾问　D. 广告研究

8. 市场调查的最后一个步骤是（　　）。

A. 撰写调查报告　B. 实施市场调查

C. 追踪反馈调查结果　D. 整理分析资料

9. 家庭规模和构成是（　　）的主要内容。

A. 消费者行为调查　B. 文化环境调查

C. 消费需求量调查　D. 消费结构调查

10. （　　）是全面调查。

A. 普查　B. 重点调查　C. 抽样调查　D. 典型调查

二、判断题

1. 对中小企业来说，没有像大型企业那样的财力去进行规模较大的市场调查，就可以更多地采用参观访问、直接听取顾客意见、大量阅读各种宣传媒体上的有关信息、搜集竞争者的产品等方式进行市场调查，只要工作做得认真细致而又有连续性，同样会收到很好的调查效果。（　）

2. 市场调查既要了解企业的生产和经营实际，又要了解竞争对手的有关情况；既要认识到企业内部机构设置、人员配备、管理人员素质和方式等对经营的影响，也要调查社会环境的各方面对企业和消费者的影响程度。（　）

3. 在现实生活中，许多消费者认为年龄、收入、受教育程度等都属于个人隐私，不愿意真实回答，因此在调查时可以把这些问题省略，以免影响消费者的情绪。（　）

4. 依据假设进行调查，是探索性调查经常采用的方法，它可以使调查者抓住重点，提高效率，并带着结论去调查。（　）

5. 企业内部市场调查机构人员配备较少，所承担的更多是服务与监督实施职能，而具体的调查工作往往会委托给专业的市场调查机构。（　）

6. 企业的调查部门选定了某一调查公司作为项目的调查执行机构，并不等于这样就完成工作了，还必须参与到委托机构的整个调查项目的实施过程中，起到监督控制和沟通的作用。（　）

三、简答题

1. 简述市场调查的含义。

2. 企业为什么要进行市场调查？

3. 市场调查的基本步骤有哪些？

4. 怎样与市场调查机构开展合作？

四、案例分析题

产品需求情况的市场调查

某企业想了解其产品的需求情况，为此组织了一次市场调研活动。按照调研计划，该企业首先进行了一次问卷调查，选取了北京、上海和广州三个城市作为代表城市，在这三个城市中随机发放问卷。他们向消费者所提供的问卷中，问答项目达几百个，而且十分具体。该调查所获得的数据被存入计算机进行详细的分析。

此外，在亲自获取市场信息的同时，该企业还把其他机构所提供的市场分析进行加工和整理，来补充市场调查所获取信息的不足。这些从公开出版物、报纸、杂志、政府和有关行业获取的统计资料，为该企业了解整个市场的宏观信息提供了帮助。

来自消费者的信息成千上万，如何分析研究，取其精华，该企业有其独特的方法。他们把所有信息分为两类，一类是期望值高的信息，即希望商品达到某种程度，或希望出现某种新产品；另一类是具体的改进建议。该企业十分重视前者，这类信息虽然没有具体意见，甚至很模糊，却反映了消费者的期望，是新产品开发的重要启示，而具体的改进意见一旦和高期望值信息结合起来，则能起到锦上添花的作用。

阅读以上材料，结合案例回答问题：

1. 该企业主要收集了哪些方面的信息？

2. 企业内部市场调查机构的职能有哪些？

3. 对企业而言，市场调查有哪些作用？

【项目实训】

一、项目名称

设计市场调查流程。

二、实训目的

通过本次实训，使学生能够明确市场调查步骤，体会市场调查应包括哪些具体内容。

三、实训项目

MY有限责任公司是一家贸易公司，目前承接统一方便面经销业务，业务涉及本市中小型超市、便利店、食杂店等零售终端。该公司下一季度决定在大学城地区开展促销活动，以进一步提高产品知名度，增进销量。为了促销活动能达到预期效果，公司委托你所在的调研小组进行一次市场调查，收集信息，以供决策层参考。

四、实训组织与要求

1. 以5～6人为一组，选出小组组长，以组为单位开展实训；

2. 小组中每人均独立设计市场调查流程，接着组织小组讨论，最后确定成果；

3. 形成市场调查流程WORD实训报告和课堂汇报PPT；

4. 各小组选一位成员以PPT的形式向全班同学汇报其设计成果，必要时其他成员可以补充说明；

5. 向全班同学简单展示其设计的市场调查流程WORD文本。

五、实训考核

考核成绩应根据各小组PPT汇报水平（含PPT设计水平）和WORD文本质量进行综合评分。

1. 小组自评（占15%）；

2. 小组互评（占35%）；

3. 老师总评（占50%）。

项目二 设计市场调查

学习目标

知识目标

1. 了解市场调查方案的概念和评价
2. 掌握市场调查方案的内容和格式
3. 了解市场调查方案评价
4. 了解调查问卷的基本概念、类型和原则
5. 熟悉调查问卷的设计流程
6. 掌握调查问卷结构和设计技术
7. 了解抽样调查的概念
8. 熟悉抽样调查的方式

能力目标

1. 能够制定市场调查方案
2. 能够根据调查目的设计调查问卷
3. 能够正确选择抽样调查方式

重点难点

重点

1. 掌握市场调查方案内容
2. 掌握调查问卷结构和设计技术
3. 熟悉抽样调查的方式

难点

1. 制定市场调查方案
2. 设计调查问卷具体项目

项目任务导航图

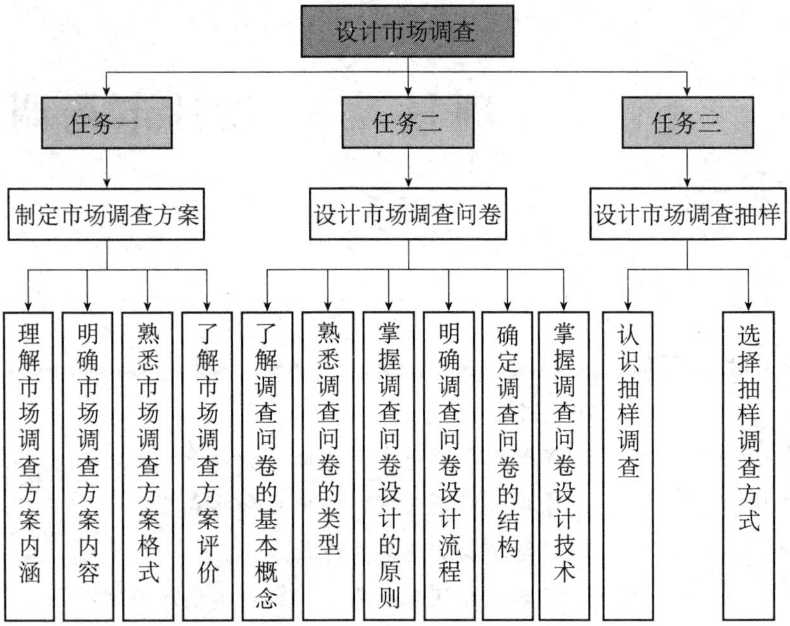

案例导入

新口味可口可乐的市场调查

可口可乐虽然在美国软饮料市场上处于领先地位，但由于百事可乐公司多年的促销攻势，以口味试饮来表明消费者更喜欢较甜口味的百事可乐饮料，不断侵吞着可口可乐的市场。为此，可口可乐公司通过改变可口可乐的口味来对付百事可乐对其市场的侵吞。

可口可乐公司花费了两年多的时间研究开发新口味可口可乐饮料，投入了400多万美元的资金，最终开发出了新可乐的配方。在新可乐配方开发过程中，可口可乐公司进行了近20万人的口味试验，仅最终配方就进行了3万人的口味试验。在试验中，研究人员在不加任何标志的情况下，对老口味可乐、新口味可乐和百事可乐进行了比较试验，试验结果是：在新老口味可乐之间，60%的人选择新口味可乐；在新口味可乐和百事可乐之间，52%的人选择新口味可乐。从这个试验结果看，新口味可乐应该是一个成功的产品。

后来，可口可乐公司将口味较甜的新可乐投放市场，同时放弃了原配方的可乐。在新可乐上市初期，市场销售不错，但不久就销售平平，并且公司开始每天从愤怒的消费者那里接到1 500多个电话，并收到很多信件。一个自称原口味可乐饮用者的组织举行了抗议活动，并威胁要求恢复原口味的可乐或将配方公之于众，否则将提出集体诉讼。

迫于原口味可乐消费者的压力，在新可乐推出两个月后，可口可乐公司恢复生产原口味的可乐，市场上出现新口味可乐与原口味可乐共存的情况，但原口味可乐的销售量远大于新口味可乐的销售量。

资料来源：陈章，高坤．市场调查与预测［M］．武汉：武汉大学出版社，2011.

问题：

1. 新口味可乐配方的市场营销调研中存在的主要问题是什么？
2. 新口味可乐配方的市场调研内容应包括哪些方面？

任务一　制定市场调查方案

一、理解市场调查方案内涵

市场调查方案又称市场调查计划，是指在正式调查之前，根据市场调查的目的和要求，对调查的各个方面和各个阶段所做的通盘考虑和安排。

同步案例

微波炉与电磁炉的畅销与滞销

十几年前，我国上海的一家大企业决定上马新型电器厨具。他们首先买了 50 台家用微波炉和电磁炉，然后在一个基点展销会上进行试销，结果产品在 3 天内全部销售完毕。考虑到展销会的顾客缺乏代表性，于是他们又购买了 100 台各种款式的微波炉和电磁炉，决定在上海南京路的两个商店进行试销，并且提前 3 天在《解放日报》《文汇报》上登了广告。结果半夜就有人排队待购，半天时间全部产品都销售出去了。

他们很高兴，但是厂长仍不放心。他让企业内部的有关部门做一个市场调查，该部门的负责人说，他们走访了近万户居民，根据汇报上来的数据统计，有 80% 的居民有意愿购买微波炉和电磁炉。

他们想：上海有 1 000 多万户居民，加上各种不方便使用明火的地方、各种边远地区、不方便做饭的小单位和各种值班人员，总之对于电磁炉和微波炉的需求量应该是巨大的。如果加上辐射的地区江苏、浙江等省份，对微波炉和电磁炉的需求量将是一个令人惊喜的数据。于是，他们下决心引进新型的生产线，立即上马进行生产。

可是，当他们的第二条生产线投产的时候，产品已经滞销，企业全面亏损。厂长很不服气，他亲自到曾经访问过的居民家中核对调查情况。结果是：所拜访的居民都承认有人来问过他们关于是否购买微波炉和电磁炉的事，而且他们当时都认为自己想买。但是他们后来却都没有买，问其原因，居民的回答各种各样。有的说，原来指望儿子给钱，可是现在儿子不给钱买了；有的说没有想到现在收入没有那么好；有的说单位给安装了煤气等。不管厂长如何生气，微波炉和电磁炉生产线只能停产。

资料来源：https://www.docin.com/p1416358830.html.

二、明确市场调查方案内容

市场调查方案涉及市场调查活动的各个环节，规划不好，调查工作就很难顺利完成，调查方案是否科学、可行，关系到整个调查活动的成败。当确定好市场调查的主题后，如何开展市场调查，就必须通过设计调查方案加以执行和落实。市场调查方案设计的内容包括以下几个方面。

（一）确定调查目的

确定市场调查的目的，即明确我们为什么要调查，在调查中要解决哪些问题，通过调查要取得什么样的资料，取得这些资料有什么用途，等等。例如：某企业在经营过程中出现商品销售量下降的情形，此时确定的调查目的可能是“发现引起企业销售量下降的原因”，而这些原因可能是商品结构不合理、服务质量下降、消费者购买力下降、企业资金不足、周转缓慢、企业促销不利、竞争者产品大幅度降价等。这些问题涉及面广，比较笼统，需要找出主要原因。只有确定了调查的目的，才能确定调查的范围、内容和方式，否则就会因一些无关紧要的调查项目而漏掉一些重要的调查项目，无法满足调查的要求。衡量一个调查方案是否科学的标准，主要就是看方案的设计是否体现了调查目的的要求，是否符合客观实际。

（二）确定调查对象和调查单位

调查对象是指在一定时空范围内所要调查的总体，它是由客观存在的具有某一共同性质的许多个体组成的整体，其与调查的目的是紧密联系在一起的。调查对象是根据市场调查目的选定符合条件的市场活动参与者，如性别、年龄、文化水平、收入水平、职业等都是确定调查对象时需要考虑的因素。

调查单位是指调查总体中的各个个体单位，即在调查中要进行调查研究的一个个具体的承担者。调查单位主要有两类：一类是客观存在的实体，如个人、家庭、企业、机关、学校、机器设备、房屋和产品等；另一类是已经发生的行为、事件和现象等。在全面调查中，调查对象的每个单位都是调查单位，在非全面调查中，调查单位是调查对象中被收集资料的部分单位。例如：为了了解厦门市各大超市的经营情况及存在的问题，需要对全市的超市进行全面调查，那么该市的所有超市就是调查对象，每一个超市就是调查单位。

（三）确定调查内容

确定调查内容就是确定调查项目，调查项目是指取得资料的项目，它是表明调查对象特征的各项标志，也就是明确向被调查者了解什么问题。例如：调查对象是消费者，可供选择的调查项目有姓名、住址、收入、职业和文化程度等。如果做一个商品调查，项目可以包括商品质量、销售数量和购买时间等，调查项目可以有多种选择，选择的原则取决于调查目的，也就是说，应该依据调查目的选择调查项目，调查项目是为了取得资料而设计的，是调查内容的具体化。在确定调查项目时，除了要考虑调查目的和调查对象的特点外，还要注意以下问题：

（1）确定调查项目应当既要满足调查目的和任务的要求，又要能够取得足够的数据，凡是调查目的需要，又可获取数据的调查项目，都要列入调查项目中，不符合项目的数据应舍去，项目不宜过多。

（2）调查项目应包括调查对象的基本项目，调查课题的主体项目（回答为什么），调查课题的相关项目（回答是什么）。

例如：消费者需求调查。

基本项目：年龄、性别、职业、文化程度、家庭人口、居住地等。

主体项目：为何买、买什么、买多少、在哪里买、由谁买、何时买等。

相关项目：消费者收入、消费结构、储蓄、就业、产品价格等。

（3）调查项目的表达必须明确，同时，调查项目的答案也应具有确定的表达形式，如数值式、文字式等，以使统一调查者填写的形式便于调查数据的处理和汇总。否则，会使被调查者产生不同理解而做出不同的答案，造成汇总时的困难。

（4）调查项目之间尽可能相互关联，使取得的资料相互对应，具有一定的逻辑关系，以便了解现象发生变化的原因、条件和后果，从而检查其准确性。

（5）调查项目的含义要明确，必要时还可附加调查项目或指标解释及填写要求。

（四）设计调查工具

在设计调查项目之后，必须进一步具体设计反映这些项目的调查工具。调查工具是指调查指标的物质载体，如调查提纲、调查表、调查卡片、调查问卷等。所有的调查项目最后都必须通过调查工具表现出来。设计调查工具时，必须考虑到调查项目的多少、调查者和被调查者的方便性、对资料进行整理分析时的需要等。只有科学地设计调查工具，才能使调查过程顺利，调查结果满意。

（五）确定调查方式和方法

市场调查活动具有科学性和时代性，先进的方法来自社会技术进步和客观要求，在明确调查活动的内容要求之后，选对方法则会事半功倍，因此，在调查方案中，还要规定采用什么组织方式和方法取得资料。

（1）市场调查方式是指市场调查的组织形式，通常有市场普查、重点市场调查、典型市场调查、抽样调查等。市场调查方式应根据调查的目的和任务、调查对象的特点、调查费用的多少、调查的精度要求做出选择。

（2）市场调查方法是指在调查方式既定的情况下搜集资料的具体方法，通常有二手资料调查法、访问调查法、观察调查法和实验调查法等。市场调查方法的确定应考虑调查资料搜集的难易程度、调查对象的特点、数据取得的源头、数据的质量要求等。

例如：商场顾客流量和购物情况调查，通常采用等距抽样调查法的组织方式，即按日历顺序等距抽取若干营业日来调查顾客流量和购物情况，搜集资料的方法主要有顾客流量的人工计数或仪器计数、问卷调查、现场观察、顾客访问、焦点座谈等。对商场实施的资料调查方法有：商场基本情况调查采取二手资料调查方法，消费者调查则采取问卷调查设计和实地调查法等。

（六）确定调查时间和调查期限

调查时间是指调查资料所属的时间。如果所要调查的是时期现象，就要明确规定资料所反映的是调查对象从何时起到何时止的资料。如果所要调查的是时点现象，就要明确规定统一的标准调查时点。

调查期限是指调查工作的开始时间和结束时间。包括从调查方案设计到提交调查报告的整个工作时间，也包括各个阶段的起始时间，其目的是使调查工作能及时开展，按时完成。为了提高信息资料的时效性，在可能的情况下，调查期限应适当缩短。

在进行调查方案的设计时，调查时间和调查期限一般用调查时间进度表来表示（见表2-1）。时间进度表就是将调查过程的每个阶段的活动、需要完成的任务和达到的目标做出时间规定。确定调查时间进度表，一方面可以指导和把握计划的完成进度；另一方面也可以控制调查成本，以达到用有限的经费获得最佳效果的目的。

表2-1　调查时间进度表

时间和日期	工作与活动内容	主要负责人及成员	备注
	总体及抽样方案的论证、设计		
	问卷初稿设计		
	问卷测试		
	问卷修正、印刷		
	访问员的挑选、培训		

续前表

时间和日期	工作与活动内容	主要负责人及成员	备注
	实施调查		
	资料的整理和统计分析		
	报告的撰写、修改和制作		
	调查结果汇报会		

（七）确定调查地点

在调查方案中，还要明确规定调查地点：是选择某一个城市，还是某几个城市；是选择某城的一个区，还是特定的销售环境。调查地点与调查单位通常是一致的，但也有不一致的情况。不一致时，尤其有必要规定调查地点，如人口普查规定调查登记当地的常住人口，若登记时不在常住地点或是不在本地常住的流动人口，则需要明确规定处理办法，以免调查资料出现重复或遗漏。

（八）确定整理调查资料和分析的方法

实地调查方法得到的原始资料大多是零散、不系统的，只涉及事物的表象，无法深入事物的本质和规律，难免出现虚假、差错、短缺等现象，甚至会有市场调查人员的偏见，难以反映调查问题的本质与特征。这就要求对原始资料进行加工汇总，使之系统化、条理化。这一阶段的主要任务是运用统计知识对搜集的资料进行分类、编号、分析、整理、汇总等一系列的资料研究工作。

（九）确定调查费用

确定调查费用是调查方案设计的重要内容。调查费用会因调查课题的不同而不同。在制定预算时，应当制作较为详细的工作项目费用计划。通常，在调查前期计划准备阶段的费用安排应占到总预算的20%左右，具体实施调查阶段的费用安排可占到40%左右，而后期分析报告阶段的费用安排也将占总费用的40%左右。因此，我们必须全面考虑各个不同阶段的费用支出情况，避免节外生枝。

市场调查的费用预算支出要详尽，不能有遗漏，并且要切合实际，落实到位。一般来说，市场调查所需的费用一般包括：调查方案设计费、抽样和问卷设计费、调查表测试费、问卷的印刷和装订费、市场调查人员差旅费、劳务费、被调查者的礼品费、数据加工处理费、调查报告撰写费及其他费用等。通常可以制作成表格，如表2-2所示。

表2-2 调查费用估算表

支出项目	数量	单价	金额	备注
调查方案设计费				
抽样设计费				

续前表

支出项目	数量	单价	金额	备注
问卷设计费				
问卷印刷费				
访问员劳务费				
交通费				
统计处理费				
礼品费				
报告制作费				
资料费、复印费				
杂费				
合计				

（十）确定提交调查报告的方式

调查报告是调查项目的重要部分，是呈交给客户的最终产品。因此，市场调查人员必须有足够的时间和精力，认真准备好书面报告和口头汇报。提交调查报告的方式主要包括调查报告的形式、调查报告的基本内容以及份数等。

（十一）制定调查的组织计划

调查组织计划主要是调查实施过程中的具体工作计划，如调查的组织领导、调查机构的设置、各工作环节的人员配备与工作目标、调查的质量控制措施、市场调查人员的挑选与培训等。

需要强调的是，以上分别介绍的内容并非互相独立，而是密切联系的，某一个内容的变化往往会影响其他内容的执行。因此，整个调查过程要通盘考虑，在制定调查方案时应对以后的步骤有所预见。综上所述，在调查过程的若干环节上，市场调查人员面临设计上的各种选择。

三、熟悉市场调查方案格式

市场调查方案的格式有很多，大多数的市场调查方案阐述市场调查过程的所有步骤，包括：

第一，前言部分。简明扼要地介绍整个调查课题出台的背景、原因。

第二，调查课题的目的和意义。较前言部分稍详细点，应指出课题出台的背景、想研究的问题和几种备用决策，指明该课题的调查结果能给企业带来的决策价值、经济效益、社会效益以及在理论上的价值。

第三，调查的内容和范围界定。明确界定此次调查的对象和范围。

第四，调查将采用的方式和方法。指明所采用的研究方法的主要特征等。

第五，调查进度安排和有关经费预算。计划应设计得有一定的弹性和余地。

第六，附件部分。包括小组成员专长和分工情况以及相关细节与说明等。

在实践操作中，有以下几点需要注意：

（1）在一份完整的市场调查方案中，设计市场调查方案应包括的几个方面均应涉及，不能有遗漏，否则方案就是不完整的。

（2）市场调查方案的具体格式可以灵活一些，几个方面的内容可适当合并或做进一步细分。总之，应根据具体的案例背景加以灵活处理。

（3）撰写市场调查方案的书面报告是一项非常重要的工作，一般来说，市场调查方案的起草和撰写应由小组负责人来完成。

四、了解市场调查方案评价

（一）调查方案的可行性研究

在调查复杂的社会现象时，调查方案的设计通常不是唯一的，需要从多个调查方案中选取最优方案。同时，所设计的调查方案也不是一次完成的，而是需要经过必要的可行性研究，针对调查方案进行试点和修改。众所周知，决策失误是最大的失误。

可行性研究是科学决策的必经阶段，是科学调查方案的重要步骤。因此，对调查研究工作而言，事先对方案进行科学的可行性研究是非常有必要的。针对市场调查方案进行可行性研究的方法有很多，常见的有经验判断法、逻辑分析法和试点调查法等。

1. 经验判断法

经验判断法是指通过组织一些具有丰富市场调查经验的人士，经过对设计出来的市场调查方案进行初步的主观判断推理，以说明调查方案的合理性和可行性。

2. 逻辑分析法

逻辑分析法是指从逻辑层面考察调查方案的内容是否符合情理。例如：对于学龄前儿童进行文化程度的调查，对没有通电的山区进行电视广告效果的调查等，这些都是有悖于常理和逻辑的，缺乏实际意义。

3. 试点调查法

试点是整个调查方案可行性研究中十分重要的步骤，对于大规模的市场调查来讲尤为重要。试点调查法是指在小范围内选择部分单位进行调查，对调查方案进行实地检验，目的是使调查方案更加科学和完善，而不仅仅是收集资料。在试点调查中重要的是选好试点。作为试点必须具备两个明显的特点：一是实践性，二是创新性，两者互相联系、相辅相成。试点可以为正式调查取得实践经验，可以修改、补充、丰富和完善对主体的认识，并把人们对客观事物的认识推进到一个更高的阶段。

（二）市场调查方案设计的总体评价

对于一个调查方案的质量评价，主要从以下三个方面进行。

1. 方案设计是否体现了调查目的和要求

方案设计是否体现了调查目的和要求，这一点非常重要。往往我们在设计方案的过程中忽视调查目的，使调查方案脱离调查目的，影响整个方案的质量，因为后期所确定的调查内容、调查方法、工作进度安排、问卷设计、调查费用的预算等都要围绕调查的目的而确定。

2. 方案设计是否科学、完整和适用

调查方案的设计是否科学、完整和适用决定了所搜集资料的准确性和有用性，因此在设计方案时必须考虑到科学性、完整性和适用性。

3. 方案设计能否使调查质量有所提高

影响调查质量的因素是多方面的，但调查方案是否科学、可行，对最后的调查质量有直接的影响。调查方案设计合理，可以使调查实际差错率大大降低。

任务二 设计市场调查问卷

一、了解调查问卷的基本概念

调查问卷又叫调查表或询问表，是调查人员依据调查目的和要求，以一定的理论假设为基础提出来的，它由一系列“问题”和备选“答案”以及其他辅助内容组成。由于问卷方式通常是由被调查者通过问卷间接地向调查者提供资料，因此，作为调查者与被调查者之间中介物的调查问卷，其设计是否科学合理，将直接影响问卷的回收率，影响资料的真实性、实用性，进而影响市场调查的其他环节和整个调查课题的成败。因此，在市场调查中，应对问卷设计给予足够的重视。

二、熟悉调查问卷的类型

根据不同的分类标准，市场调查问卷可以分为以下几种类型。

1. 自填式问卷与访问式问卷

（1）自填式问卷。自填式问卷是指向被调查者发放，并由被调查者自己填写答案的问卷。这种问卷适用于面谈调查、邮寄调查、网络调查及媒体发放的问卷调查。

(2) 访问式问卷。访问式问卷是指向被调查者进行询问，由调查人员根据被调查者的回答代为填写答案的问卷。这种问卷适用于面谈调查、座谈会调查和电话调查。

2. 结构式问卷与开放式问卷

(1) 结构式问卷。结构式问卷也称封闭式问卷，是指问卷中不仅设计了各种问题，还事先设计出一系列可能出现的答案，让被调查者按要求从中进行选择。这种问卷适用于规模较大、内容较多的市场调查。如请选择两者中其一作为回答：您家有汽车吗？回答只能是有或没有。

(2) 开放式问卷。开放式问卷又称无结构式问卷，是指问卷中只设计了询问的问题，不设置固定的答案，由被调查者自由地用自己的语言来回答和解释有关想法。这种问卷适用于小规模的深层访谈调查或试验性调查。如：您为什么喜欢某产品的广告呢？

3. 传统问卷与网络问卷

(1) 传统问卷。传统问卷是指目前在一些传统调查方式（如面访调查、邮寄信函调查、电话调查、媒体刊载问卷及书籍后附问卷）中仍在大量使用的纸质问卷。

(2) 网络问卷。网络问卷是指随着电子计算机和互联网技术的发展而出现的，网上调查所用的无纸化问卷。

三、掌握调查问卷设计的原则

调查问卷设计的根本目的是设计出符合调研与预测需要及能获取足够、适用和准确信息资料的调查问卷。为实现这一目的，调查问卷设计必须遵循以下原则。

1. 目的性原则

问卷设计人员必须了解调研项目的主题，能设计出可从被调查者那里得到最多资料的问题，做到既不遗漏一个问句以致需要的信息资料残缺不全，也不浪费一个问句去取得不需要的信息资料。因此，问卷设计必须从实际出发拟题，提问目的明确，重点突出，没有可有可无的问题。

2. 逻辑性原则

一份设计成功的问卷，问题的排列应有一定的逻辑顺序，符合应答者的思维程序。一般是先易后难、先简后繁、先具体后抽象。只有这样才能使调查人员顺利发问、方便记录，并确保所取得的信息资料正确无误。

3. 简明性原则

问卷设计用词应该简明扼要、表述准确，使被调查者一目了然，并愿意如实回答。问卷中语气要亲切，符合被调查者的理解能力和认知能力，避免使用专业术语。对敏感性问题采取一定的技巧调查，使问卷具有合理性和可答性，避免主观性和暗示性，以免答案失真。

4. 非诱导性原则

非诱导性原则指的是问题要设置在中性位置，不参与提示或主观臆断，完全将被调查者的独立性与客观性摆在问卷操作限制条件的位置上，如果设置的问题具有诱导性和提示性，就会在不自觉中掩盖事物的真实性。

5. 匹配性原则

匹配性原则是指要使被调查者的回答便于进行检查、数据处理和分析。所提问题都应事先考虑到能对问题结果做适当分类和解释，使所得资料便于做交叉分析。

四、明确调查问卷设计流程

在设计调查问卷的过程中，设计者必须注意各个环节、各个项目及内容的相关性，依据一定程序进行，才能保证问卷的科学性和易操作性。问卷设计的具体程序可分为准备阶段、主体设计阶段、验证复核阶段（见图 2－1）。

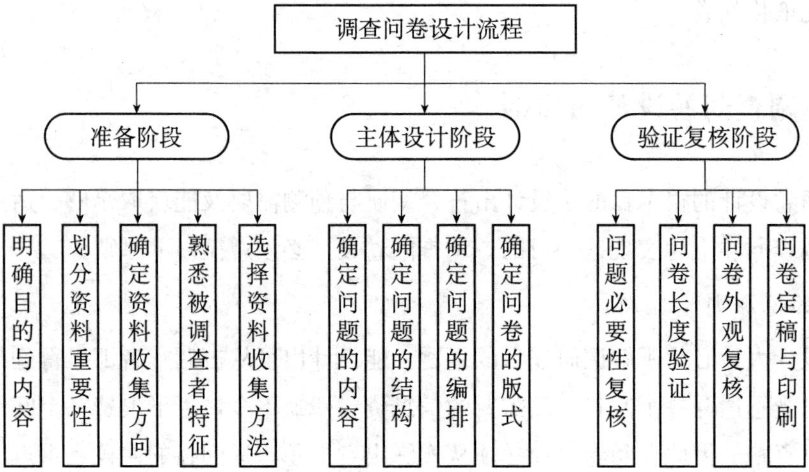

图 2－1　调查问卷设计流程

1. 准备阶段

问卷设计的准备阶段主要包括以下内容。

（1）明确目的与内容。在问卷设计之前，调查者必须明确调查课题的范围和项目，将所需的资料全部列出。为此，调查者需要先将所要了解的信息划分类别，列出资料清单，并归纳出具体的调查项目。

（2）划分资料重要性。设计人员应该划分哪些是主要资料，哪些是次要资料，以确定调查人员分工收集资料时的着力点。

（3）确定资料收集方向。设计人员应该依据调查项目确定资料的收集方向，即解决向谁收集，从哪儿收集的问题。如要了解企业的市场营销行为，调查者需要了解市场调查、市场细分、目标市场选择、市场定位、市场拓展、市场竞争等宏观项目资料，还应该了解产品、价格、渠道、促销等微观项目资料，依据所列的调查项目，调查者就可以设计出一系列具体的需要被调查者回答的问题，从而获得所需要的信息资料。

（4）熟悉被调查者特征。在此阶段，调查者还需要区分和了解被调查者的各种特征，如被调查者的社会阶层、收入水平、行为习惯等社会经济特征，文化程度、知识结构、理解能力等文化特征，需求动机、购买心理、消费意向等心理特征，以此作为拟定问卷的出发点和基础。同时应该广泛听取有关人员意见，做到使问卷符合客观实际，以满足未来分析的需要。

（5）选择资料收集方法。市场资料可以分为原始资料和二手资料。调查目的不同，所需收集的资料也不同，调查者所选择的调查方式和方法也会随之不同。如在面谈调查中，由于可以与被调查者面对面地交谈和沟通，故可以询问些较长和复杂的问题。在电话调查中，由于时间限制，调查者只能问一些较短和简单的问题。邮寄调查由于是被调查者自己填写，故询问的问题可以多一些，但要给出详细的填表说明。网络调查收集资料的速度快，且多是匿名访问，故可以询问一些社会热点和敏感性问题。

2. 主体设计阶段

在确定了调查需要收集的资料和调查方法的基础之上，设计准备工作已经基本就绪。调查者就可以根据所需收集的资料，遵循设计原则开始设计问卷的初稿，即主要对提出的问题和答案进行设计和编排。

（1）确定问题的内容。在这一阶段，调查者首先应将调查项目细分，即把调查项目转化成具体的调查细目，并根据调查细目来确定问题的具体内容。如调查项目是“了解新生对学校的基本印象”，那么，可以将学生对学校的印象细化为对学校教学设施设备、公寓服务、餐饮服务、文娱活动设施、整体校园环境等方面的印象。在此基础上，就可以依据不同方面印象的典型特征来确定问卷问题的主要内容。

（2）确定问题的结构。问卷问题的内容决定了所需资料的提问方式，一定程度上也决定了问题的结构。问题的结构一般指封闭式问题与开放式问题，大多数问卷以封闭式问题为主，辅以少量开放式问题。

（3）确定问题的编排。设计问卷时，应站在被调查者的角度，顺应被调查者的思维习惯，使问题容易回答。问题编排的一般原则是：1）排序应注意逻辑性。问题的编排应该注意尽量符合人们的思维习惯，这样才可能使调查有一个良好的开端。2）排序应该先易后难。甄别部分的问题放在最前面，一般性问题、简单易回答的问题紧随其后，逐渐增加问题的难度。3）特殊问题置于问卷的最后。许多特殊问题如收入、婚姻状况、政治信仰等一般放在问卷的后面，因为这类问题非常容易遭到被调查者的拒答，从而影响回答的连续性。如果将这类问题放在后面，即使这些问题被拒答，前面的其他问题的回答资料仍有分析的价值。并且，此时应答者与访问者之间已经建立了融洽的关系，被调查者的警惕性降低，有助于提高回答率，从而增加了获得回答的可能性。

（4）确定问卷的版式。问卷的设计工作基本完成之后，便要着手问卷的排版和布局。问卷排版和布局总的要求是整齐、美观，便于阅读、作答和统计。

3. 验证复核阶段

一般来说，在问卷的初稿完成后，调查者应该在小范围内进行试验性调查，了解问卷初稿中存在哪些问题，以便对问卷的内容、问题、答案、问题的次序进行检测和修正。

（1）问题必要性复核。调查人员应该根据调查目标确定问卷中所列的问题是否都是必需的，能否满足管理者决策的信息要求。每个调查目标都应该有相应的提问，不能有遗漏。而且每一个问题都必须服从一定的目的，比如过滤性、培养兴趣、过渡用的。更多的问题直接与调查目的有关，如果问题不能达到上述目的中的任何一个，就应当删除。

（2）问卷长度验证。调查人员应该通过实验来确定问卷的长度。一般情况下，拦截访问调查，问卷的长度应控制在 15 分钟之内，否则，应考虑适当地删减。电话调查，应控制在 20 分钟之内。入户访谈调查，如果超过 45 分钟，也应当给应答者提供一些有吸引力的刺激物，如电影票、钢笔、铅笔盒、现金或其他小礼品等。

（3）问卷外观复核。针对邮寄问卷和留置问卷等自填式问卷，外表要求质量精美，非常专业化；适当的图案或图表会调动被调查者的积极性；正规的格式和装订、高质量的纸印刷、精心设计的封面等是很有必要的。被访者能感觉到研究者的认真态度，也更愿意予以合作。开放式问题在问卷内部要留出足够的空间，方便提问、回答、编码以及数据处理；文中重要的地方注意加以强调，以引起被调查者的注意。

（4）问卷定稿与印刷。对问卷进行修订以后，就可以定稿并准备印刷了。在问卷定稿阶段，调查者要确定问卷说明词、填表说明、计算机编码等，再一次检查问卷中各项要素是否齐全，内容是否完备。在印刷阶段，调查者要决定问卷外观、纸张质量、页面设置、字体大小等。问卷只有做到印刷精良、外观大方，才能引起被调查者的重视，才能充分实现调查问卷的功能和作用。

五、确定调查问卷的结构

调查问卷的基本结构一般包括九部分：标题、卷首语、填表说明、甄别部分、问卷的主体内容、被调查者的基本情况、编码、结束语、作业证明的记载。

（一）标题

问卷的标题用来概括说明调查研究的主题，使被调查者对所要回答哪方面的问题有一个大致的了解。应准确做到：

（1）简明扼要：概括地表达问卷的性质和内容；

（2）观点新颖：句式构成上富于吸引力和感染力；

（3）明确具体：注意题目不要给被调查者以不良的心理刺激。

一般格式是“时间＋地区＋对象＋调查内容＋主体”，同时也尽量采用“……问卷调查”这样的标题，清晰说明主体。

例如：《2018 年厦门地区大学生手机消费状况的问卷调查》《2018 年厦门高校学生参加互联网＋情况的问卷调查》《大数据时代公众网络消费意识的问卷调查》。

（二）卷首语（说明信）

卷首语一般在问卷的开头，是致被调查者的一封短信。这是市场调查人员与被调查者的沟通媒介，目的是让被调查者了解调查的意义，引起被调查者足够的重视和兴趣，争取他们的支持与合作。

其内容一般包括以下几个方面：

（1）称呼、问候。如“××先生、女士：您好”。

（2）市场调查人员说明调查的主办单位和自己的身份。

（3）简要地说明调查的内容、目的、填写方法。

（4）说明作答的意义或重要性。

（5）说明所需时间。

（6）保证作答对被调查者无负面影响，并替他保守秘密。

（7）表示真诚的感谢，或说明奖励的方式或者奖金、奖品等有关问题。

例如：

同学：

您好！

我是××公司的市场调查人员，我们正在进行一项关于大学生手机消费的市场调查。能否耽误您几分钟的时间，向您了解一些情况？我们保证得到的信息将全部作为调查之用并对您提供的信息严格保密。希望您配合，谢谢。

（三）填表说明

填表说明可以让被调查者知道如何填写问卷。在自填式问卷中一定要有这部分内容。填表说明一定要详细清楚，格式位置要醒目。例如：

（1）凡符合您的情况和想法的项目，请在相应的括号中打“√”。

（2）如有其他需要具体说明的项目，请在横线上填写文字。

（3）所有的单选题，只能选择一个答案；多选题，请您选择合适的答案。

（4）填写问卷时，请不要与其他人商量。

（5）问卷回收时请注意：本次市场调查的期限是 4 月 20 日至 4 月 27 日，请您在 4 月 28 日前务必将问卷填写完毕。您可在完成问卷之后及时来电告知，我们会派人与您商定取回问卷的具体时间，并赠送礼品一份，以示谢意。

(四) 甄别部分

甄别也称为过滤，是指先对被调查者进行过滤，确定合适的调查对象，然后针对特定的被调查者进行调查，筛选掉不需要的被调查者。

1. 确定合适的调查对象

如果调查对象是比较明确的主体，如调查对象必须是企业商品的目标市场，则可以在开始进行主要内容的调查之前，通过甄别确定被调查者是否符合调查对象的条件，筛选掉与调查主体无关的人，以确保调查资料的针对性和有用性。

2. 排除可能影响调查结果真实性的干扰因素

为了能够了解到真实的信息资料，应该排除一些可能会给调查活动带来不利影响的因素。不利的影响因素主要有：与调查内容在职业上有关联的被调查者；曾经接受过调查的被调查者；职业被调查者（也称职业受访者）；在市场调查活动中可能提供虚假信息的被调查者等。

甄别方法如下：

(1) 对个体自然状态的排除。对个体自然状态的排除主要是为了甄别被调查者的自然状态是否符合产品的目标市场。主要的自然状态变量包括年龄、性别、文化程度、收入等。下面以一个化妆品的市场调查的甄别问卷为例来说明。

1) 对年龄的甄别。由于中国人使用化妆品具有明显的年龄倾向，要排除年少的消费者和年老的消费者，因此年龄的甄别问题设计为：

您的年龄：(　　)

A. 18 岁以下（终止访问）　　B. 18～55 岁（继续）　　C. 55 以上（终止访问）

2) 对性别的甄别。本产品为女性所专用，因此甄别问卷的设计为：

您的性别：(　　)

A. 男（终止访问）　　B. 女（继续）

3) 对收入的甄别。在中国，收入影响女性购买化妆品的因素有两个，即个人收入和家庭总收入。因此对收入的甄别问题的设计就包括两方面：

您的个人收入（包括工资、奖金、第二职业收入等）为：(　　)

A. 3 000 元及以上（继续）　　B. 3 000 元以下（终止访问）

您的家庭月总收入为：(　　)

A. 5 000 元以上（继续）　　B. 5 000 元以下（终止访问）

(2) 对产品适用性的排除。假设这种化妆品只适用于油性和混合性皮肤，那么对产品运用性甄别问题的设计为：

您的皮肤是：(　　)

A. 油性（继续） B. 混合性（继续） C. 干性（终止访问）

(3) 对产品使用频率的排除。若频率过低，就不可能成为调查产品的目标消费者，甄别问题的设计为：

您平时多长时间使用一次化妆品：（ ）

A. 几乎不用（终止访问） B. 每月四次（终止访问）

C. 每月四次以上（继续）

(4) 排除可能影响调查结果真实性的干扰因素。这是指对产品评价有特殊影响状态的排除，这种排除是为了使职业习惯可能对调查结果的影响被排除掉。题目一般有固定的设计格式，人们对产品评价有特殊影响状态，甄别问卷的设计为：

您和您的家人是否有在以下单位工作的：（ ）

A. 社情民意调查机构、咨询公司（终止访问）

B. 电台、电视台、报社、杂志社（终止访问）

C. 化妆品生产或经销单位（终止访问）

D. 以上都没有（继续）

在过去六个月里，您是否接受过这种调查公司的访问：（ ）

A. 是（终止访问） B. 否（继续）

（五）问卷的主体内容

问卷主体是市场调查所要收集的主要信息，它由一个个问句及相应的选择答案项目组成。显然，这部分内容是问卷设计的重点，是问卷的核心内容，问句应覆盖课题研究的全部范围，主要是以提问的形式提供给被调查者，这部分内容设计的好坏直接影响整个调查的价值。

（六）被调查者的基本情况

被调查者的基本情况主要是指被调查者的一些主要特征，通常在问卷的最后阶段才收集。如果调查的是企业组织，其基本情况是指企业名称、单位代码、行政区划代码、企业地址、企业规模、企业所在国民经济行业、企业登记注册类型、职工人数、销售收入等。如果是个人或家庭，其基本情况包括个人的年龄、性别、文化程度、职业、职务、收入等，家庭的类型、人口数、经济情况等。

具体列入多少项目，应根据调查目的、调查要求而定，并非越多越好。有些问题与研究目的密切相关，如消费者个体特征不同，对某一特定事物的态度、意见以及行为倾向存在很大差异，这就有必要进行调查。

这部分的结果在进行统计分析时有两大作用：一是市场调查人员可将完成的有效样本与母体进行样本代表性检验，当检验结果显示样本与母体间无显著差异时，表示样本的代表性好，可根据调查的结果推断母体的意见，调查才具有解释及预测的效果；二是市场调查人员可对基本资料各项问题的回答情形做交叉分析，以了解不同性质、不同属性的人在行为或态度上是否有明显的差异，这种分析结果对市场细分工作有重要意义。但对于涉及被调查者隐私的问卷，上述内容不宜列入。

（七）编码

编码是将问卷中的调查项目以及备选答案按一定的分类或排序规则，给予统一设计的代码，也就是把问卷中的各种数字和文字资料以数字的形式填写到问卷给定的编码框里，以便相互区别，分类整理，易于进行计算机处理和统计。

编码既可以在问卷设计的同时就设计好，也可以等调查工作完成以后再进行。前者称为预编码，后者称为后编码。在实际调查中常采用预编码。编码一般应用于大规模的问卷调查中。因为在大规模问卷调查中，调查资料的统计汇总工作十分繁重，借助于编码技术和计算机则可大大简化这一工作。

（八）结束语

结束语一般置于问卷的最后，有的问卷也可省略。结束语要简短明了，主要用来简短地表达对被调查者的感谢，也可以是被调查者对本次问卷的意见、感受以及其他补充说明等。例如："非常感谢您对于此次问卷调查的配合，并给我们提出这么多宝贵、有价值的建议。我们将把您的建议作为我们整体设计的重要参考。最后，祝您生活愉快，阖家幸福!"

（九）作业证明的记载

作业证明的记载即"调查情况记录"。主要用于对问卷调查的管理和监督，通常附在问卷的最后，这个记录一般需记载市场调查人员（访问员）姓名、编号、调查日期、调查时间及调查地点等能表明任务完成的信息等。如有必要，还需注明被调查者的姓名、单位或家庭住址、电话等，以便于审核和进一步追踪调查。

在调查实践中，问卷设计既要有科学性，又要有艺术性。不同目的的调查，问卷设计的差别很大，不可能存在普遍适用的问卷模式。

如果问卷有封面，作业证明的记载一般都放在封面上。

六、掌握调查问卷设计技术

（一）问题的设计

问题是问卷的核心内容，问题设计不仅要考虑调查目的和被调查者的类型，还要考虑访问的环境和问卷长度，最为重要的任务之一是适合于被调查者或潜在的被调查者，设计者如果仅从自己设计提问的角度来决定问卷形式，忽略被调查者的感受，主观假定被调查者对不同形式问题的反应无显著差异，必然会导致计量误差。

1. 问题的类型

调查问卷中的问题一般涉及以下几种类型。

（1）直接性问题和间接性问题。

1）直接性问题是指通过直接的提问立即就能够得到答案的问题，直接性问题通常是一些已经存在的事实或被调查者的一些不很敏感的基本情况。

例如：

您喜欢在什么场所购买衬衫：（可多选）

A. 品牌专卖店　　B. 大型百货商场　　C. 超市品牌专柜

D. 就近的商店　　E. 大卖场品牌专柜

此类型的问题应该是事实存在，一般不涉及态度、动机方面的问题，应答者回复时不会感觉到有压力、有威胁。

2）间接性问题指的是被调查者的一些敏感、尴尬、有威胁或有损自我形象的问题，应答者往往有顾虑，不愿或是不敢真实地表达自己的意见。这类问题一般不宜直接提问，而必须采用间接或迂回的询问方式发问，才可能得到答案。通常是指那些被调查者思想上有顾虑而不愿意或不真实回答的问题。

例如：

您每月收入是：

A. 3 000 元以下　　B. 3 000～5 000 元

C. 5 000～8 000 元　　D. 8 000 元以上

对于家庭人均收入、消费支出、婚姻状况、政治信仰等方面的内容，如果不假思考直接询问，可能会引起被调查者的反感，导致调查过程出现不愉快而中断，因此，应该采取间接询问的方式，获得应答者的回复，如上例中的收入问题可以请应答者在相应的收入区间进行选择。

（2）开放式问题和封闭式问题。

1）开放式问题是指调查者对所提出的问题不列出具体的答案，被调查者可以自由地运用自己的语言来回答和解释有关想法的问题。

例如：

A. 您认为目前大学生就业难的主要原因有哪些？（自由回答法）

B. 看到“电视”您会想起什么食品？（词语联想法）

C. 请说出您所知道的沐浴露品牌。（回忆法）

D. 您购买智能手机最主要的考虑是？（句子完成法）

E. 看到这图片，您最直接的感受是？（视觉测验法）

开放式问题的优点：比较灵活，能调动被调查者的积极性，使其充分自由地表达意见和发表想法；对于调查者来说，能收集到原来没有想到，或者容易忽视的资料，同时由于应答者以自己的提问来回答问题，调查者可以从中得到启发，使文案创作更贴近消费者。这种提问方式特别适合于那些答案复杂、数量较多或者各种可能答案尚属未知的情形。

开放式问题的缺点：被调查者的答案可能各不相同，标准化程度较低，资料的整理和加工比较困难，同时还可能会因为回答者表达问题的能力差异而产生调查偏差。

2）封闭式问题是指事先将问题的各种可能答案列出，由被调查者根据自己的意愿选择回答。

例如：

您购买这款智能手机的主要原因是什么？

A. 价格便宜　　B. 玩游戏不卡　　C. 整机性能良好

D. 售后服务好　　E. 外观造型别致　　F. 性价比高

封闭式问题的优点：标准化程度高，回答问题较方便，调查结果易于处理和分析；可以避免无关问题，回答率较高；可节省调查时间。

封闭式问题的缺点：被调查者的答案可能不是自己想准确表达的意见和看法；给出的选项可能对被调查者产生诱导；被调查者可能猜测答案或随便乱答，使答案难以反映自己的真实情况。

（3）动机性问题和意见性问题。

1）动机性问题是指为了了解被调查者的一些具体行为的原因和理由而设计的问题。

例如：

您为什么购买某一品牌的化妆品？

动机性问题所获得的调查资料对于企业制定市场营销策略非常有用，但是收集难度较大。调查者可以将多种询问方式结合使用，尽最大可能将调查者的动机揭示出来。

2）意见性问题主要是为了了解被调查者对某些事物的看法、想法或态度，也称态度性问题。

例如：

您对学校餐厅服务的总体满意程度为：__________。

意见性问题在营销调查中也经常遇到，它是很多调查者准备收集的关键性资料，因为意见常常影响动机，而动机决定着购买者的行为。

在实际市场调查中，几种类型的问题常常是结合使用的。在同一份问卷中，既会有开放式问题，也会有封闭式问题；甚至同一个问题，也可能隶属于不同的类型，调查者可根据具体情况选择不同的提问方式，使用不同的询问技术。

2. 问题设计的用词

不管采用什么样的询问技术，最终都会归结到问题的措辞上，从语言文字表述来讲，问题的提出又有以下要求：

（1）清晰、简明扼要、通俗易懂。问题设计用词要求简明扼要、直截了当，措辞通俗并为被调查者所熟悉。忌用一些技术味很重的专业术语。

例如：

您觉得这一品牌的饮料分销充分吗？（差的提问）

提示：分销是市场营销工作中的专业术语，一般意义上的消费者，对市场营销工作本身不一定了解，对一些专业词汇可能更加陌生。如果这样设计问题，调查结果显然会出现误差，因此在决定问题措辞时，应避免使用一些过于专业的术语。

例如：

当您想购买这一品牌的饮料时，您是否容易买到？（好的提问）

提示：剔除专业术语“分销”，将问题设计为消费者购买活动的切身感受，应答者易理解问题的意思，回答的真实性与效率都会有所提高。

（2）意思明确。问题设计要意思明确，避免一般化、笼统化，否则，应答者提供的答案资料没有太大的意义。一个表述清楚的问题应尽可能地把人物、事件、时间、地点、原因和方式 6 个方面的信息具体化。

例如，某大学在军训结束后对新生进行了入学调研，问卷中有一个问题：

您对我们学校印象如何？

A. 好　　　　B. 不好　　　　C. 不了解

提示：这样的问题提法过于笼统，意思不够明确，刚入学的新生不好回答，因为对于新生来讲，学校的第一印象可能来自宿舍条件、就餐环境、社团生活、校园环境等多个方面。

例如：

您最常去购物的商店是哪家？（差的提问）

在近两个月内，您最常去购物的东城区的商店是哪一家？（好的提问）

例如：

您通常每周锻炼多少次？（差的提问）

您在过去的一周内锻炼多少次？（好的提问）

（3）避免诱导性或倾向式问题。诱导性或倾向式问题指的是明确暗示出答案或者揭示出调查人员的观点的问题。这样的问题设计会影响应答者最终作答的客观性。

例如：

目前，大多数人认为商品房价格偏高，您认为呢？

□是　　　　□不是　　　　□不清楚

提示：这是一个诱导性问题，问题中已经包含了建议答案或推荐被调查者在该问题上应该采取的立场。

例如：

您对“韩流文化”给我国本土文化发展造成的冲击有什么看法？

提示：这是一个倾向式问题，这种提问已经揭示了调查人员的基本观点，对被调查者的回答有诱导作用。

（4）不用要求评价或假设性的问题。

例如：

您每月在服饰方面的消费是多少？

提示：这是一个要求总结或评价的问题，作为消费者一般很难在短时间内精确地统计出自己每月服饰的消费。

例如：

您毕业后是否会马上进入大公司工作？

提示：作为在校生来讲，这是一个假设性的问题。被调查者可能因假设不成立说不，也可能会因选择自由职业而说不。

（二）答案的设计

在问卷调查实践中，无论哪种问题类型，都要进行答案设计，尤其是封闭式问题，必须进行全面、系统、详尽的设计，才可以将调查内容信息准确地传递给被调查者，取得对方的充分合作，使其不带偏见地去回答有关问题。一般较常用的答案设计方法有以下类型。

1. 两项选择法

两项选择法也称是非式，是指所提出的问题只有两种对立、互斥的答案可供选择，被调查者只能从两个答案中选择一个。

例如：

您已经购买了人身保险吗？

提示：这样的答案设计态度明朗，利于选择，可以得到明确的回答，能迫使倾向不定者偏向一方，能够在较短的时间内得到答案，统计处理方便；缺点是不能反映意见的差别程度，调查不够深入，由于取消了中立意见，结果有时不准确。

2. 多项选择法

多项选择法是指所提出的问题有两个以上的答案，让被调查者在其中进行选择。多项选择时，要求答案尽可能包括所有可能的情况，避免应答者放弃回答或随意回答。

例如：

您在毕业后选择就业时考虑的主要因素是什么？（应注明选项数量）

A. 工资福利　　B. 经济发达城市

C. 有利于自身今后发展　　D. 专业对口

E. 才能得以施展　　F. 积累社会经验

G. 其他

提示：多项选择法的优点是可以缓和二项选择法强制选择的缺点，应用范围广，能较好地反映被调查者的多种意见及其程度差异，由于限定了答案范围，统计比较方便。缺点是回答的问题没有顺序，且答案太多，不便归类，对问卷设计者的要求较高。

3. 顺序法

顺序法又称排序法，是指提出的问题有两个以上的答案，由被调查者按重要程度进行顺序排列的一种方法。在实践中，顺序法主要有两种：有限顺序法和无限顺序法。

例如：

请按重要程度排列出您在购买文具用品时考虑的前三位的影响因素：

A. 价格 B. 品牌 C. 包装 D. 使用方便 E. 商场促销 F. 同学推荐 G. 其他

例如：

请按重要程度排列出下列您在购买文具用品时考虑的全部影响因素：

A. 价格 B. 品牌 C. 包装 D. 使用方便 E. 商场促销 F. 同学推荐 G. 其他

提示：顺序法不仅能够反映出被调查者的想法、动机、态度、行为等多个方面的因素，还能比较出各因素的先后顺序，既便于回答，又便于分析。但是在实际应用中应注意：备选答案不宜过多，以免造成排序分散，加大整理分析难度；调查内容要求对备选答案进行排序时再使用。

4. 比较法

比较法是指采用对比的方式，由被调查者将备选答案中具有可比性的事物进行比对做出选择的方法。

例如：

请比较下列每一个组不同品牌的彩色电视机，哪一种您更喜欢使用？（每一组中只选一个）

A. 长虹 海信　　B. 创维 海信　　C. TCL 海信

D. 长虹 创维　　E. TCL 创维　　F. TCL 长虹

提示：这种方法采用了一一对比方式，具有一定的强制性，使被调查者易于表达自己的态度。但在实际应用时应注意：比较项目不宜过多，否则会影响被调查者回答的客观性，也不利于统计分析。

（三）态度量表的设计

在市场调查工作中，经常需要对被调查者的态度、意见或感觉等心理活动进行测定和判别，这些工作需要借助各种数量方法进行度量。量表就是对定性资料进行量化的一种度量工具。

态度量表是通过一些事先确定的用语、记号和数字，来测试被调查者的态度、意见或感觉等心理活动程度的度量工具。它可以对被调查者回答的强度进行测试和区分，而且可以将被调查者的回答转化为数值以后进行编码计算，便于进行深入的统计分析。

1. 量表的类型

根据测量的不同水平以及测量中使用的不同单位和参照点，测量量表从低到高可分为类别量表、顺序量表、等距量表、等比量表四种类型。

(1) 类别量表。类别量表又称“名称量表”“名义量表”，是根据被调查者的性质分类的，用来测量消费者对不同性质问题的分类。类别量表中所列答案都是不同性质的，每一类答案只表示分类，不存在比较关系，被调查者只能从中选择一个答案，而不必对每个答案加以比较。

例如：

您来自我国以下哪一地理区域？

A. 东部　　B. 中部　　C. 西部

例如：

您喜欢大学城的新校区吗？

A. 喜欢　　B. 无所谓　　C. 不喜欢

(2) 顺序量表。顺序量表又称“等级量表”“位次量表”或“秩序量表”，是比较性量表，是将许多研究对象同时展示给受测者，并要求他们根据某个标准将这些对象排序或分成等级。

例如：

以下是一些手机品牌名称，请将它们按您所喜好的程度排序（其中1表示您最喜欢，5表示您最不喜欢）。

联想（ ）　小米（ ）　华为（ ）　中兴（ ）　金立（ ）

在测量过程中，顺序量表是根据事物某一特点，将事物属性分成等级，用数字表示，这种测量不仅能区分不同类别，而且能排出等级或顺序，如胖瘦、大小、高矮、上中下、名次等。

(3) 等距量表。等距量表也称“区间量表”，用于测量消费者对于喜欢或不喜欢某种商品次序之间的差异距离。等距量表中相邻数值之间的差距是相等的，1和2之间的差距就等于2和3之间的差距。有关等距量表最典型的实际例子是温度计。在市场调查活动中，给一个产品外观设计打分，某产品得9分与6分之间的差距和7分与4分之间的差距也是相同的。需要注意的是，等距量表不能计算测量度之间的比值，如某同学数学考试成绩为0分，并不能简单地说他没有数学知识。利用评比量表得到的态度数据经常作为等距数据来处理。

(4) 等比量表。等比量表又称“比率量表”，是既具有类别、等级、等距特征，也具有绝对零点的量表。等比量表具有类别量表、顺序量表、等距量表的一切特性，并有固定的原点。如在物理测量中，长度、重量、开氏温度量表（绝对温度量表）等。市场调查活动中销售额、生产成本、市场份额、消费者数量等变量都要用等比量表来测量。

2. 市场调查常用量表

目前市场调查中常用的量表主要有以下几种。

(1) 评比量表。评比量表是比较常用的一种定序量表，调查者在问卷中事先拟定有关问题的答案量表，由应答者自由选择回答。

例如：

您觉得大学园区的新校区整体环境怎么样？

A. 很好　　B. 较好　　C. 一般

D. 较差　　E. 很差

评比量表用不同的数值来代表某种态度，目的是将非数量化的问题加以量化，而不是用抽象的数值随意排列。一般情况下，选项不应超过 5 个，否则普通应答者可能会难以做出选择。评比量表的优点是省时、有趣、用途广，可以用来处理大量变量。

(2) 等级量表。等级量表是顺序量表的一种，就是让受访者对评价对象的不同等级予以区分，也就是说，以受访者自己心目中的评价方式给出某种顺序的相对分值。在调查品牌偏好、广告片效果比较、形象和地位评选等方面的问题时，可以使用这种量表。

例如：

下面有四张广告图片（图片此处略），请你评选出 1、2、3、4 名并把序号写在括号里。

1. 图片 A（ ）　2. 图片 B（ ）　3. 图片 C（ ）　4. 图片 D（ ）

(3) 矩阵量表。矩阵量表也称语义差异量表，是用成对的反义形容词测试被调查者对某一事物的态度。在市场调查中，它主要用于市场与产品、个人及集体之间的比较，人们对事物或周围环境的态度的研究。具体做法：在一个矩阵的两端分别填写两个语义相反的术语，中间用数字划分为 7 个等级，由回答者根据自己的感觉在适当位置画上记号。

(4) 李克特量表。李克特量表是李克特于 1932 年提出的，也是运用非常广泛的量表，它要求被调查者表明对某一表述赞成或否定，回答者将赞成和不赞成分成若干等级，以区别他们的态度。

(四) 问题的顺序

问题的排序通常遵照以下原则：按照问卷的格式、问题的类型、难易程度、逻辑性及被调查者的思维习惯进行排列。其具体做法是由浅入深、由易到难、由简到繁。

1. 符合问卷的格式要求

符合问卷的格式要求即按照开头部分、甄别部分、主体部分和背景部分的顺序来排列问题的顺序。问卷的开头对于营造一个良好的气氛、赢得被调查者的信任与合作至关重要，在需要确认被调查者是否符合要求时，可以设计一些甄别问题充当开头的问题。然后应该安排主体部分的问题，即问与调查问题直接相关的基本信息，这部分信息最为重要，应该优先获取。最后安排背景部分的问题，即用于对被调查者分类的信息和标识的信息。

2. 考虑问题的类型和难易程度

客观事实方面的问题应该放在前面，困难、敏感、复杂、枯燥的问题以及主观方面的问题应该放在靠后的位置，在被调查者开始认真参与之后，他们对这些问题的抵触往往较小。应该先封闭式问题，后开放式问题。开放式问题需要被调查者手写，既费时又费力，若安排在最前面，那么被调查者很容易放弃。

3. 考虑问题之间的逻辑关系和相互影响

调查者要考虑被调查者的思维习惯和思维逻辑，应将问题按时间顺序、性质或类别来排列。同时，中间的过渡和衔接要连贯和自然。例如：与同一主题相关的所有问题应当放在一起，避免大幅度的跳跃。一般应先总体性问题，后特定性问题。如果特定性问题在前，则会影响后面总体性问题的回答。例如：可以问被调查者选择某款手机的主要原因，然后让其对手机不同属性的重要性进行评价。有时也可以从特定的问题开始，以泛指的问题结束，以便被调查者在考虑各种相关因素后再给出一般性结论。例如：可以问用户对产品及其售后服务各个方面的满意程度，然后再问总体满意度。

（五）问卷的外观和式样

问卷的外观设计对于吸引被调查者的注意和引起其重视有显著影响，这对于自填式问卷（邮寄问卷、电子邮件问卷和网上调查问卷）尤为重要。一份好的问卷应该层次清楚，有一定的逻辑性，使人看起来舒服。

1. 问卷的布局

问题的格式、间隔和位置、字体、颜色都会对调查结果产生显著的影响，因此需注意以下几个方面：

（1）问卷本身要有序号，这样便于对问卷进行现场控制以及编码和分析。应该注意的是，在邮寄问卷调查时，问卷的编号有可能使被调查者对匿名性产生怀疑，拒绝参与或提供不真实的答案。

（2）除了非常简短的问卷，问卷都要按涉及的主题分为几个部分。

（3）每一个部分的问题应该编号。

（4）尽量对每个问题的答案进行编码。

（5）注意选项的排列方式。选项的排列方式有三种：

1）行式排列。行式排列是指将所有备选项排成一行的排列方式。

例如：

你经常读《人民日报》吗？

每天（ ），经常（ ），从不（ ）或：每天，经常，从不，（ ），（ ），（ ）

2）列式排列。列式排列是指将所有备选项排成一列，放在每个问题下面的排列方式。

单个问题的备选答案最好采用列式排列。

例如：

与其他小区相比，您认为华景新城最大的特色是：

交通方便 ………………………………… 1

高校气氛浓 ……………………………… 2

价格便宜 ………………………………… 3

生态园环境好 …………………………… 4

物业管理好 ……………………………… 5

其他（请注明）

3）矩阵式排列。当多个问题具有相同的选项时，可将其设计成矩阵格式。

例如：

	赞成	中立	反对
粮食价格应降低5%	[ ]	[ ]	[ ]
粮食价格应保持稳定	[ ]	[ ]	[ ]
粮食价格应提高5%以内	[ ]	[ ]	[ ]
粮食价格应提高5%～10%	[ ]	[ ]	[ ]

（6）排版应相对宽松，不应显得拥挤。

（7）每一个问题应该在一张单独的页面上，不要将问题和答案选项分开。

（8）单个问题的指示或说明应该放在离问题尽可能近的位置。

（9）颜色应不影响问卷的答复率。

（10）问卷应该以易于阅读和答复的方式编制，字体应该大且清晰，不应给被调查阅读问卷造成阅读障碍。

2. 纸张和印刷质量

问卷应该用质量好的纸张印刷，以便看起来美观、专业，这样会使被调查者认为这个项目很重要，愿意认真配合。这在对高端消费者和大公司的调查中尤为重要。

3. 问卷的式样

较长的问卷应该采用小册子的形式，而不是简单地将多页问卷钉在一起，这样不仅美观，还易于携带、填写、回收和汇总。

（六）问卷预先测试和修订

在进行预先测试前，调查者不应当进行正式的询问调查，应通过访问寻找问卷中存在的错误解释、不连贯的地方等，为封闭式问题寻找额外的选项以及考虑被调查者的一般反应。预先测试也应当以最终调查的相同形式进行，如果是入户调查，预先测试也应采取入户的方式。

在预先测试完成后，任何需要改变的地方都应当修改。如果预先测试导致问卷产生较大的改动，应进行第二次测试。问卷测试完成后，就可以定稿了。

【知识拓展】
设计市场调查问卷的注意事项

（七）问卷的总体评价

一份好的市场调查问卷一般应满足以下两个要求：

（1）问卷设计体现调查内容和要求。这是评价市场调查问卷优劣最基本的一条。

（2）问卷设计符合问卷的基本要求和规范要求。

任务三 设计市场调查抽样

一、认识抽样调查

（一）抽样调查的含义

抽样调查（Sampling Survey）是一种非全面调查，它是从全部调查研究对象中抽选一部分进行调查，通过部分调查结果对全部调查研究对象做出估计和推断的调查方法。抽样调查的理论基础是概率论，它为客户提供了一种更便捷、更经济的调查方法。抽样调查虽然是非全面调查，但它却能由部分信息反映总体情况，特别适用于调查样本数量大的市场调查，如灯泡的耐用程度、职工收入情况、学生对学校食堂的满意程度等。

同步案例

盖洛普民意测验

盖洛普民意测验（Gallup Poll）始于 1930 年，是美国舆论研究所进行的调查项目之一，因 1935 年由 G. 盖洛普创办而得名，是由盖洛普设计的用以调查民众的看法、意见和心态的一种测试方法。它根据年龄、性别、教育程度、职业、经济收入、宗教信仰六个标准，在美国各州进行抽样问卷调查或电话访谈，采用抽样调查方法，在全国各州按比例选择测验对象，派调查员面访，然后对所得材料进行统计分析，统计、分析调查结果并做出说明，提供给用户。此方法仍在美国经常运用，并有相当高的权威性。

下面是一些在盖洛普民意测验中出现的非常频繁的问题：

(1) 谁是最受人们赞美的人；

(2) 如果是今天选举，人们会选择谁；

(3) 男人是否会选择健康又美丽的女人；

(4) 人们是否认为政治团体会引发第三次世界大战；

(5) 人们对社会的公共机构有何看法和建议。

一般性的知识问题，如什么是自由主义者和保守主义者。

资料来源：https://baike.baidu.com/item/盖洛普民意测验/2598241?fr=aladdin.

(二) 抽样调查的基本术语

1. 总体

总体是指所有调查对象的整体，是根据特定研究目的而规定的所要调查对象组成的集合。

例如：要调查福州市有多少家庭用的是小米电视，那么调查总体就是福州市的所有家庭。

2. 样本

样本是由总体中按一定规则抽取的部分个体构成的集合，是抽样调查实际的调查对象。

例如：福州市某学校有 1 000 名教职工，从中抽取 100 名教职工进行收入调查，这 100 名教职工就构成样本，1 000 名教职工就是总体。

3. 抽样单位

抽样样本的单个调查对象就是抽样单位。

例如：上例中被抽取的每名教职工都是一个抽样单位。

4. 抽样框

抽样框又称“抽样框架”“抽样范畴”，是指利用抽取样本的抽样单位名单，确定总体的抽样范围和结构。设计出了抽样框后，便可采用抽签的方式或按照随机数表来抽选必要的单位数。

例如：要从 10 000 名职工中抽出 200 名组成一个样本，则 10 000 名职工的名册就是抽样框。常见的抽样框有：大学生花名册、城市黄页里的电话列表、街道派出所的居民户籍册等。

5. 参数值

参数值也称为总体值，是总体中所有元素的某种特征的综合数量表现。

例如：全国妇女平均受教育年限就是一个参数值。

6. 统计值

统计值也称为样本值，它是关于样本中某个特征的描述，是从样本中计算出来的。

7. 抽样误差

抽样误差是指用样本统计值与被推断的总体参数出现的偏差。

8. 非抽样误差

非抽样误差是指抽样误差之外的各种原因引起的误差。

（三）抽样调查的特点

抽样调查方式的优越性体现在经济性、准确性、灵活性、时效性等方面。能够解决全面调查无法或很难解决的问题，补充和订正全面调查的结果，应用于生产过程中产品质量的检查和控制，辅助对总体的某种假设进行检验。

1. 经济性

抽样是从调查整体中抽取部分样本做调查，工作量较小，在人力、物力、财力方面都相对经济，从而降低了市场调查成本。

2. 准确性

抽样调查是自上而下的组织检查，总体中各个单位都有被抽中的可能性，能够保证被抽中的调查样本在总体中的合理、均匀分布，排除了主观因素的影响和差错的概率，使得样本具有较准确的代表性，抽样调查的数学基础是概率论与数理统计，以部分推及全体，能保证调查结果的准确性。

3. 灵活性

抽样调查能提高资料收集的广度和深度，适用范围较广，既适用于专题研究，也适用于普遍性的调查项目。在任何需要的情况下，都可以应要求开展组织调查。

4. 时效性

抽样调查规模小，接受调查的样本小，使得调查者能在较短的时间内了解总体情况，避免因为调查周期过长导致调查样本大幅度变化，影响最终结果。

5. 误差可控

在调查前就可以根据调查样本数量和总体中各单位之间的差异程度进行计算，可以把样本误差控制在一定范围之内，对调查结果的准确程度比较有把握。

（四）抽样调查的程序

抽样调查按照一定的程序进行，才能保证调查顺利完成。一般来说，抽样调查可以分成以下几个步骤，如图 2-2 所示。

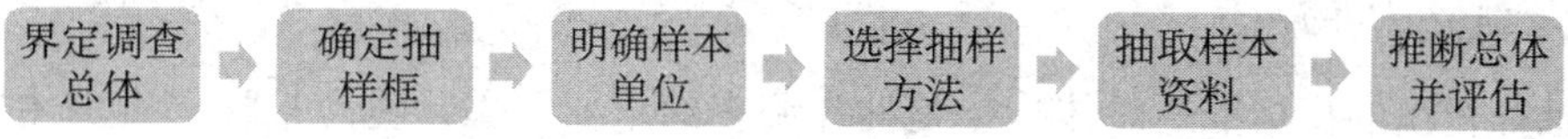

图2-2 抽样调查程序

1. 界定调查总体

界定调查总体就是确定调查对象的全体。根据抽样调查的目标要求，明确调查范围和总体单位。总体的确认必须包括如下要素：个体特征、抽样时间、抽样区域范围。

例如：福州市某个学校关于学生在食堂用餐调查情况，调查总体可以定义为“在过去一年内，本校内，所有在食堂用餐的学生”，则个体特征是在食堂用餐的学生，抽样时间为一年内，抽样区域范围是福州某学校。

2. 确定抽样框

明确了目标总体后，就要开始抽样框的确定。在实际的调查中有一些现有的抽样框资料，电话号码簿、员工名册、户籍登记本都可以作为理想的抽样框。理想的抽样框还具备在总体抽样中每个元素出现的次数有且仅有一次的性质。

例如：在学期期末进行作业检查时，以学号为抽样单位，学生的花名册就是现成的抽样框。

3. 明确样本单位

样本单位的明确，是为了更好地推测总体。出于便于理解的角度，通常将总体分为若干个不重复的抽样样本，这使得抽样单位具有一定的主观性，可由调查人员根据具体情况灵活划分。

例如：在香肠的食品安全检查中，调查的对象是香肠。通常香肠的包装都以包为单位进行计量，同时在包装过程中，发货的香肠还将被打包成箱向外运出。这时，抽样检查既可以以包为单位，每箱抽一包，也可以从众多箱中抽出几箱，对里面的每一包进行检查。前者的抽样单位为包，后者的抽样单位为箱。

4. 选择抽样方法

抽样调查就是从被调查总体中抽取一部分对象进行调查。在选择抽样方法时，需要决定随机抽样还是非随机抽样；选择随机抽样后，需要决定是采用简单随机抽样、分层随机抽样还是等距离随机抽样等。具体选择哪种抽样方法取决于调查目标、经费、调查时长、调查问题的性质。

5. 抽取样本资料

抽样方法确认后，就开始着手计划每一步该如何进行。抽样方法多种多样，主要可以分为概率抽样和非概率抽样。在抽取样本和收集资料时，要注意准备对应的替代问题，以备受访者不愿意直面回答此问题后做替换。

6. 推断总体并评估

用抽样得出的指标推断总体指标是抽样调查的重要步骤，也是抽样调查的主要目的。在得到结论后还需对抽样结果的有效性进行检查，保证结果的真实性。

二、选择抽样调查方式

抽样调查活动中，不同抽样调查方式的选用关系到所抽取样本的代表性，进而影响整个调查得出结论的准确性。从大的角度分，抽样调查方式可以分为随机抽样与非随机抽样两大类，每一类可进一步细分为若干具体的抽样方式，如图 2－3 所示。

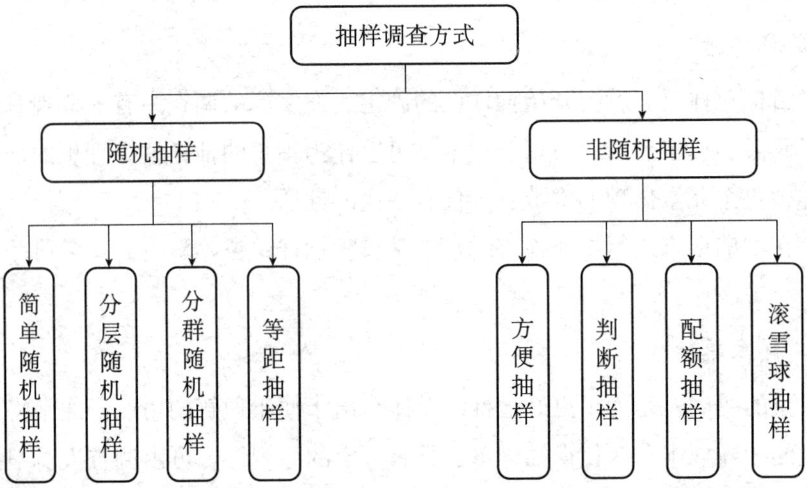

图 2－3　抽样调查方式

（一）随机抽样

随机抽样是按随机原则在调查总体中进行抽样，即保证总体中每一个对象都有已知的、非零的概率被选入作为研究的对象，保证样本的代表性。调查对象总体中每个部分都有同等被抽中的可能，是一种完全依照机会均等的原则进行的抽样调查，排除了人为的主观因素，被称为一种“等概率”，故而也称为概率抽样。

它的最大优点是根据样本资料推论总体时，以概率论与数理统计为基础的方式客观地测量推论值，从而使这种推论建立在科学的基础上。正因如此，随机抽样在社会调查和社会研究中应用较广泛。常用的随机抽样方法主要有简单随机抽样、分层随机抽样、分群随机抽样、等距抽样等。

1. 简单随机抽样

简单随机抽样也称为单纯随机抽样，是指从总体 N 个单位中纯粹偶然抽取 n 个单位作为样本。当调查总体容量不大，总体间差异较小或者调查对象不明时，可采用此法。常用的方法有直接抽选法、抽签法和随机数表法。

（1）直接抽选法。直接抽选法是从总体中直接随机抽选样本。例如：食品安全检查时从货架商品中随机抽取若干商品进行检验。

（2）抽签法。抽签法是随机抽样方法中最简便的方法，也是在日常调查中运用最广的方法。当总体的个体数不多时，适宜采用这种方法。在抽样时，先将总体中各单位都编上号码（号码从 1 到 N），充分混合后随机抽取，连续抽取 n 次，就得到一个容量为 n 的样本。

（3）随机数表法。随机数表就是由一些任意的数字毫无规律地排列而成的数字表，每一个数字号码在表上出现的机会长期平均起来都是一样的。因为如果让数字号码随便出现，会有一定的循环性，数学家用一套公式把这些数字一一列出，使它们出现时不会有循环性。随机数表是由 0～9 组成的表，这 10 个数字的排列完全是随机的。较大的随机数表是由美国兰德公司于 1955 年编制出版的 100 万数字表和肯德尔与史密斯在 1938 年编制出版的 10 万数字表。

使用随机数表的方法是：如果要从 N 个总体中抽取 n 个元素，那么首先将总体编上号，号码从 1 到 N，假设要从总体 120 个元素中抽取 60 个元素，那么编排号码就从 001 到 120。然后，随意指出表上的一个同位数码，从这个数向上、下、左、右（往哪个方向都可以，但要固定一个方向走），把走向经过的每组数中不超过 120 的写下来，即小于 120 的数，直到抽满 60 个数为止，这 60 个元素就是要抽取的样本。

用随机数表法选取样本单位时，会出现这样的问题，即一个样本有可能被选中两次或两次以上，也就是说在随机数表中同一个数有可能出现两次。当出现这种情况时，有两种方法可以处理。一种方法是在选取样本时，如果在随机数表中再遇到同样的号码就跳过去，但仍抽够所需样本数，这种方法称为不放回抽样或不重复抽样。另一种方法是放回抽样或重复抽样，也就是一个号码被选中两次，就两次计入样本，但实际选出的样本数会小于所需样本数。两种方法相比较，不放回抽样的误差小一些。

例如：某中学为了了解学生身体素质的基本情况，欲从全校学生总体 N＝2 580 人中抽取一个简单随机样本 n＝300 人进行体检。

简单随机抽样的程序为：

首先，利用全校学生名册，将全校学生的名字排列起来，每个学生编一个号码，依次为 0 001—2 580，从而形成一个抽样框。

其次，对于这样一个 N＝2 580 人的总体，采用简单随机抽样方式抽取 n＝300 人的简单随机样本，有两种方式：抽签法和随机数表法。

抽签法：准备 2 580 张卡片，写上全体学生的编号作为抽样框，将卡片放入一个盒子里，充分摇匀，然后在排除任何主观因素的条件下取出 300 张卡片，以卡片上所代表的 300 个学生为样本。这就是一个随机的过程，所选方法简单，但在实践中一般不采用，一方面这种方法用起来很麻烦，尤其当 N 很大时更不实用；另一方面这种方法否认等概率性，在较大程度上依赖于抽样个体，也就是卡片是否摇匀，假如在盒内的一堆卡片没有充分摇匀，就会造成结果的随机性较差。

随机数表法：在随机数表中，任意连续选取300个数，遇到大于2 580的数字就去掉，一直到选满300个为止，如表2－3所示。这种抽样方式在实践中得到了广泛应用。

表2－3　随机数表

1	2 004	937	9 655	2 114	134	582
2	3 821	670	2 592	1 642	971	411
3	2 383	4 987	6 441	8 677	5 961	8 346
4	8 310	1 792	1 635	689	8 157	5 620
5	4 856	6 940	2 165	414	413	7 231
6	5 100	1 958	3 430	8 250	60	436
7	764	4 638	1 359	2 556	9 822	713
8	1 401	7 964	940	5 753	4 905	3 566
9	8 464	5 707	6 750	1 371	523	9 205
10	9 442	9 247	4 955	2 835	8 378	3 513
11	1 818	951	9 279	2 222	5 433	7 397
12	5 785	937	6 483	230	8 220	765
13	5 933	9 834	7 402	5 168	1 438	4 850
14	1 722	7 334	7 178	361	6 819	537
15	5 118	8 373	6 934	2 991	142	852

2. 分层随机抽样

分层随机抽样也称为类型随机抽样，它是先将总体各单位按一定标准分成不相重叠的若干层，然后根据各层单位数与总体单位数的比例，确定从各类型中抽取样本单位的数量，按照简单随机抽样方法抽取样本，再由每一层样本数据结果推断总体。

分层随机抽样中可以大致分为两类：

（1）分层比例抽样。分层比例抽样是指分层后，按各个层中的个体单位数量占调查总体单位数量的比例分配各层的样本数量，即各层占母体比例的份额。计算公式如下：

$$n_i = n\frac{N_i}{N}$$

式中：N——调查总体总数；

N_i——第i层单位数目；

n——样本单位总数；

n_i——第i层应抽取的样本数。

例如：

某地区有20 000个商户，其中顶流（客流量最多）商户为4 000户，中流商户为12 000户，低流商户为4 000户。现从中抽选200户进行销售量调查，用分层比例抽样法确定各层的样本数目。

我们根据客流量将所有商户分为三个层：顶流 n_1、中流 n_2、低流 n_3。则各层应抽取的样本数目是：

从顶流商户中应抽取的样本数目：$n_1=200\times\frac{4\ 000}{20\ 000}=40$（户）

从中流商户中应抽取的样本数目：$n_2=200\times\frac{12\ 000}{20\ 000}=120$（户）

从低流商户中应抽取的样本数目：$n_3=200\times\frac{4\ 000}{20\ 000}=40$（户）

分层比例抽样法简便易行，适用于各类型之间差异不大的分类抽样调查，如果各类型之间差异过大，则不适宜采用，而应采用分层最佳抽样法。

（2）分层最佳抽样。分层最佳抽样又称“非比例抽样”，是在分层比例抽样的基础上，根据各层基本单位标准差的大小来调整计算各层的样本单位数。简单来说就是因为在调查个体、层级中悬殊较大的情况下，如果按等比例抽样，可能在总体层级中抽取样本过少，某些层的重要性大于其他层，按比例抽样不足以体现特征，此时可按照分层最佳抽样，适当多抽取一些样本进行分析。即有的层级可以多抽一些样本，有的层级少抽一些，尽量平衡均方差，有利于提高综合样本对总体全貌的代表性，提高样本的可信度。计算公式如下：

$$n_i = n\frac{N_iS_i}{\sum N_iS_i}$$

式中：N——调查总体总数；

N_i——第 i 层单位数目；

S_i——第 i 层的样本标准差；

n_i——第 i 层应抽取的样本数。

例如：

在上一个例题的基础上，我们又已知顶流商户的标准差为 300 元，中流商户的标准差为 200 元，低流商户的标准差为 100 元。现从中抽选 200 户进行销售量调查，用分层最佳抽样法确定各层的样本数目。

根据样本标准差计算公式计算，结果如表 2-4 所示。

表 2-4 调查单位数量与样本标准差乘积计算表

不同客流量商户	各层的调查单位数（N_i）	各层的样本标准差（S_i）	乘积（N_iS_i）
顶流	4 000	300	1 200 000
中流	120 000	200	2 400 000
低流	4 000	100	400 000
$\sum$	20 000	…	4 000 000

按公式计算，得出各层应抽取的样本数目为：

顶流商户样本数目：$n_{顶}=200\times\frac{4\ 000\times300}{4\ 000\ 000}=60$（户）

中流商户样本数目：$n_{中}=200\times\frac{120\ 000\times200}{4\ 000\ 000}=120$（户）

低流商户样本数目：$n_{低}=200\times\frac{4\ 000\times100}{4\ 000\ 000}=20$（户）

与上例相比，本例考虑了样本标准差这个因素，标准差大的层级调整后的样本数增加了。具体来说，顶流商户由 40 户增加至 60 户，增加了 20 户，中流商户样本数不变，低流商户由 40 户降至 20 户。从以上数据来看，实际上是标准差小的层级少调查一些样本，而标准差大的层级则多调查一些样本。

3. 分群随机抽样

分群随机抽样也称为整群抽样，是指当总体所在基本单位自然组合为或被划分为若干个群后，从中随机抽取部分群并对抽取的群内全部或部分单位进行调查的一种抽样组合方法。如图 2-4 所示。

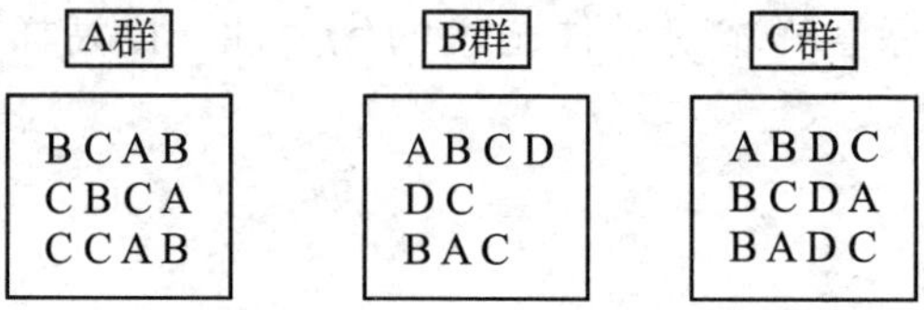

图 2-4　分群抽样后的各群

例如：

某校有学生 2 000 名，计划从中抽取 160 名进行调查。可将学生宿舍作为抽样单位。假设该校共有学生宿舍 250 个，每个宿舍住 8 个学生。我们可以从 250 个宿舍中随机抽取 20 个，其中男生宿舍 10 个，女生宿舍 10 个，对抽中的每个宿舍的所有学生进行调查，这 20 个宿舍共 160 名学生就是此次抽样的样本。

4. 等距抽样

等距抽样又称系统抽样，是指将总体各单位按一定的顺序排列，然后依固定的顺序和间隔抽取样本单位。如果抽样框中抽样单位的排列与需要研究的特征无关，则系统抽样将产生与简单随机抽样非常相似的结果；如果需要研究的特征与排列的顺序呈单调递增的关系，等距抽样能够增加样本的代表性，有点类似分层抽样。

例如：

母体若为 10 000 个消费者，抽 200 人作为样本进行调查，则样本区间为 10 000÷200=50，假定从 01～50 中随机抽出 07，则样本单位的号码依次为 07，57，107，157……直到抽出 200 个样本为止。

（二）非随机抽样

非随机抽样法基本不考虑随机原则，是属于机会性或目的性的抽样。机会性选择纯粹是为了方便；目的性选择是为了尽快确定有典型意义或代表性的样本单位。非概率抽样方法主要有方便抽样法、判断抽样法和配额抽样法、滚雪球抽样法等方法。

1. 方便抽样法

方便抽样法（Convenience Sampling），又称任意抽样法，就是建立在抽样过程中的“方便”或“易接近”基础上的一种抽样方法。比如，在街头向过路行人做访问调查，在柜台销售商品过程中向购买者做面谈调查等，便属于任意抽样。

实行任意抽样法的基本理论根据就是认为总体中的每一子体都是相同的，随意选取任何一个子体都是一样的。而事实上，并非所有总体中每一子体都是一样的，有的总体中子体是同质的，而有的总体中子体则是异质的。只有在总体中的每一子体都是同质的情况下，才宜采用任意抽样法。

任意抽样法是非概率抽样中最简便、最节省费用的一种方法，但是，如果总体中子体差异较大，抽样误差也较大，其结果可信度大为降低。因此，一般说来，任意抽样法多用于市场初步调查或对市场情况不甚明了的时候，在正式市场调查中较少采用。

2. 判断抽样法

判断抽样法（Judgement Sampling），是由市场调查人员根据经验判断速定样本的一种非概率抽样法。这种抽样方法通常适用于熟知总体中子体特征、样本数目不多的调查。

由依据判断抽样法所选定的样本，易于符合市场调查人员的调查需要，与随机选定的样本相比，问卷回收率也比较高，而且简便易行，因此具有一定的实践意义。但同时也易发生由于主观判断偏差而引起抽样偏差的情况。基于这种情况，要充分发挥判断抽样法的积极作用，对总体的基本特征必须相当清楚，做到心中有数。这样，才可能使所选定的样本具有代表性、典型性，从而才可能透过对所选样本的调查研究了解、掌握整个总体的情况。市场调查实践中，常用的典型调查、重点调查，其实质均属于判断抽样法的具体应用。

3. 配额抽样法

配额抽样法（Quota Control Sampling）是指市场调查总体按某些属性特征进行分层，对分层后的副次总体样本按一定的特征规定（或控制）样本配额，配额内的样本则由调查人员主观判断选定。

从对市场调查的总体按特征分层并分别规定样本来看，配额抽样法同分层抽样法有类似之处，不过，对于层内的抽样方法又有所不同。分层抽样是采用随机方法抽取样本，配额抽样是按判断抽样法抽取样本。因此，从一定意义上讲，配额抽样法也是一种分层判断抽样法。

实行配额抽样法的主要理论依据是：认为特征相同的调查对象，如同一类别年龄、性别、收入的居民，其要求、反映大致相似，误差不大，因而不必再按随机抽样法抽取样本。在实践中，采取配额抽样法抽取样本简便易行，节省费用，也能较快地取得调查结果，而且样本不至于偏重于某一层。只要调查的项目设计得当，分析方法正确，所取得结果也就比较可靠。因而，配额抽样法广泛地被人们采用，成为非概率抽样中最流行的一种方法。

当然，配额抽样法也存在一定的不足之处。与概率抽样相比，容易出现由于所依据的资料不确切而发生选择上偏差的情况；同时，也不能像概率抽样那样可以估计抽样误差，并且能够对调查人员访问调查对象的方法加以规定和控制。

4. 滚雪球抽样法

滚雪球抽样法（Snowball Sampling）是在对个别符合要求的受调查者进行调查的基础上，根据他们提供的信息，进一步对其他人进行调查，直至满足样本量要求为止。在市场调查中，有时会遇到受调查对象比较特别，不容易找到的情况，如每周至少 5 天以上喝酒的人，无法建立抽样框。此时，就需要采用滚雪球抽样方法。

思政园地

“狗不理”为何不再红火

“狗不理”品牌是 1858 年河北武清区一名 14 岁的农家子弟“狗子”在天津打工时创始。传说袁世凯将“狗不理”献给慈禧时，老佛爷夸：“山中走兽云中雁，腹地牛羊海底鲜，不及狗不理包子鲜。”“狗不理”是天津三绝之一，具有 160 多年的历史，以其水馅半发面，口感柔软，鲜香不腻，形似菊花而享誉中国大江南北。自改革开放后，“狗不理”寻求多元化发展，成为国内外拥有 40 家直营和特许连锁店及食品营销和食品加工为一体的饮食集团公司。但近年来，“狗不理”的名声已不如从前，光顾“狗不理”的顾客也有这样的感觉，“狗不理不如从前了”，从经济运行上看，“狗不理”的经济指标已明显下滑。

资料来源：百度文库：市场调研案例大全.

问题：为什么具有百年历史的中华老字号天津“狗不理”包子却经营不佳？

提示：中国饮食文化历史悠久、博大精深。虽然作为老字号的“狗不理”是一块金字招牌，其商誉是不可低估的，但由于中国地域辽阔，各区域经济、民族、宗教、消费习惯、经济发展水平等有差异，作为老字号企业，也应开展科学的市场调查，不断满足人民群众高质量的物质和文化需求。

【项目总结】

设计市场调查包括制定市场调查方案、设计市场调查问卷和设计市场调查抽样。市场调查方案是市场调查正式开始之前，根据市场调查的目的和要求，对调查的各个方面和各个阶段所做的通盘考虑和安排，是指导调查研究活动的大纲。

市场调查方案应包括：确定调查目的、确定调查对象和调查单位、确定调查内容、设计调查工具、确定调查方式和方法、确定调查时间和调查期限、确定调查地点、确定整理调查资料和分析的方法、确定调查费用、确定提交报告的方式和制定调查的组织计划等内容。

市场调查问卷是市场调查的重要载体，问卷在数据收集方面有不可替代的作用，问卷设计与编排的好坏直接关系到调查结论的客观性与科学性。问卷设计最核心的内容包括问卷的结构和问卷设计技术。调查问卷的基本结构一般包括九部分：标题、卷首语、填表说明、甄别部分、问卷的主体内容、被调查者的基本情况、编码、结束语、作业证明的记载。问卷设计技术包括问题的设计、答案的设计、态度量表的设计、问题的顺序、问卷的外观和式样。

抽样调查是按照一定程序，从所研究对象的总体中选择部分个体代表作为样本，对样本进行调查，并用所得出的调查结果推断总体特征的调查方法。它具有经济性、准确性、灵活性、时效性、误差可控等特点。抽样方法可分为随机抽样和非随机抽样两大类。其中随机抽样主要包括简单随机抽样、分层随机抽样、分群随机抽样和等距抽样；非随机抽样主要包括方便抽样、判断抽样、配额抽样和滚雪球抽样。

【项目检测】

一、单选题

1. 不包括调查对象的基本特征的调查项目是（　　）。

A. 基本项目　　B. 主体项目　　C. 相关项目　　D. 比较项目

2. 通常在调查前期，计划准备阶段的费用安排应占到总预算的（　　）左右。

A. 20%　　B. 10%　　C. 30%　　D. 40%

3. 针对市场调查方案进行可行性研究的方法有很多，不常见的有（　　）等。

A. 经验判断法　　B. 逻辑分析法　　C. 试点调查法　　D. 定量分析法

4. 你认为今后人民币的升值幅度将：□加快　□趋缓

以上问题属于（　　）。

A. 开放式问题　　B. 多项选择法问题

C. 二项选择法问题　　D. 比较式问题

5. 下列哪一个属于非随机抽样？（　　）

A. 判断抽样　　B. 分层抽样　　C. 分群抽样　　D. 等距抽样

二、多选题

1. 衡量一个调查方案设计得是否科学的标准主要就是看（　　）。

A. 方案的设计是否体现了调查目标的要求

B. 方案的设计是否科学、完整和适用

C. 方案的设计是否体现了企业领导人的意愿

D. 方案的设计是否可以满足多种用途

E. 方案的设计操作性是否强

2. 自填式问卷是指向被调查者进行询问，由被调查者自己填写答案的问卷。这种问卷适合于（　　）。

A. 面谈调查　　B. 邮寄调查　　C. 网络调查　　D. 电话调查

3. 在问卷设计实践中，往往要求设计者注意（　　）。

A. 用词必须清楚、简洁

B. 选择用词应避免对被调查者的诱导

C. 应考虑到被调查者回答问题的能力

D. 应考虑到被调查者回答问题的意愿

E. 避免所提出的问题跟答案不一致

4. 量表可以测量消费者的（　　）。

A. 态度　　B. 意见　　C. 感觉　　D. 行为

5. 随机抽样包括（　　）。

A. 简单随机抽样　　B. 分层随机抽样

C. 等距抽样　　D. 分群随机抽样

6. 非随机抽样包括（　　）。

A. 判断抽样　　B. 方便抽样　　C. 配额抽样　　D. 滚雪球抽样

7. 常用的简单随机抽样方法有（　　）。

A. 直接抽取法　　B. 抽签法　　C. 随机数表法

8. 分层抽样的方式一般有（　　）。

A. 分层比例抽样　　B. 分层最佳抽样

C. 分群随机抽样

三、判断题

1. 问卷中问题与答案的设计应该生动、新颖，以吸引被调查者的注意，有时为了使其配合调查，可以将问句偏离调查目标与内容。（　　）

2. 为了保证收集到重要资料，问卷设计一定要面面俱到，时间控制在至少 30 分钟。（　　）

3. 问卷中的一些词汇，如“经常”“通常”等已经成为人们有较大共识的词语，可以在设计时大量采用。（　　）

4. 在现实生活中，许多人认为年龄、收入、受教育程度等都属于个人隐私，不愿意真实回答，因此在设计问卷时可以把这些问题省略，以免影响整个回答的真实性。（　　）

5. 对于被调查者不清楚的某些问题，调查人员可以适当加以提示，以引导被调查者完成调查来迅速达到调查目标。 （ ）

6. 抽样调查的结果是从抽取样本中获取的信息资料中推断出来的。 （ ）

7. 对于那些有必要进行普查的调查项目，运用抽样调查一样可以达到目的。 （ ）

8. 样本数量在一般情况下与抽样误差成正比例关系。 （ ）

9. 随机抽样调查是对总体中每一个个体都给予了平等的抽取机会。 （ ）

四、简答题

1. 市场调查方案设计的内容主要包括哪些？

2. 简述问卷的基本结构。

3. 问卷设计的步骤有哪些？

4. 问卷中问题的排序应注意什么？

5. 问卷的外观设计有哪些要求？其主要目的是什么？

6. 为什么对严格按照程序设计好的问卷还要进行检测与修正？可不可以省略？为什么？

7. 抽样调查可以分为哪些类型？

8. 抽样调查的实施包括哪些程序？

五、案例分析题

读者基本情况调查问卷

我们期待您填写的登记卡，您的回答将严格保密并进入读者数据库。届时，您可在邮购图书时得到优惠（不但可免邮寄费，更可享受书价九折优惠）。您对所购书籍有任何意见，请另附纸张一并寄给我们，我们将十分感谢！

请在您选中答案的方框内打“√”，或将您的答案填在横线上：

1. 姓名

2. 性别：□男 □女

3. 年龄： 岁

4. 您所在单位的行业：□制造业 □咨询业 □金融业 □服务业 □商业 □机关 □教育 □其他

5. 您的职位：□总经理 □营销总监 □部门经理 □职员 □教师 □公职人员 □学生 □其他

6. 您单位的（成）员工数：□100 人以下 □100～500 人 □500～1 000 人 □1 000～5 000 人 □5 000 人以上

7. 您的收入：每月 元人民币

8. 文化程度：□高中 □高职 □本科 □硕士 □博士

9. 通信地址： 邮政编码：

10. E-mail 地址：

11. 您购买的书名是：

12. 您每月购书消费：　　元

13. 您是怎么知道这本书的？□别人介绍　□在书店看到　□杂志　□网络　□报纸　□培训班购买　□其他

14. 您认为这本书怎么样？□好　□中　□差

15. 请在以下几个方面予以评价：

	很好	好	一般	不太好	差
(1) 理论、专业水平的角度	5	4	3	2	1
(2) 实用、可操作性的角度	5	4	3	2	1
(3) 内容新颖、创新的角度	5	4	3	2	1
(4) 文笔、案例生动的角度	5	4	3	2	1
(5) 印刷、装帧质量的角度	5	4	3	2	1

以上是我们最常见的问卷，仔细阅读后回答以下问题：

1. 问卷中问题的排序有无不当之处？

2. 问卷中一些问题的措辞有无不当的地方？怎样改正？

【项目实训】

一、项目名称

调查问卷表设计

二、实训目的

通过实训，要求学生：

1. 掌握市场调查问卷设计的基本步骤和方法；

2. 掌握调查问卷的基本结构；

3. 掌握问卷设计的技巧。

三、实训项目

某化妆品有限公司是福州市一家化妆品生产企业，其主要产品是补水活肤和抗皱紧肤两种系列的护肤品，该产品深受消费者喜爱。为了更好地满足消费者需要，公司委托市场研究公司对福州市消费者就其产品的满意度进行了一次调查，以此来制定产品改进策略，提高产品的竞争力。现要对此次调查开展调查问卷表的设计。

四、实训组织与要求

1. 以 5～6 人为一组，选出小组组长，以组为单位开展市场调查问卷表的设计；

2. 小组中每人均独立设计某化妆品有限公司护肤品满意度市场调查问卷表，接着组织小组讨论，最后确定成果；

3. 制作市场调查问卷表 WORD 文本和课堂汇报 PPT；

4. 各小组选一位成员以 PPT 形式向全班同学汇报其设计成果，必要时其他成员可以补充说明；

5. 向全班同学简单展示其设计的市场调查问卷表 WORD 文本。

五、实训考核

考核成绩应根据各小组 PPT 汇报水平（含 PPT 设计水平）和 WORD 文本质量进行综合评分。

1. 小组自评（占 15%）；

2. 小组互评（占 35%）；

3. 老师总评（占 50%）。

项目三　组织和实施市场调查

学习目标

知识目标

1. 了解团队的管理结构和人员组成
2. 熟悉督导和调查的工作职责
3. 熟悉调查人员的培训内容
4. 掌握调查人员应掌握的技巧
5. 了解文案调查法、访问调查法、网络调查法、观察调查法和实验调查法的概念和特点
6. 掌握文案调查法、访问调查法、网络调查法、观察调查法和实验室调查法的程序和应用
7. 理解市场调查项目管理的主要内容
8. 理解市场调查人员管理的主要内容

能力目标

1. 能做好市场调查前组织架构的搭建和团队培训工作
2. 根据不同市场调查对象及其影响因素选择恰当的调查方法
3. 能对市场调查项目进行管理与监督

重点难点

重点

1. 熟悉调查员的培训内容
2. 熟悉调查人员访谈技巧
3. 掌握访问调查法、网络调查法、电话调查法等技巧
4. 掌握市场调查管理内容

难点

1. 熟练掌握调查人员访谈技巧
2. 有效监督管理市场调查项目

项目任务导航图

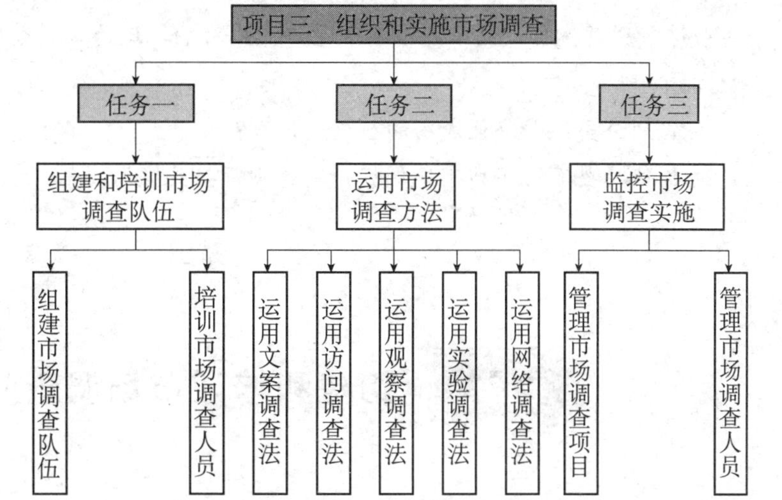

案例导入

吉列公司把刮胡刀卖给不长胡子的女人

男人长胡子，因而要刮胡子；女人不长胡子，自然也就不必刮胡子。然而，美国的吉列公司却把刮胡刀推销给女人，居然大获成功。

吉列公司创建于 1901 年，其产品因使男人刮胡子变得方便、舒适、安全而大受欢迎。进入 20 世纪 70 年代，吉列公司的销售额已达 20 亿美元，成为世界著名的跨国公司。然而吉列公司的领导者并不满足，而是想方设法继续拓展市场，争取更多用户。就在 1974 年，公司提出了面向女性的专用“刮毛刀”。这一决策看似荒谬，却是建立在坚实可靠的市场调查的基础之上的。

吉列公司先用一年的时间进行了周密的市场调查，发现在美国 30 岁以上的女性中，有 65%的人为保持美好形象，要定期刮除腿毛和腋毛。这些女性之中，除使用电动刮胡刀和脱毛剂之外，主要靠购买各种男用刮胡刀来满足此项需要，一年在这方面的花费高达 7 500 万美元。相比之下，美国女性一年花在眉笔和眼影上的钱仅有 6 300 万美元，染发剂 5 500 万美元。毫无疑问，这是一个极有潜力的市场。

根据市场调查结果，吉列公司精心设计了新产品，它的刀头部分和男用刮胡刀并无两样，采用一次性的双层刀片，但是刀架则选用了色彩鲜艳的塑料材质，并将握柄改为弧形以利于女性使用，握柄上还印压了一朵雏菊图案。这样一来，新产品立即显示了女性的特点。为了使雏菊刮毛刀迅速占领市场，吉列公司还拟定几种不同的“定位观念”到消费者之中征求意见。这些定位观念包括：突出刮毛刀的“双刀刮毛”；突出其创造性的“完全适合女性需求”；强调价格的“不到 50 美分”；以及表明产品使用安全的“不伤玉腿”等。

最后，公司根据多数女性的意见，选择了“不伤玉腿”作为推销时突出的重点，刊登广告进行刻意宣传。结果，雏菊刮毛刀一炮打响，迅速畅销全球。

问题：

1. 吉列公司经营决策成功的前提是什么？
2. 你认为要成功实施市场调查必须解决哪些关键问题？

任务一 组建和培训市场调查队伍

一、组建市场调查队伍

21 世纪市场竞争日趋激烈，企业营销要做到精确定位，市场调查工作日益受到重视，很多企业都有自己的市场调查机构，如市场部。当企业觉得有必要时，还可以聘请企业外部的专业性市场调查机构来进行市场调查。于是，专业的市场调查公司也逐渐增多，形成了众多市场调查（咨询）公司群雄逐鹿的局面。因此，我们提及市场调查主体，一般有两种类型：企业自身市场研究机构与社会专业市场调查机构。基于业务活动的典型性，本书主要介绍后者。

（一）市场调查团队的组织结构

从组织模式上看，一个调查团队的组织结构主要有以下四种类型。

1. 直线式

直线式组织模式如图 3－1 所示。

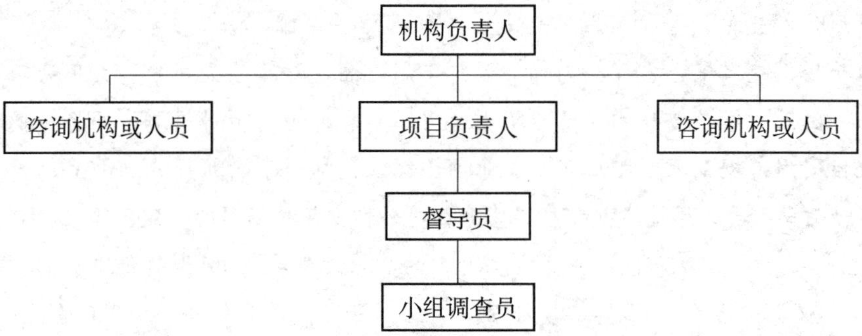

图 3－1　直线式组织模式

如果承担的项目是一个小课题，样本数量少，并且在一个较小范围内展开调查，只需要很少的调查员，其组织模式就可以采用直线式。这样的组织模式节省人员，效率较高。

在这种组织模式中，项目负责人受命承担调查任务，并直接对机构负责人负责。项目负责人先要明确督导员和小组调查员，组成一个调查团队。然后在咨询机构或人员的协助下制定调查方案、确定日程、进行分组等。组织培训后，项目负责人指挥几个组的督导员展开调查，督导员领导小组调查员深入社区，问卷完成后由督导员复核，或由督导员交给复核员复核后交给分析部门或人员。经费由机构负责人划给项目负责人，项目负责人将经费分配给督导员，由督导员管理使用额度。

2. 职能式

职能式组织模式如图 3-2 所示。

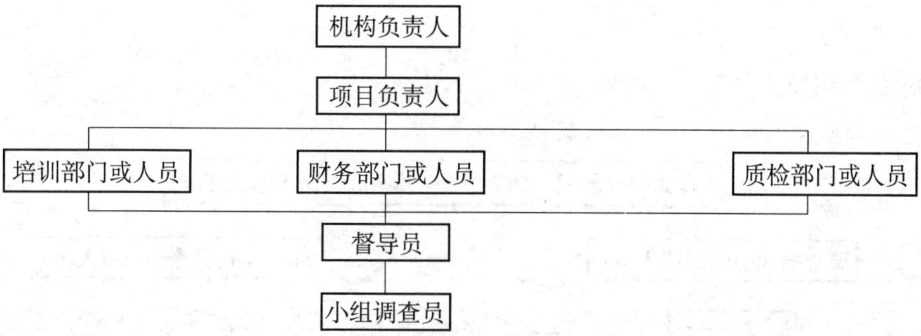

图 3-2 职能式组织模式

职能式组织模式中，一个项目负责人领导若干职业人员，分别负责所有调查小组的培训、质量检验和复核、经费等。职业人员根据自己的职能，与各组监督员联络，对其提出一些要求，协助他们完成某个方面的全部或部分工作，并向项目负责人汇报，由项目负责人进行管理。

3. 直线职能式

直线职能式组织模式如图 3-3 所示。

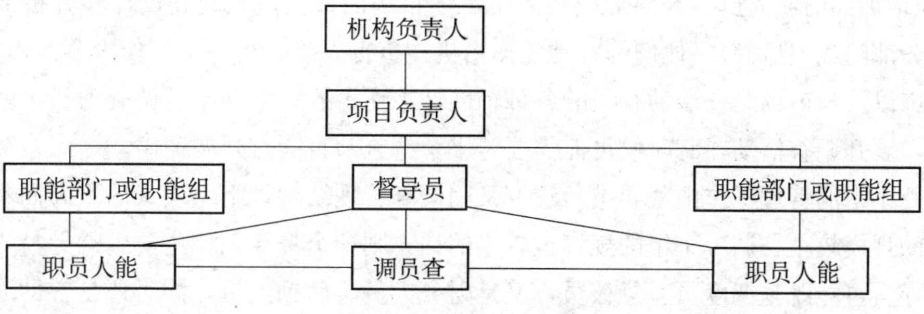

图 3-3 直线职能式组织模式

如果承担的项目是一个较大的课题，则需要大量的调查员和大样本，并且在一个较大的范围内开展调查，在这种情况下，通常调查小组的规模比较大，很可能还要进行外展的调查工作，小组数也会增加，任务分配变得复杂，往往需要后勤工作、质量检验和复核工作进行配合。对督导员来说，工作量骤增，这时就需要采取直线职能式组织模式。这样的设置和安排，可以减轻项目负责人和督导员的工作量，便于分工和专业化管理，保证调查的效率。

在这种组织模式中，项目负责人组建若干职能部门或职能组，职能部门或职能组均由项目负责人统一管理。项目负责人也可以直接与督导员联系，并由上级机构负责人指挥，对上级机构负责人负责。每一个调查组由督导员负责，并且需要配备若干职能人员，职能人员根据自己的工作职能展开工作。例如：财务和后勤人员负责调查组的生活安排、居住旅行、设备采购、经费管理等事宜。他们向本组的督导员负责，由本组的督导员负责指挥，而督导员则向上一级职能部门或职能组反映情况。

4. 矩阵式

矩阵式组织模式如图 3－4 所示。

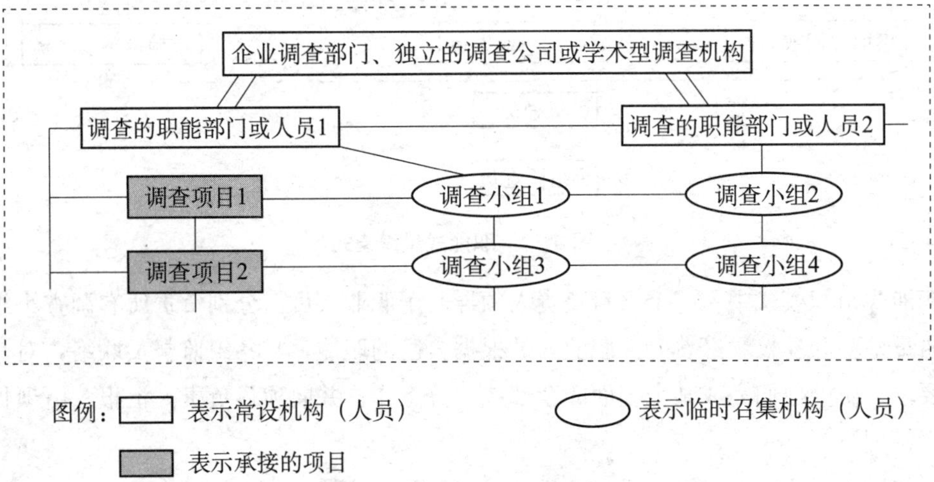

图 3－4　矩阵式组织模式

在这种组织模式中，调查机构的常设机构由调查机构负责人和各职能部门或人员组成（如专职培训部门或人员、督导部门或人员、项目部门或人员、问卷设计和分析部门或人员、财务部门或人员等）。他们的日常工作由机构负责人统一指挥，工作内容是市场开发、宣传推广以及与市场调查活动有关的各种辅助性工作等。一旦确定了调查项目，就要召集调查员，展开调查活动，有时候可能需要若干个调查项目同时开展工作。

调查小组的管理工作由督导员负责，又因调查管理结构、组织模式的不同而不同。如果调查的规模较小，调查小组的规模也较小的话，则整个督导工作主要由督导员完成。这时，督导员可能既是调度员、复核员，又是财务人员、后勤人员，同时还是辅助人员。如果调查的规模较大，调查小组的规模也较大的话，整个督导工作就由督导员和其他职能人员共同完成，这时的督导员仅是一名管理人员而不是技术人员了。

（二）市场调查团队的组成及其职责

一个完整的市场调查活动大体包括调查的设计、调查的实施和数据的处理三个阶段。一个调查团队应该由各方面的专业人员组成，具体应该包括项目主管、实施主管、调查督导和调查员。

1. 项目主管

项目主管负责整个项目的管理，包括协调各部门的关系，起草初步的计划，制定预算并监督资源的使用。项目主管需要与高级管理层和客户保持密切联系，并向其报告调查的进度。项目主管应该保证严守行业法规或法定的职责，遵守行业政策、标准、指导方针和条例，其责任是确保调查项目的目标、预算和计划的执行。

2. 实施主管

实施主管负责项目的具体实施。在规模不大的市场调查机构中，或对于不大的调查项目，项目主管也可能是实施主管。实施主管的责任主要包括：了解调查项目的目的和具体的实施要求，根据调查设计的有关内容和要求挑选调查员，负责督导团队的管理和调查员的专业培训，负责调查实施中的质量控制。实施主管一方面要与上级项目主管沟通，另一方面要与下级调查督导和调查员打交道，这就要求实施主管既要掌握市场调查的基本理论和方法，又要有比较强的组织和运作能力，还要有丰富的现场操作经验。实施主管的水平很大程度上可以反映一个市场调查机构现场操作的水平。

3. 调查督导

调查督导是数据采集过程中的监督人员，负责对调查员的工作过程进行检查和对调查结果进行审核。调查督导又可以分为调查现场督导和调查技术督导。调查现场督导负责对调查员的日常工作进行管理，包括现场监督、回收问卷、对问卷进行复核和其他服务工作。调查技术督导负责给予调查员访问技巧的指导，回答现场调查中有关技术问题的咨询，协助实施主管挑选调查员和对其进行专业培训等。在很多情况下，现场督导和技术督导是融为一体的。有些时候，是由实施主管来充当技术督导的角色。

4. 调查员

调查员是调查项目的直接执行者，是调查项目实施中一个必不可少的重要因素。调查员是指市场定量调查研究过程中组织起来的一定数量的承担现场调查工作的人员。与自填式问卷调查相比，由调查员亲自参与的访问，问卷调查的回收率、填答完整率和可信度都较高。这是因为只要调查员认真负责，就不会出现漏答问题的现象。同时，由于调查员在完成访问时可以采取适当的方法帮助某些有困难的被访者回答，从而能够得到真实全面的信息，问卷的可信度相对也高些。

二、培训市场调查人员

（一）市场调查人员应具备的基本素质

市场调查也和其他工作一样，具体负担工作的“人”的素质会对工作的效果产生直接的影响。作为一名优秀的市场调查人员应该具备相应素质，具体表现在以下三个方面。

1. 思想品德素质

一个具有良好思想品德素质的调查人员，应该能够做到以下几点：

（1）熟悉国家现行的有关方针政策法规，具有强烈的社会责任感和事业心；

（2）具有较高的职业道德修养；

（3）工作认真细致，在调查工作中具有敏锐的观察能力，不放过任何有价值的资料；

（4）谦虚谨慎、平易近人，容易得到被调查对象的配合，从而能够获得真实的信息。

2. 业务素质

（1）阅读能力。即理解问卷的意思，能够没有停顿地传达问卷中的提问项目和回答项目。

（2）表达能力。即访问人员在调查过程中能够将要询问的问题表达清楚。

（3）观察能力。具有敏锐的观察能力，判断受访者回答的真实性。

（4）书写能力。能够准确、快速地将受访者的回答记录下来。

（5）应变能力。在调查过程中遇到的是各种各样的人，所以访问员要能够随机应变，适应不同类型的人的特点。

3. 心理和身体素质

健康的体魄是做好一件事的基础，市场调查工作也不例外。在市场调查活动中，实地访问、资料的归纳、整理、计算等工作都需要良好的心理和身体素质，才能保持良好的工作状态，以应付各种类型的受访对象，机智灵活地处理各种各样的随机事件。

（二）市场调查人员的知识要求

市场调查整个工作过程涵盖了统计、经济、管理心理学等多方面的知识，从个人知识要求看，主要集中在以下几个方面。

1. 市场营销知识

市场调查是营销工作的起点，最终目的是使营销效果更加明显。因此市场调查人员需要具备基本的市场营销知识，包括商品学、消费心理学、企业可能采用的营销技巧等。只有这样，才能使调查活动有的放矢。

2. 市场调查知识

市场调查人员必须掌握调查工具，熟悉调查程序、调查手段等，才能在业务活动中处理各种可能出现的问题。如果设计方法无法运用，要知道如何选用替代方法收集信息资料。

3. 管理学知识

市场营销不仅仅是企业营销部门的工作，同时还和整个企业管理层息息相关，市场调查也应该关注企业管理方面。企业所有的人事变动、财务运行、企业发展战略等的信息都是市场调查从业者要关注的焦点，而这一切都是以企业管理为基础的。一个市场调查人员只有了解企业管理的精髓，才可能了解自己企业和竞争对手的运营状况与运营方式及原因，并客观分析。

【知识拓展】中国著名市场调研公司

4. 行业知识

市场调查是针对行业进行的，隔行如隔山，即使是经验再丰富、资历再深厚的调查人员也不可能把所有的行业“通吃”。作为调查分析师，通常情况下，必须至少长期关注一个行业的发展动态，做到知己知彼，才能在调查活动中少走弯路。

教学互动

1. 互动问题：

调查人员应具备哪些基本素质？你觉得哪个最重要？你的理由是什么？

2. 要求：

先请两个学生回答上述问题，然后请其他同学对此进行点评，并谈他们自己的看法，最后由老师对学生的论述做综合点评。

（三）培训市场调查人员

培训市场调查人员是整个市场调查中不可缺少也是十分重要的环节，可对调查人员开展不同形式的培训方式，如讲课、模拟访问、督导访问等。

1. 基础培训

基础培训主要是针对新聘用的调查人员进行的，主要包括以下内容：

（1）职业道德培训。调查人员要用合法的手段，以严谨的态度去收集市场信息，要坚决杜绝弄虚作假和舞弊行为，以健康和积极的心态面对调查工作，同时要为被调查者和客户保密。

（2）行为规范培训。主要是指按调查项目的要求，规范其行为。例如：严格按照项目要求确定被调查者，在需要使用随机表确定被调查者时，不要轻易受周围环境（如被调查者的推脱）的影响；严格按照规范要求进行操作，包括提问、记录答案、使用卡片等；在调查中要保持中立的态度，不能以自己的观点和意见来影响被调查者。

（3）调查技巧培训。在培训中，不仅要告诉调查人员怎么做，同时要向其解释为什么要这么做，以及如果不这样做可能带来的后果。

2. 项目培训

项目培训是针对所有调查人员进行的，其目的在于让调查人员了解项目的有关要求和标准做法，使所有调查人员都能以统一的口径和标准的做法进行调查，同时进一步明确调查纪律和操作规范。项目培训主要包括以下内容：

（1）行业背景介绍。市场调查项目会涉及不同的行业，每个行业都有不同的情况和专业知识，如日用品、汽车、医药等，而调查人员对此未必全部都有基本的了解。因此，适当地介绍一些行业背景和与调查内容有关的专业知识，有助于调查人员正确理解调查问题的含义，更好地与被调查者沟通。这对于普通人不太熟悉的行业与产品，如生物制药、高科技产品、汽车等行业尤为重要。

（2）问卷内容及抽样方法的讲解。向调查人员解释问卷中每一个问题的含义，以及问题之间的逻辑关系，使所有调查人员按照统一和正确的理解进行调查。问卷内容讲解部分非常重要，是项目培训的关键所在，可以从以下几个方面入手：

第一，问卷整体结构。概括每一部分的内容，使调查人员有一个大致的了解。

第二，题目的讲解。重点讲解那些容易引起不同理解的问题，澄清可能存在的歧义，统一某些关键特例的处理办法。

第三，逻辑关系。对前后相关联的问题，应讲清其逻辑关系，并介绍现场逻辑检验方法。

第四，及时总结。问卷的每个部分结束后，应明确本部分的逻辑关系和操作难点，并解答疑问；整份问卷完成后，应对问卷的要点、难点、歧义点进行总结和归纳。

向调查人员介绍抽样方法。作为直接操作层的调查人员，一定要对样本和总体之间的关系有清楚的认识，保证调查的随机性。如果有抽样的原则和样本具体清单，在调查时一定要忠实于抽样，不能随便改变样本。

（3）其他要求。例如：被调查者的条件（筛选合格的被调查者）；问卷执行方法和回访要求；需要完成的样本量和时间进度的要求；介绍所需要的调查工具，如胸卡、照片、调查介绍信、访问工具等；调查人员应当遵守的有关纪律，如不得在调查期间进行产品的宣传推销活动、替委托方保密、尊重被调查者的隐私等。

（四）调查人员应掌握的技巧

1. 接触前的有关事项

调查人员在取得了被调查者的名单后，可以按照培训部门提供的乘车路线前往目的地。调查人员应该根据被调查者的作息时间确定调查进行的时间，只有为被调查者的便利着想，才能得到他们良好的配合。

2. 正确的接触方式

开场白对调查人员来说至关重要，调查人员应该有礼貌地将自己的介绍信及证件向被调查者展示，并讲明自己的身份与来意。调查人员通常都是作为陌生人出现在被调查者面前的，因此，同被调查者见面时的第一印象十分重要，它关系到调查能否顺利进行。被调查者往往根据调查员的服饰、发型、性格、年龄、声调、口音等来决定是否采取合作态度。因此，调查人员必须仪容端正、用语得体、口齿伶俐、态度谦和礼貌，给人以亲切感，使被调查者放心地接受访问。

例如：在入户调查中，可以邀请能消除被调查者疑虑的人员一同入户访问，如社区工作人员等，还可以持介绍信或证明，取得居委会的支持和帮助，由居委会出面帮助联系，这样可以提高访问率。

好的开场白的标准是：简明扼要、意图明确、重点突出、亲和力强。开场白的内容主要是解释你是做什么的（即说明调查者的身份）、你想干什么（来访目的）、为什么要进行这次访问（即说明调查的性质和大致内容），并解释怎么会抽选到该调查对象、说明不会占用对方太多时间、对数据安全及保密性的承诺，以及表示希望得到对方的支持等。

例如："您好，我是××大学的学生，利用假期勤工俭学，我们正在为××公司做一项有关洗衣粉（洗发水）的市场调查，而您被抽选为代表之一，我能占用您点时间吗？希望得到您的配合。"调查人员应当避免使用诸如"我可以进来吗""我可以问您几个问题吗"这类请求允许访问的问题，因为在这些情况下，人们更易拒绝参与或不情愿地接受访问。

如果访问备有礼品，在访问开始时，调查员可以委婉地暗示："我们将耽误您一点时间，届时备有小礼品或纪念品以示谢意，希望得到您的配合。"但切忌过分提及礼品，以免使被调查者感觉难堪，有贪小便宜之嫌，反而拒绝接受访问。

如果被拒绝，调查员应采用"谢谢，打扰了"这一类礼貌用语，切不可拂袖而去，否则容易对委托企业的公众形象产生不好的影响。

3. 轻松地应对拒访

拒绝访问是市场调查中常见的现象，也是市场调查要努力解决的问题之一。拒访的情况一般有两种：一种是中途拒访，另一种是开始时拒访。在多数情况下，受访者如果要拒绝调查人员的访问，通常会找出各种各样的借口，因此在访问过程中，为了减少被拒绝的可能性，调查人员要多想想受访者可能提出的拒访借口及回应对策，下面举几个实例供参考。

- 太忙——完成调查只需几分钟。（或××时候再来访问可以吗？）
- 身体不舒服——对不起，打搅了，××时候再来访问可以吗？
- 年龄大——我们正需要听听您的意见。

● 不好答、不会答——问题一点儿也不难，答案无所谓对或错，很多人都做过，而且都做得很好。

● 不感兴趣——我们是抽样调查，每一个被抽到人的意见都很重要，否则结果就会产生偏差，请您协助一下。

● 不便说——能理解，这也是调查之所以保密的原因。我们不要求您填上姓名，调查结果也不是一个人的意见。

● 我不太了解情况，访问别人更合适——没关系，您把您知道的说出来就可以了。

● 您的问题太多——对不起，问题看起来是多了点，但都很简单。

● 不懂得填写——没关系，很简单，我给您讲一讲，您就会了。

● 不识字、不会做——没关系，我们不要您填写，只要您回答问题就行了。

4. 规范地询问

用问卷中的用语来询问，清楚、缓慢地读出每个问题，有次序地、详细地询问每一个问题，重复被调查者误解的问题。

对于被调查者一时无法回答或不愿意回答的问题，可以采用帮助回忆、旁敲侧击等方法。如对小企业相关经济指标的调查，可以先询问被调查者平均一天的生产或经营收入以及费用和支出情况，报告期内开工或营业天数，然后再根据每天的生产或经营状况，帮助被调查者估算出每月的相关经济指标总值。

5. 把握谈话的方向

调查员一定要把握好谈话的主动权，也要使被调查者围绕问卷上的问题发表意见。如果调查员遇到被调查者发表与问卷无关的长篇大论的情况，调查员要巧妙地利用被调查者谈话过程中的小问题，及时插话进来，先肯定他的诉说，以证明你的确在倾听他的诉说，然后再用婉转但坚定的语气终止被调查者的谈话。

例如，可以婉转地说："对于您刚才所说的问题，我们待会儿再讨论，现在我们先来谈谈……"从而把被调查者的思路调整到按顺序询问的问题上来。

此外，调查人员还要注意对访问时间的控制，可通过调节自己的讲话节奏，调动被调查者的情绪，使被调查者自始至终以感兴趣的态度配合访问，从而控制访问时间；要避免前松后紧和拖长访问时间，使被调查者因感到厌倦而应付了事。

6. 建立融洽的谈话气氛

调查人员与被调查者之间肯定会存在文化或社会背景上的差异，这种差异有时会导致调查气氛紧张，从而影响调查结果。面对文化水平不高的被调查者，调查人员应该尽量避免使用书面语，而是将问题用一种最通俗易懂的语言表达出来，在这种情况下完成调查，要求调查人员更加亲切、平易近人；面对一些有技术优越性、态度傲慢的被调查者，调查人员要调整好心态，做到不卑不亢，以完成问卷为主要任务，对于对方不太礼貌的言语，要用强硬但有礼貌的话语回答，绝不能因此而恼怒，与被调查者发生冲突。

7. 适当追问

对于开放性问题一般要求调查人员做充分“追问”和“澄清”来取得问题的答案，并遵循记录开放式问题回答的规则，即在访问期间记录回答，使用应答者的语言，不要摘录或释义应答者的回答，记录与问题目标有关的一切事物，包括所有追问。

(1) 追问是指被调查者的回答不能满足调查要求，或回答不全面时，从被调查者的回答入手，再要求被调查者有更具体的表述。追问时，调查人员不要试图引导，也不要用新的表述追问，要使被调查者的回答尽可能具体。熟练的调查人员应能帮助被调查者充分表达他们自己的意见。追问技巧使用恰当的话，不仅能给调查提供更加充分的信息，而且会使调查更加有趣。

例如：

“您为什么喜欢这个品牌的内衣呢?”

“质地好。”

“还有什么原因?”

“穿着舒适、暖和。”

“还有没有其他原因呢?”

“没有了。”

(2) 澄清是指调查人员在被调查者回答问题时含糊其词、模棱两可，或不明白问题的意思时采用的一种技巧。其具体方法包括：

一是重复问题。当被调查人员完全沉默时，他（她）也许没有理解问题，或还没有决定怎样来回答，重复问题有助于其理解问题，并会鼓励其应答。

二是观望性停顿。调查人员认为被调查者有更多的内容要说时，可采取“沉默性追问”伴随着观望性注视，这样有助于被调查者集中精神给出完整的回答。

三是重复被调查者的回答。调查人员在记录被调查者的答案时，可以逐字重复被调查者的回答，这可能会刺激被调查者扩展其回答。

四是问一个中性问题，如“为什么您这样认为呢”“您的意思是……”

8. 善于排除访问过程中的外界干扰

理想的访问应该在没有第三者的环境下进行，由于调查人员总会受到各种干扰，因此调查人员应具备控制环境的技巧。访问时，如果有其他人在，可以有礼貌地说：“您的观点很对，我希望待会儿请教您。但此时，我只对被调查者的观点感兴趣。”调查人员应尽量使调查在脱离其他成员的情况下进行。如果访谈时由于其他成员的插话，调查人员得不到被调查者自己的回答，则应该终止访问。

9. 调查礼品的派发要选择恰当的时机

在市场调查中，组织者都会为每位被调查者备一份精美的小礼品，以表示对被调查者积极配合调查的感谢。对于一些起初不情愿接受调查的被调查者，在调查开始阶段发放小礼品是很好的；对于一份内容很多，又比较复杂的问卷来说，最佳的派发时机是在访问过程之中，当调查员发现被调查者有明显的疲劳感，又不太耐烦时，可以中断访问，适时送出礼品，这样被调查者虽然很累，也会配合下面的调查；在正常情况下，礼品的派发是在调查结束后，所有的问题都已问完，调查员在通览问卷，决定可以结束访问时，便可以拿出小礼品表示对被调查者的感谢。

10. 做好访谈的结束环节

结束访问前，调查员要仔细检查。需要检查的内容有：已完成的问卷是否完整；问题的答案处有无空白，确保正确圈出答案；问题的答案是否有前后不一致的地方；是否有需要被调查者澄清的答案；事先准备的礼物是否送出。在准备结束调查时，给被调查者一个最后提问的机会，以示对他的尊重。最后要再次向被调查者致谢。如果有的调查问卷在设计时允诺向被调查者回馈某种总括性资料，可以在此时再次征询意见，问对方是否需要反馈资料，并且可以应被调查者的要求，留下调查机构的单位名称和联系人地址、电话号码等。

任务二 运用市场调查方法

一、运用文案调查法

（一）文案调查法的含义、特点及作用

1. 文案调查法的含义

文案调查法又叫间接调查法，是通过收集多种历史和现实的动态文献资料，从文献资料中摘取与市场调查课题有关的情报，对调查内容进行分析研究的调查方法。

市场信息可以来自两个方面：一是一手资料，即实地调查资料；二是二手资料，即已经公开发表并已为某种目的而收集起来的资料。文案调查法是对二手资料的收集整理、加工和分析，是一种高效的调查方法。

2. 文案调查法的特点

文案调查法相对于实地调查法，具有以下几个明显的特点：

（1）文案调查法可以克服时空条件的限制，既可以获得现实资料，还可以获得实地调查所无法取得的历史资料。

(2) 文案调查法既能获得本地域范围内的资料，还可以借助于报纸、杂志及互联网等媒介物，搜集其他地区的资料。

(3) 文案调查法收集到的情报资料受各种因素影响小，调查费用低、效率高。

(4) 文案调查法的问卷设计、调查人员的培训、交通费用等各项费用的支出，相对于其他方法要低廉。

(5) 某些资料只需简单的加工，花费的时间短，能够在经费少、时间有限的情况下进行操作。

3. 文案调查法的作用

文案调查法可以为实地调查提供经验和大量的背景资料，具体表现在：

(1) 通过文案调查，可以初步了解调查对象的性质、范围、内容和重点等，并能提供实地调查无法或难以取得的市场环境等宏观资料，便于进一步开展和组织实地调查，取得良好的效果。

(2) 文案调查所收集的资料还可用来证实各种调查假设，即可通过对以往类似调查资料的研究来了解实地调查的设计，用文案调查资料与实地调查资料进行对比，鉴别和证明实地调查结果的准确性和可靠性。

(3) 适当的实地调查的文案资料，可以用来推算所需掌握的数据资料。

(4) 文案调查资料可以用来帮助探讨现象发生的各种原因并进行说明。

总之，实地调查与文案调查相比，更费时费力，组织起来也比较困难，故不能或不宜经常进行，而文案调查如果经调查人员精心策划，尤其是在建立企业及外部文案市场调查体系的情况下，具有较强的机动性和灵活性，随时能根据企业经营管理的需要，收集、整理和分析各种市场信息，定期为决策者提供有关市场调查报告。从时间上看，文案调查不仅可以掌握现实资料，还可获得实地调查所无法取得的历史资料。从空间上看，文案调查既能对企业内部资料进行收集，还可掌握大量的有关市场环境方面的资料。

(二) 文案调查法的资料来源

文案调查法的资料来源包括企业内部资料和企业外部资料。

1. 企业内部资料

企业内部资料主要是企业在经营活动中所做的各种形式的记录，包括与企业经营活动有关的各种书面的和存储在各种仪器、设备中的资料。这些资料可以由企业的营销信息系统来提供，该系统中存储了大量的有关市场经营的数据资料；也可以由本企业的各种记录来提供，如各种业务资料、统计资料、财务资料以及平时所积累的各种各样的报告总结、会议记录、用户来信、营销活动的照片与录像等。

2. 企业外部资料

企业外部的信息来源很多，信息量更大。包括政府机构、行业协会、各种经济信息中心、专业信息咨询机构、银行、消费者组织公布和提供的各方面的信息资料；各类新闻、出版部门发行的书报杂志以及电台、电视台公布的各种市场信息、经济信息；有关生产和经营机构提供的商品目录、产品说明书、产品价目表、广告资料、专利资料以及上市公司发布的中期和年度财务公告；国内外商品博览会、展销会、洽谈会、订货会上发布的消息；专业性、学术性机构每年召开的年会、学术研讨会上所发表的论文及各级图书馆收藏的大量与企业经营活动相关的二手资料；各种国际组织、外国使领馆、各国银行、经贸部门、各国商会所提供的国际市场信息等。

（三）文案调查法的操作步骤

文案调查法的组织工作虽然相对简单，但也遵循一定的步骤，其程序如下：

【知识拓展】
“润妍”产品的市场调查

第一步，评价现有资料，即对手头拥有的资料进行筛选。主要从资料的内容、时间、准确性等方面进行评价。

第二步，寻找收集情报的途径，即一般先从一般资料、最广泛的角度入手，逐步过渡到特殊资料的收集。

第三步，资料的筛选，即剔除与研究问题不相关的、不完整的资料，获得有价值的资料。

第四步，提交调查报告。

（四）文案调查的方法

对于文献性资料来说，科学地查寻资料具有十分重要的意义。从某种意义上说，文案调查的方法也就是对资料的查寻方法。对于内部资料的收集相对比较容易，调查费用低，调查的各种障碍少，能够正确把握资料的来源和收集过程。因此，一般来说应尽量利用内部资料。对于外部资料的收集，可以依不同情况采取不同的方式：

1. 参考文献查找法

参考文献查找法是利用有关著作、论文的末尾所列的参考文献目录，或者文中提到的某些文献资料，以此为线索追踪、查找有关文献资料的方法。采用这种方法可以提高查找效率。

2. 检索工具查找法

检索工具查找法是利用已有的检索工具查找文献资料的方法，按照检索工具的不同，检索方法主要有手工检索和计算机检索两种。

（1）手工检索。手工检索是一种传统的检索方法，即以手工翻检的方式，利用工具书（包括图书、期刊、目录卡片等）来检索信息的一种手段。手工检索不需要特殊的设备，用户根据所检索的对象，利用相关的检索工具就可进行。手工检索的方法比较简单、灵活，容易掌握。但是，手工检索费时、费力，特别是进行专题检索和回溯性检索时，需要翻检大量的检索工具反复查询，花费大量的人力和时间，而且很容易造成误检和漏检。进行手工检索的前提是要有检索工具，因收录范围、著录形式、出版形式不同而有多种多样的检索工具。

（2）计算机检索。指人们在计算机或计算机检索网络的终端机上，使用特定的检索指令、检索词和检索策略，从计算机检索系统的数据库中检索出需要的信息，继而再由终端设备显示或打印的过程。与手工检索相比，计算机检索不仅具有速度快、效率高、内容新、范围广、数量大等优点，还可打破获取信息资料的地域障碍和时间约束，提供完善可靠的信息，在民商调查电脑化程度提高后，将主要依靠计算机来检索信息。

3. 购买法

购买法是通过一定的代价，从有关单位获取资料的方法。随着信息的商品化，许多专业信息公司对贮存的信息实行有价转让，大多数信息出版物也是有价的，购买将成为收集资料的重要办法。当然，企业订阅的有关市场信息的杂志、报纸等，从本质上说也属于购买一类，只不过这种方式是一种经常性收集文献资料的工作。但要注意企业订阅的杂志、报纸要尽量避免雷同。

二、运用访问调查法

（一）访问调查法的含义

访问调查法，又称询问调查法，是在一手资料收集中最常用、最基本的一种方法。它是市场调查人员通过口头、书面或电信等方式向被调查者了解市场情况、收集资料的一种实地调查法。这种方法的特点是通过直接或间接访问的方式来了解被调查者的看法和意见。访问的目的是了解消费者的消费需求、消费心理、消费态度、消费习惯以及企业经营情况等现实信息以及被调查者购买、销售或使用本企业产品的改进建议等。一般情况下，访问调查法是收集一手资料最常用的方法。

（二）访问调查法的优缺点

访问调查法和其他调查法相比，有其独到的特点。

1. 访问调查法的优点

（1）访问调查法的应答率较高。应用访问调查法，被调查者在心理上会有充分的思想准备，大多会配合访问，拒答率较低。访问的形式较灵活，可以根据被调查者的性格、心态及所处的环境状况来调整问题顺序，也可借助解释、追问、激励等方式提高应答率。

（2）访问调查法的真实性较强。市场调查人员与被调查者是直接接触的，市场调查人员可以借助现场的环境、气氛，了解被调查者的心理状况及行为动作等，判断信息的可靠度。

（3）访问调查法的准确性较强。可以获得较多且真实的资料。访问时，市场调查人员可以对问卷中专业性的问题加以解释说明，降低被调查者因理解错误而导致的资料可用性低的情况，同时交谈双方还可以在较为广泛的问题上交换意见，使调查的信息达到一定的广度、深度和准确度。

（4）使用访问调查法，可以进行深入调查，灵活性较强。在访问调查法中，市场调查人员可以根据实际情况，如年龄、阅历及环境等来扩大或缩小提问的范围或时间，适当控制交谈的场面和气氛，可以提出许多不同的问题甚至很复杂的问题。

（5）使用访问调查法时，可以同时出示样品、图片、卡片、包装等来激发被调查者。访问调查法在时间上较宽松，因此适合调查那些内容较复杂、较多的项目，并有观察的机会。

2. 访问调查法的缺点

（1）访问调查法的成本较高、时间长。访问的形式虽有多种，但大部分需要市场调查人员去实地调查，如果被调查者众多，居住较分散，调查的人力、经费消耗较多，有时还需支付市场调查人员的培训费等。

（2）对市场调查人员的监督、管理较困难。在访问调查法中，市场调查人员可能会因急于完成调查，自行填写或随意删减调查内容，减少被调查者的规模等，使调查不能取得预期效果。

（3）对市场调查人员的要求较高。市场调查人员一般要经过专门培训，掌握一定的访问技巧。市场调查人员自身不足会影响现场调查的效果，要求市场调查人员有较高的素质，包括调查经验、访问方式以及态度等。

（三）访问调查法的基本类型

根据访问调查过程中市场调查人员与被调查者接触的方式，可以将访问调查法分为面访调查法、电话调查法、邮寄调查法和留置问卷调查法等几种方式。

1. 面访调查法

面访调查法是市场调查人员根据调查提纲直接访问被调查者，当面询问有关问题。

（1）入户访谈调查。

1）入户访谈调查概述。在调查实践中，入户访谈曾经被认为是十分有效的访谈方式，这是因为，对于被访谈者来讲，可以轻松地在一个自己感到熟悉、舒适、安全的环境里接受访谈；对于访谈者来说，面对面的访谈，能够直接得到信息反馈，还可以对复杂问题进行解释，从而加快了访谈速度、提高了数据质量。入户访谈是定量调查中最常见的访谈方法。

然而，随着人们家庭结构的变化、生活节奏的加快、观念的更新，在家中面对面访谈越来越少了，取而代之的是在购物场所、商业街区进行访谈。另外，入户访谈也广泛用于与工业企业用户进行的访谈，这类访谈主要指在商务人员办公室进行有关工业品或服务的访问，因此也称经理访谈。

2）入户访谈调查的运用。

a. 访谈前的准备工作。首先是基本情况方面的准备。调查者要了解被调查者的一些基本情况，如生活环境、工作性质及由此形成的行为准则、价值系统。其次要做好工具方面的准备，最常用的如照相机、录像机、录音机、纸张文具以及测量用的表格问卷等。

b. 访谈的步骤。

第一步，要把自己介绍给被调查者。

例如：

您好！我是××公司的市场调查访问员。我们正在进行一项关于××型号汽车的市场调查，在众多消费者随机抽样中您家正好被抽中，我想占用您一点时间，希望没有打扰您！

提示：自我介绍时要做到不卑不亢，使对方尽快了解你的身份，并认为你的访谈是善意的，他的答复是有价值的，或这项调查研究是与他的切身利益有关的。说话语气一定要彬彬有礼，同时可递上介绍信或学生证、工作证，以消除被调查者的戒心。

第二步，要详细说明这次访谈的目的。

例如：

这次调查的主要目的是了解您对我们公司××型号汽车的售后服务的意见或建议，您的回答将为我们服务范围的拓展、质量的提高、措施的改进提供重要的参考。

提示：言简意赅尽快说明调查的主题范围，与被调查者初步建立起一种互相信任的关系。

第三步，提问开始。

例如：

这是一份我们印制的问卷，我们按顺序开始问答，好吗？

提示：提问开始，一般按问题的先后次序一一提问，可以适当地活跃气氛，避免使被调查者感到枯燥、机械而情绪受到影响。即使被调查者答非所问，也要耐心地听，同时设法切入正题，但要选择有利的机会，避免对方察觉而感到不快。有些问题需要进一步“追问”的，使用“立即追问”“插入追问”“侧面追问”等方法，以被调查者不感到厌烦为限度。

c. 特殊情况的处理。正在进行的访谈也可能出现拒绝访谈、因事忙碌或不想继续接待，被调查者身体不适，突然有事外出等。遇到这种情况调查人员不必气馁，除耐心说明调查目的、意图外，还要了解拒访的原因，以便采取其他方法进行，也可以另约时间；或者帮助被调查者干点力所能及的事，争取得到继续接纳；对于一些较敏感的问题或者被调查者认为有关他安全的问题，应该耐心解释或通过其他途径了解。

（2）拦截访问调查。

1）拦截访问调查概述。拦截访问又称街头截访，一般有两种方式：一种是由访问员在事先选定的若干个地区选取访问对象，征得其同意后，在现场依照问卷进行面访调查；另一种是先确定地点，然后由访问员在事先选定的若干个地区选取访问对象，征得其同意后，引领到确定的地点进行面访。

街头拦截访问是一种十分流行的调查访问方法，通常被用于定量问卷调查的环节。在美国，大约有500家超市中设有调查机构的访谈室。作为入户访谈的替代方式，拦截访问调查是一种十分流行的询问调查方法。拦截访问调查程序如图3－5所示。

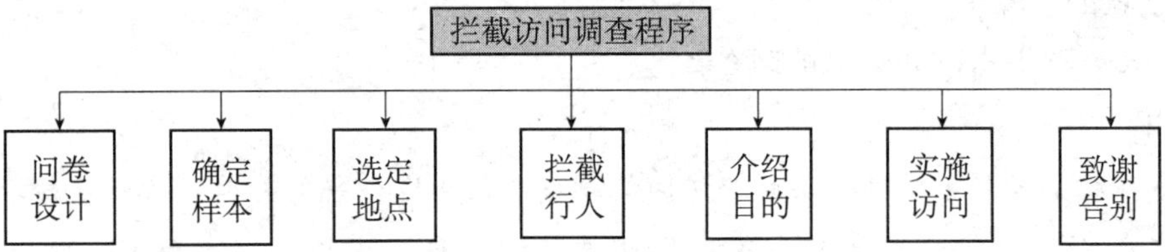

图3－5　拦截访问调查程序

2）拦截访问调查的运用。为了获得适合于大多数消费者的研究总体样本，购物中心、广场或商业街区就成为街头拦截访问调查最普遍的地方。在大多数街头拦截访问调查中，市场调查人员被派到购物中心寻找可能适合于调查的人员。访问员接近被访问人员，并请求他们参与现场采访。如果他们同意，调查访问开始，并且要感谢被访问者。如果他们拒绝，调查员继续寻找下一个人。

3）街头拦截访问调查的技巧：

a. 地点选择。一般选择繁华交通路口、户外广告牌前、商城或购物中心内（外）、展览会内（外）等。

b. 对象选择。该环节调查人员必须有足够的耐心，通过运用自己所具备的知识、经验和职业素养，从过往行人的言行、举止、穿着、大致年龄段等要素，大致选定符合调查目标的对象。

c. 拦截对象。语言要礼貌、具有一定说服力，同时为了保证随机性，应该按照一定的程序和要求进行拦截，如每隔几分钟拦截一位，或每隔几个行人拦截一位等。

例如：

女士/先生：您好！可以打扰您一下吗？我是××公司的市场调查访问员，这是我的证件！耽误您几分钟时间，有几个问题想问您一下，可以吗？

d. 面谈调查。征得对方同意后，在现场按照问卷内容进行简短的面谈调查。

4）拦截访问的质量控制。为了保证拦截访问的质量，调查活动必须按照一定的规范进行。

a. 专人现场监控。按其特点划分不同的区域开展工作，不同的区域均有专人负责现场监控。

b. 调查督导人员随时巡查。由负责督导及复核人员共同负责巡场工作，不定时巡视，以便及时发现问题、及时解决。

c. 确认被访者资格。由复核人员负责现场二次甄别工作，确保被访者符合被访条件。根据经验布置测试室，减少被访者间的相互干扰，便于收集更多的信息。

d. 详细审核调查问卷。现场对问卷进行百分百审核，审核无误后才让被访者离开及送礼品，以便及时补充访问，以确保问卷质量。

【知识拓展】
如何降低拒访率

（3）计算机辅助面访调查。计算机辅助面访调查（Computer Assisted Personal Interviewing，CAPI）在一些发达国家的使用比较广泛，它可以是入户的 CAPI，也可以是街头拦截式的 CAPI。它主要有以下两种方式：

第一种方式是由经过培训的市场调查人员手持笔记本电脑，向被调查者进行面访调查。调查问卷事先已经存放在电脑内，市场调查人员按照屏幕上所显示的问答题的顺序和指导逐题提问，并及时地将答案输入电脑。目前 CAPI 可以较方便地处理开放式的问答题，也可将被调查者的回答输入电脑。

第二种方式是对被调查者进行简单的培训或指导后，让被调查者面对电脑屏幕上的问卷，逐题将自己的答案亲自输入电脑。市场调查人员不参与回答，也不知道被调查者输入的答案，但是市场调查人员可以待在旁边，以便随时提供必要的帮助。

2. 电话调查法

电话调查法是由市场调查人员通过电话向被调查者询问、了解有关问题的一种调查方法。

（1）传统的电话调查法。传统的电话调查法使用的工具是普通的电话、普通的印刷问卷和书写用笔。经过培训的市场调查人员在电话室内按照调查设计所规定的随机拨号方法，确定拨打的电话号码。如果拨通电话，则按照准备好的问卷和培训的要求筛选被访对象；然后对合格的调查对象按照问卷设计的顺序进行提问，并记录受访对象的回答。电话室内会有专业的督导员，负责电话调查的实施和应急问题的处理。

随机拨号的方法是根据抽样的原理设计的，常用的有以下两种做法：

第一，利用现成的电话号码簿作为抽样框，借助随机的数字表，随机地选取号码拨打，或采用等距抽样的方法从电话号码簿中抽取号码拨打。

第二，按照调查地区从有关部门获得号码的前几位分布的名单及所占比例，根据这些数据选定每个地区抽样的样本数。

传统的电话调查对于小样本的简单访谈来说虽然简便易行，但也存在不少问题，如效率低、难以进行统一的监控和管理、难以处理复杂的问卷等。

（2）计算机辅助电话调查。计算机辅助电话调查（Computer Assisted Telephone Interviewing，CATI）是将传统电话调查的问卷设计、调查实施管理、数据录入和统计等步骤计算机化的调查方法。1970 年，CATI 在美国出现，电访员在电话访问时能够将数据同步录入计算机，实现数据录入和统计的同步整合。1975 年，加利福尼亚大学洛杉矶分校将 CATI 系统应用于教学研究。作为一种调查方法和技术，CATI 已在欧美发达国家使用了40多年，许多国家半数以上的访问通过CATI完成，有些国家的CATI访问量甚至高达95%。据资料显示，美国的一家市场研究公司，CATI的访问座席竟多达550个。CATI技术在国外之所以如此流行，一方面得益于电话的高普及率，另一方面也是迫于大都市入户访问成功率越来越低的现状。如今，CATI理论及技术已经相当成熟，并广泛地应用于多种调查研究领域：品牌知名度研究、产品渗透率研究、品牌市场占有率研究、产品广告到达率研究、广告投放后的效果跟踪研究、消费习惯研究、消费者生活形态研究、顾客满意度调查、服务质量跟踪调查、产品（担保）登记、家庭用品测试、选举民意测验以及健康问题调查等。

在中国，直到1987年，电话调查才开始被一些专业的调查机构使用，主要用于民意测验和媒体接触率研究。1999年，四川卫视利用当地的电话网络进行收视覆盖率调查；2000年春节，中央电视台春节联欢晚会对收视率进行了即时调查。2004年之后，CATI在中国也已获得了较为广泛的应用，专业市场研究机构、高等院校、政府机关、卫生机构、大型企业、呼叫中心等都出现了CATI系统的身影。目前，CATI主要应用于品牌知名度研究、产品渗透率研究、品牌市场占有率研究、产品广告到达率研究、广告投放后的效果跟踪研究、消费习惯研究、消费者生活形态研究、顾客满意度调查、服务质量跟踪调查、产品（担保）登记、家庭用品测试、选举民意测验、健康问题调查，以及客户回访、电话营销等诸多领域。

CATI系统通常的工作形式是：市场调查人员坐在计算机前，面对屏幕上的问卷，向电话那端的被调查者读出问题，并用鼠标或键盘将受访者的回答结果记录到计算机中：督导坐在另一台计算机前对整个访问工作进行现场监控。通过该系统，市场调查人员可以以更短的时间、更少的费用得到更优质的访问数据，所得数据可直接用于各种统计软件。

3. 邮寄调查法

邮寄调查法是将调查问卷邮寄给被调查者，由被调查者根据调查问卷的填写要求填写好后再寄回问卷的一种调查方法。

（1）传统邮寄调查。传统邮寄调查是指将问卷通过邮局寄给选定的调查对象，并请求被调查者按照规定的要求和时间填写问卷，然后寄回调查机构的方法。传统邮寄调查的基本步骤如下：

第一，根据研究目的确定调查总体，收集相关名单和通信地址，按一定抽样方法选出被调查者。

第二，通过电话或简短的通信与被调查者进行事先的联络，说明最近的调查项目，并请求他们的合作。

第三，向被调查者寄出调查问卷。典型的邮寄调查问卷应该包括五个方面的内容：贴足邮资写清被调查者的信封；致被调查者的信件（包括说明调查机构、调查目的、填写要求以及相关恳请合作的文字）；调查问卷；贴足邮资写清调查机构地址的回邮信封；谢礼或有关谢礼的承诺。

第四，通过电话或简短的通信，询问被调查者是否收到调查问卷并请求早日寄回问卷，以提高问卷的回收率。

第五，对回收的问卷进行整理和编码，包括问卷的编号、寄回的日期、寄回的地区、回收的数量等。

第六，如果回收率没有达到研究的要求，可以视条件许可采取一定措施纠正低回收率造成的误差。如对没有寄回问卷的被调查者进行一定数量的面访调查等。

(2) 固定样本组邮寄调查。固定样本组邮寄调查，是指事先抽取一个地区性或全国性的样本（具有代表性的样本），样本中的家庭或个人都已同意参加某方面的定期邮寄调查，然后由调查机构向这个固定样本中的成员定期邮寄调查问卷，样本成员将问卷按照要求填写好后及时寄回调查机构的方法。这种方法通常要给家庭成员各种物质刺激作为补偿。

固定样本组邮寄调查常用于电视收视率、广播收听率、报纸杂志阅读率的调查，家庭市场调查与预测消费调查，或其他商业性的定期调查。为防止样本的老化，要定期调整更新样本。

(3) 邮寄调查法的优缺点。

1) 邮寄调查法的优点：

第一，邮寄调查法的保密性强，调查结果较为客观真实。由于邮寄调查法一般都是匿名的，因此保密性强，不受时间、场合限制，有充裕的时间回答问题，这样被调查者有较高的安全感，对问题的回答会比较客观真实，特别适合对于敏感问题的研究。

第二，邮寄调查法的调查区域。从原则上讲，凡是通邮的地方都可以进行邮寄调查，因此该种调查法能够调查到面访或电话调查法难以寻找到的调查对象，如某商品在边远地区或海外地区的使用者。

第三，邮寄调查法的费用较低。一般情况下，邮寄调查法的费用比面访调查法和电话调查法都低。

第四，应用邮寄调查法时，不涉及市场调查人员的偏差。面访调查法和电话调查法的质量与市场调查人员自身的素质有很大的关系，而邮寄调查法可以完全避免因市场调查人员记录不及时，或对被调查者的陈述理解有误等而产生偏差。

2) 邮寄调查法的缺点：

第一，邮寄调查法的回收率较低。在几种调查方法中，邮寄调查法的回收率是最低的，因此在邮寄调查法中需特别注意采取有效的措施提高回收率，同时对由于回收率低所造成的偏差进行必要的处理。

第二，邮寄调查法的回收期长。在几种调查方法中，邮寄调查法所花费的时间是最长的，因此该方法只适用于那些对时效性要求不高的调查项目。

第三，邮寄调查法进行时，容易产生理解差错。由于在进行邮寄调查法时，市场调查人员并不在现场，因此填答问卷的质量难以控制。被调查者可能不能理解问卷中专业性的问题，而并没有市场调查人员对此加以解释说明，则会影响回答质量。同时，被调查者可能会找他人代为回答，或没有填完全部问题就停止了问卷的填写，这些都将影响数据的质量。

第四，在应用邮寄调查法时，调查对象会受到限制。邮寄调查的最大限制之一是被调查者必须有较高的文化程度或是某个领域的专家等。

同步案例

美国强生集团股份有限公司的邮寄调查

美国强生集团股份有限公司是一家国际知名的婴儿用品生产公司。该公司想利用其在婴儿用品市场的高知名度来开发婴儿用的阿司匹林，但不知市场的接受程度如何。由于强生公司有一些关系较好的市场调查样本群体，且问题比较简单，但需要由被调查者做出解释，故决定采用费用低的邮寄方法进行市场调查，通过邮寄调查法的调查分析，强生公司得出了这样一个结论：该公司的产品被消费者一致认为是温和的（这种反应与强生公司所做广告的宣传效果是一致的），但温和并不是人们对婴儿阿司匹林的期望。相反，许多人认为温和的阿司匹林可能不具有很好的疗效。为此，强生公司认为如果开发这种新产品，并做出适合于该产品的宣传就会损坏公司的整体形象，公司多年的努力也将付之东流；如果按以往的形象做出宣传又无法打开市场，因此强生公司最终决定放弃这种产品的开发。

资料来源：https://wenkubaidu.com/view/cf17567619137117153d049649b660ec1.html.

4. *留置问卷调查法*

留置问卷调查法是介于邮寄调查法和面访调查法之间的一种方法，它综合了邮寄调查法由于匿名性而保密性强和面访调查法回收率高的优点。具体的做法是：由市场调查人员按面访的方式找到被调查者，说明调查目的和填写要求后，由其自行填写，并由市场调查人员定期收回，借以收集市场信息资料。留置问卷调查法的关键之一是保证匿名性。

留置问卷调查法的应用较广。例如：一些旅游业连锁店或酒店等会将调查问卷置于客人的房间里，并请他们填完后交到结账柜台；一些商店有时会对消费者的习惯、购买意向或意见建议等做简短调查，顾客可以在家里完成后在下一次购物时带来，作为鼓励，有时商店会赠送一件小礼物给被调查者。

以上四种访问调查法的特点的比较详见表3-1。

表3-1 四种访问调查法的特点的比较

调查方法	面访调查法	电话调查法	邮寄调查法	留置问卷调查法
调查范围	较窄	较广	广	较窄
调查对象	可控、可选	可控、可选	一般	可控、可选
影响回答因素	能了解、控制和判断	无法了解、控制和判断	无法了解、控制和判断	无法了解、控制和判断
回收率	高	较高	较低	较高

续前表

调查方法	面访调查法	电话调查法	邮寄调查法	留置问卷调查法
灵活性	强	较强	弱	强
复杂程度	复杂	简单	较复杂	复杂
速度	可快可慢	最快	慢	较慢
准确性	最高	较高	较低	高
平均费用	高	较低	低	较高

(四) 实施访问调查法的程序

在遵守市场调查一般程序的条件下，市场调查人员还应根据访问调查法的特点，制定出访问调查法的具体程序。

1. 访问的准备

访问的准备工作首先要根据研究的目的和市场的具体情况选择适当的访问类型，主要是决定用标准化访问还是用非标准化访问。若采用标准化访问，必须有统一设计的访问问卷；若采用非标准化访问，则需设计出访问提纲。

由于访问是在市场调查人员与被调查者之间实施的，对被调查者的选择是否恰当，就成为一个对调查有重大影响的问题。在不同的访问类型中选择访问对象的方法是不同的，由于标准化访问多与抽样调查结合起来应用，因此一般是按随机原则选择被调查者，以保证其客观性，以便于进行资料整理和分析；非标准化访问大多与典型调查、重点调查或个案调查结合起来应用，选择被调查者时应符合这些调查方式的要求。

访问的准备还应明确落实一些具体问题。如落实访谈的时间、地点；安排好市场调查人员的访问工作量；准备好访问工具，包括调查表或调查卡片、访问问卷、录音机、笔、纸等；还应对访问中可能出现的问题进行充分的估计，并想好相应的对策。

2. 进入访问

在市场调查的实际工作中，市场调查人员有必要与被调查对象所在的省、市、区、街道、县、乡、村委会等行政机构建立联系，以便得到允许或支持。尤其是以消费者家庭为调查单位的市场调查，需要深入到居民住户中去，如果没有社区行政机构的协助，往往不易得到居民的理解和配合。在较大规模的市场调查中，最好能由行政管理部门人员与市场调查人员一起向群众说明调查的目的和意义，对群众提出适当的要求，这样比单纯地由市场调查人员去组织调查要好得多。若市场调查的内容与生产企业的生产活动、营销企业的经营活动、行政区的管理活动联系紧密，是不可缺少的资料，那么市场调查就可能得到各级领导的支持，如在人力、物力方面的大力协助等。

进入访问是访问调查的开端，市场调查人员要尽快地接近、熟悉被调查者，目的是使被调查者产生回答提问的动机，做好回答问题的准备。

3. 实施访问

实施访问主要是指市场调查人员向被调查者提问，这是市场访问调查的中心环节，是取得市场现象有关资料的关键。在此过程中，市场调查人员围绕实质性问题进行提问，以功能性问题做辅助。提问的方式可根据调查的目的和被调查对象的特点灵活选取。与此同时，市场调查人员必须应用提问、引导、追问和非语言因素等手段对访问进行控制。同时，应在此过程中做好访问记录。访问记录是将被调查者的口头问答记载在某种物质载体上，以此作为市场调查所获得的资料。根据不同的访问类型，访问记录会有所不同。

标准化访问的记录一般比较简单。由于在设计访问问卷时已将如何记录的问题考虑在内，因此市场调查人员只要按事先设计好的问卷、表格或卡片和统一规定的记录符号将被调查者的问答记录下来就可以了。

非标准化访问记录较标准化访问难度大一些。由于访问中的说话速度都比较快，通常对市场调查人员的记录水平有比较高的要求。为了使记录工作不影响市场调查人员的正常访问，经常采用两个市场调查人员为一组的方法，一位主要负责提问，另一位主要负责记录。这种当场记录的优点非常突出，所记录的资料一般比较完整客观，如果没记下来还可重复提问，及时补上。而事后记录往往不能完全做到这点。

非标准化访问记录的内容，可以采取详细记录或重点记录等方法。详细记录是将被调查者的回答逐句记录，这种完整的记录可以充分反映访问的过程，取得一手资料，但它要求市场调查人员掌握速记方法。重点记录是将被调查者回答的重点内容记录下来，可以记要点，记录被调查者回答的主要事实、经验、教训、观点、意见、建议等；也可以记特点，记录诸多的被调查者回答的特点，以避免过多的重复记录；还可以记疑点，即将被调查者回答中有疑问之处记下来，以便进行追问；此外，市场调查人员还可记录一些自己在访问中的感受、设想、发现等，以便在整理和分析资料及研究市场时把这些设想、发现考虑在内，否则时过境迁，一些很好的想法可能会被遗忘掉。非标准化访问在有必要和有条件的情况下也可采取录音形式，使市场调查人员全神贯注于访问，而不必考虑记录速度和记录的详尽程度等问题。

由于访问记录是原始资料，是研究市场的依据，因此要特别注意它的准确性和可靠性。一方面要注意记录中不发生笔误，另一方面可以采取给被调查者读一遍的方法，以进行核对修改和补充。对于访问中没听清或没听明白的回答，一定不要按自己的主观设想编出内容记录下来，最好用引导或追问的方法请被调查者回答得更明确，这样才能保证记录内容的客观性。

4. 结束访问

访问过程的最后环节就是结束访问。访问的结束应做到适可而止，善始善终。访问要做到适可而止，就是以实质性内容调查完毕、占用被调查者时间不能过长为基本点，即做到对调查双方都有利。访问结束时可以提出“您是否还有需要补充的?”“我是否忽视了什么内容?”等问题，这样使访问的结束比较自然。还应对被调查者的回答表示感谢，用“占用了您的时间，谢谢您的合作”等语言表达谢意，使得访问做到善始善终。这样既做到了圆满地完成本次访问，又为以后的市场调查打下了基础。结束访问与访问过程一样，都要注意语言的艺术性。

结束访问中比较难处理的问题是，实质性问题还未提完，而被调查者已经兴趣索然，或由于时间过长双方都已疲倦，访问继续下去有困难。在这种情况下，市场调查人员应该冷静，尽量争取一次完成访问，也可进行再次访问解决留下的问题。

三、运用观察调查法

（一）观察调查法的含义

观察调查法又称观察法，是指观察者根据特定的研究目的，利用感觉器官和其他科学手段，有组织、有计划地对研究对象进行考察，以取得研究所需资料的方法。观察法不直接向被调查者提问，而是从旁观察被调查者的行动、反应和感受。

（二）观察调查法的优缺点

1. 观察调查法的优点

(1) 实施简便易行。观察调查法灵活性较强，观察者可随时随地进行调查，对现场发生的现象进行观察和记录，通过一些影像手段，还可以如实反映或记录现场的特殊环境和事实。

(2) 过程排除干扰。调查人员不会受到被调查者回答意愿、回答能力问题的困扰。特别在非参与观察的情况下，调查人员不需和被调查者进行语言交流，可以排除语言交流、人际交往给调查活动带来的干扰。

(3) 信息直观可靠。观察调查法可以在被观察者不知情的情况下进行，避免了对被调查者的影响，被调查者的行为能够保持正常的活动规律，所观察到的信息客观准确、真实可靠。

2. 观察调查法的缺点

(1) 耗时过长导致调查成本提高。在实践中，一些特殊的调查项目需要大量观察员进行多次、反复的观察，调查费用随之提高，有时还需要一些特定环境的设计，也会出现调查时间的延长。

(2) 只看表象致使观察深度不够。观察调查法只能观察表面资料，不能了解一些市场因素发生变化的内在原因，因而观察的深度往往不够。

(3) 人员素质引发观察结论误差。观察调查法对观察人员素质提出了较高的要求。观察者必须具备熟练的市场营销知识和操作技能、敏锐的观察力、必要的心理学知识和良好的道德规范。在进行观察时，人的因素非常关键，观察者的素质不同，观察的结果也不同，易产生观察者误差。

（三）观察调查法的基本类型

一般情况下，按照不同的划分标准，可将观察调查法分为人员观察调查法、仪器观察调查法和痕迹观察调查法。

1. 人员观察调查法

人员观察调查法是指市场调查人员没有借助任何仪器工具，直接进入所调查的情景之中，通过自身感觉器官来收集、记录有关资料的调查方法。市场调查人员直接到销售现场（商场、超市和展销会等）、商品使用现场以及供应厂家现场等，通过视觉观察行为、听觉观察声音、嗅觉观察气味、味觉观察味道以及触觉观察形态，进行实地观察，收集有关信息。

（1）公开观察。公开观察是市场调查人员在调查地点公开对被调查者进行观察，让被调查者意识到有人在观察自己的言行。超级市场的经营者可以通过公开观察来记录客流量，统计客流规律和商店购买人次，以此为依据进行商店的选址或重新设计商品的陈列和布局等。

同步案例

公开观察实例研究

某袜厂生产的袜子每 10 双一包，采用 3∶3∶4 的比例配装三种不同颜色的袜子，但这种以比例配装法装的袜子在一些地区并不畅销。为了了解各地消费者对袜子颜色的偏好，该厂指派人员在主要街道上观察行人袜子的颜色，并做好记录，按照记录所得的比例，调整每包袜子的颜色比例。最后，扩大了袜子在该地区的销售量。

某超级市场的入口处，通常陈列着厂家来推销的新产品或者商店要推销的季节性商品，消费者走进商店时，多半会驻足观看甚至选购这些商品。市场调查人员可以利用这一机会，观察和收集消费者对新产品或季节性产品的注意力以及购买情况的资料。

某家皮鞋厂派几名调查员分别到几家商场的皮鞋柜台，直接查看消费者喜欢哪些款式的皮鞋，试穿最多的是什么款式与颜色，不同年龄层在款式选择上的差异等，统计出消费者的“购买成交单”，并做好记录，按照记录所得比例，调整了皮鞋的产品结构，扩大了销售量。

某皮鞋制造商生产的皮鞋，各个方面都不尽如人意，销路不畅。于是，市场调查人员就每天到飞机场附近给外国旅行者擦皮鞋。在擦皮鞋的过程中，调查人员仔细观察皮鞋的品牌、质地、皮革质量、性质和皮鞋的缝制技术等。很快，该皮鞋制造商掌握了外国名牌皮鞋的制造技术和标准，改进了公司的产品质量，最终该皮鞋公司的产品成为该市场的畅销品。

以上皆是公开观察在市场调查中的实际运用。

资料来源：https://maxbookl18com/htm/2016/12277573258shtm.

（2）神秘购物者观察。神秘购物者观察，也称隐蔽观察，是指经过相关培训或指导的市场调查人员以匿名的潜在消费者或真实消费者的身份，介入整个活动之中，对某种或多种服务的质量和过程进行真实的体验和评价，最后以填写观察表和书写观察报告的形式反馈其消费体验的一种市场调查方法。神秘购物者观察多被应用在：

1）观察购物环境。如店内布局与装饰、商品陈列、货架摆放、通道宽窄、文化氛围，以及顾客对购物环境的评价等。

2）了解服务质量。神秘购物者进入要调查的商场或超市，可买也可不买商品，买了也可退货，退了货还可再买；可以向营业员询问各种与购物有关的产品问题，借以了解服务质量。

3）观察消费者的购买行为。神秘购物者与消费者一起选购商品，可以观察消费者购买商品的品牌、品种和数量，倾听他们对不同产品的评价，并观察他们选购商品所关注的要素等。

4）了解同类产品的市场情况。神秘购物者可以在特定的柜台前观察同类产品的陈列品种、价格定位，消费者的购买选择和评议，并向营业员询问各种与购物有关的问题，借以获取有关信息。

同步案例

东芝洗衣机的升级

观察法在日本深受重视，如东芝在推广家电产品给日本国内的消费者时，就曾经使用观察法来观察市场变化。东芝新产品的设计者在观察中发现，越来越多的日本家庭主妇加入就业大军，洗衣服不得不在早上或晚上进行，这样噪声就成了一个问题。为此东芝设计出一种低噪声的洗衣机并打入市场。

在开发这种低噪声产品时，他们还在观察中发现，当时的衣服已经不像以前那么脏了，许多日本人洗衣的观念也改变了。以前是衣服脏了才洗，而后来是衣服穿过了就要洗，以获得新鲜的感觉。由于洗得勤，衣服有时难以晾干。由于他们在观察中认识到女性生活风格的这种转变，便推出了烘干机。后来又发现大多数消费者的生活空间有限，继而发明了洗衣烘干二合一的洗衣机，结果产品销量大增。

资料来源：htps://wenku. baidu. com/view/509971583567ec102d8adf. html.

目前，神秘购物者观察被广泛应用于电信、银行、汽车、食品、餐饮、医院、旅游和运输等服务性行业。神秘购物者观察有四种不同的基本形式，每种形式可收集不同深度和类型的信息。

第一，神秘购物者打神秘电话。在这种方法中，神秘购物者给消费者打电话，并根据电话内容估计消费者所接受的服务水平，继而与其进行一番照本宣科式的谈话。

第二，神秘购物者参观某个展览并快速地购买东西，消费者与服务人员之间不需要过多或完全不需要沟通。在这种方法中，神秘购物者通过购物对交易场所的形象和交易能力进行评估。

第三，神秘购物者造访某企业，用事先准备好的手稿或方案与服务或销售代表谈话，并不包含真正的购买行为，如与销售代表讨论手提电话的不同包装等。

第四，神秘购物者进行一次需要高超交流技艺和对此产品有丰富知识的访问，比如讨论家庭贷款购买新车的过程等。

同步案例

走进神秘购物者

我是纽约 SRRSE 神秘购物公司的一员。我的工作就是做个神秘购物者。根据规定，我每天至少得上街“购物”一次，每次的报酬为 15 美元，每周工作 40 个小时，一年收入大约 1 万美元，这一收入还不包括免费的日用品、就餐和周末的度假花销。在常人看来，干这行很潇洒、浪漫，不就是轻轻松松吃喝玩乐嘛！事实上，每次“购物消费”都是一种紧张而又刺激的经历，简直就跟“间谍”似的。

有一家饭店经理抱怨最近消费者明显减少，于是我应邀去那家著名餐馆“用餐”。点了几个法国菜和主食后，我就开始频频看表，计算从服务员拿走菜单到上菜到底花了多少时间。这还不算，还得顺带观察饭店里的卫生情况，甚至连一些细节也绝不放过。比如我看到自己坐的那张餐桌上，尽管放着盛话梅之类的开胃小零食的碟子，可早就空空的。我将这一切默默地记录下来。再看看手表，已经过去很长一段时间，我点的饭菜还没上来。我明白了该店生意不好的主要原因之一就是让顾客等候的时间太长。回去后我将自己在饭店的所见所闻归纳写成报告，并提出改进建议，交给了这家饭店的经理。

另一家快餐店的老板说，最近订餐的消费者大为减少，于是请我们公司调查一下，我又出马了。我立即开车奔向饭店经常送餐的目的地，边驾车边看表。看看那段路程正常行车需要花多长时间。然后，我又向那家快餐店订购了一份快餐。经过几次比较，我发现快餐店送餐的时间比我自己开车所花的时间长了许多。让消费者饿着肚子等待的结果肯定就是失去客源，这就是问题所在。

还有一次，我受领了一个很棘手的任务，暗中了解一家婚礼承包商在价格和服务上是否有欺诈的行为。为此，我冒充婚礼的来宾，到纽约著名的希尔顿大酒店参加热闹的婚礼招待会。当时我觉得混迹其中简直让人受不了，神经总是绷得紧紧的，生怕“穿帮”。不能对任何人讲话，甚至连眼神对视也要尽量避免，虽然这次侦察行动有一定难度，但我还是设法收集到了婚礼承包商在价格上欺诈消费者的有力证据。

资料来源：http://max. book18com/html/2017/0702/1197358978shtm.

2. 仪器观察调查法

在自然条件下，仅凭市场调查人员的注意力和记忆力是难以完整记录下消费者复杂的行为活动的，加之观察结果容易受市场调查人员个人的态度、观念和周边具体环境的影响，即使市场调查人员有着较高的专业水平，其观察结果也难免受各种因素的影响。所以，现代运用这种方法，要借助于先进的记录工具，如录音、录像、照相等器材。仪器观察调查法即利用录像机、监视器、单向镜、生理测量器等进行行为记录以收集有关资料。这种方法的优点是收集的资料真实、原始；缺点是只能得到表面资料，欲深入了解其原因、动机还需借助其他方法进行进一步的研究。

(1) 利用录像机、监视器。

1) 收视计数器。美国 AC 尼尔森公司抽样挑出 2 000 户有代表性的家庭作为被调查者，并为这 2 000 户家庭各安装了一个收视计数器。当被调查者打开电视机时，计数器自动提醒收视者输入收视时间、收视人数、收看频道和节目等数据，所输入的数据通过电话线传到公司的电脑中心，再由 AC 尼尔森公司的市场调查人员对电脑记录的数据进行整理和分析。

2) 条码扫描器。利用条码扫描器对商品条形码做记录也是一种普遍应用的市场调查法。例如：商店经营者可以借助条码扫描器的记录对该商店的促销活动进行调查，以了解消费者对降价活动的反应以及降价活动对公司利润的影响。

(2) 单向镜观察法。是指在有一间带单向镜的观察室中，委托人打开单向镜观察小组讨论的情况。例如：新产品开发经理能够观察到当主持人展示各种不同的包装类型时消费者的反应。委托人也能观察到当消费者说话时他们所流露出的感情色彩，近年来，告知参与者正在采用单向镜并向他们解释谁在另外一间房间观看以及观看的原因，已经成为一种趋势。

(3) 生理测量法。通过机器来测量人体受到某些刺激会出现的各种反应，以收集原始资料的方法。

1) 视向测定仪，又叫眼睛照相机，它可以在一秒钟内拍摄人的 16 个视线动作，用于探测被测试者对广告的反应。它可以记录被测试者注视广告作品时，眼球移动的时间长短和顺序，检测广告作品引人注目的程度、被测试者感兴趣的部分及其视觉流程路线的轨迹。

2) 电位法，又称测谎仪法。其原理为：当人们看到某种产品时，心理会产生某些变化，即某种程度的兴奋、感动或紧张、恐惧等。随着人的感情的变化，人体出汗情况也会发生相应的变化，因此可以通过对人体出汗情况的测定来描述人的感情的变化。

这种方法最大的优点就是被测试者无法控制的或无意识的反应，被毫无保留地记录下来。但考虑到各人出汗情况不同，因此需要事先分别测定其体质，以避免偏差。同时需要辅以其他测定方法，以确定其所受冲击是好的还是坏的。这种方法不仅可以用于文案测试，还可用于某些效果测定。

3) 瞳孔测验。人的瞳孔受到光的刺激时会缩小，受到黑暗的刺激时则张大，运用这种原理将某些被测试的物品摆在被测试者面前，被测试者若对测试物品有兴趣，瞳孔就会张大，反之则不变或变小。可以借助机械将瞳孔伸缩情况测出并加以统计，以测定瞳孔张大与趣味反应之间的关系。该法一般用于广告或商品吸引力效果的测定。

4）阅读器。阅读器是由 Pretesting 公司发明的，这种仪器看起来就像一盏台灯，被测试者坐在阅读器前不会意识到他的行为已经被记录下来了。阅读器是一种全自动装置，使用阅读器进行观察时，被观察者可以阅读任何大小的杂志或报纸。阅读器及其特别设计的隐藏式照相机，能够记录被观察者的阅读习惯和使用广告的效果等方面的信息。一项基于阅读器观察法的调查结果发现：近 40%的读者不是从杂志的后面开始阅读，就是从感兴趣的文章或广告开始阅读，只有不到一半的读者是从杂志的第一页开始读起。在一般的杂志中，只有大约 35%的广告受到了不到 2 秒钟的自动注意。许多产品（如化妆品和服装）品牌名称混淆率超过了 50%。

同步案例

儿童玩具的上市

美国有一家玩具工厂，为了选择出一款畅销的玩具娃娃品种，就使用了观察调查法来帮助他们决策。他们先设计出 10 种玩具娃娃，放在一间屋子里，请来小孩做决策。每次放入一个小孩，让她玩“娃娃”，在无拘束的气氛下看这个小孩喜欢的是哪种玩具。为了求真，这一切都是在不受他人干涉的情况下进行的。如此通过对三百个孩子做调查，最后决定生产何种样式的玩具娃娃。

资料来源：https://max.book118.com/html/2016/1214/72068369.shtm.

3. 痕迹观察调查法

痕迹观察调查法是指市场调查人员通过一定的途径来了解调查对象的痕迹和行为，以达到收集有关市场资料的目的。例如：可以通过观察商城商品陈列物品上的灰尘来研究哪些商品不受欢迎；可以根据一页纸上不同指纹的数目来衡量杂志中不同广告的读者人数；可以根据一个停车场内汽车的车龄和车况来评价消费者的富裕程度；可以根据互联网访问者留下的踪迹来分析访问者浏览和使用互联网的行为。虽然痕迹观察调查法已经被创造性地应用，但是也存在局限性，由于数据经常不完整，因此为了分析不得不做出一些假设。

同步案例

痕迹观察调查法实例（1）

美国人类学教授雷兹通过对垃圾进行分析来研究人们的消费情况。他说：“垃圾袋绝不会说谎，什么样的人就丢什么样的垃圾。”他和助手通过对土桑市的垃圾进行研究，获得了有关当地食品消费的信息，得出了以下结论：

(1) 劳动者阶层所喝的进口啤酒，比收入高的阶层多。

(2) 中产阶层比其他阶层浪费的食物更多（双职工都要上班且很忙，没有时间处理），其中浪费的食物中有 15%是可以吃的好食品。

(3) 减肥清凉饮料与压榨的橘子汁是高收入人士所青睐的两类消费品。

资料来源：https://wenku.baidu.com/view/d5ad54272caedd3383c4d374.html.

痕迹观察调查法实例（2）

美国菜市场研究机构的研究人员，通过分析人们家中垃圾箱里垃圾的成分，研究人们的日常消费情况，比如消费的产品种类、品牌以及消耗量。研究得出了许多有趣的结论。例如：穷人与富人食用肉类以及牛奶的数量相当；与富人相比，穷人需要更多的维生素、家用清洁剂、儿童玩具以及书籍。夏季里从垃圾桶内的丢弃物中观察冷饮包装纸的品牌可以得知什么品牌的冷饮在该地销路好；从废的易拉罐的分类整理中可以得知什么品牌的啤酒、饮料在该地销路好；从损坏的玩具中可以区分出玩具的什么部位最容易被儿童弄坏，以便在新设计的产品中加以改进。

资料来源：http://www.doc88.com/p-8887870.html.

(四) 观察调查法的实施步骤

要使观察调查法获得成功，必须做到有目的、有计划、有步骤地进行科学观察，一般来说，观察调查法大致要经历以下几个步骤。

1. 制定观察计划

观察计划包括观察的任务、方法、手段、时间、地点、观察提纲、观察问卷、选择和培训观察员、经费的来源与开支以及如何进行观察员培训、观察的注意事项、观察资料整理分析的方法等内容。这些计划内容均要具体明确，以便统一方法、统一口径、统一行动，减少调查误差，提高观察调查的准确性。

2. 制定观察提纲和观察问卷

观察提纲和观察问卷主要包括观察内容、观察时间、观察地点、观察对象、观察者的注意事项、观察变量和指针的说明、观察结果的填写方式等内容。制定观察提纲和观察问卷一定要做到简明扼要。

3. 选择和培训观察者

观察者是观察调查法的执行者，是观察调查法成败的关键，因此，要求观察者具有敏锐的观察力和明察秋毫的素质。在选择和培训观察者时，应着重考虑他们的观察能力和心理素质等方面的内容，以保证他们在观察调查时的一致性和准确性。

4. 实地观察收集资料

这一步骤是观察调查法的重点。观察者首先要获准进入观察现场；其次要同观察对象搞好关系，建立相互信任感；最后要运用各种方法进行观察，收集资料，包括选择最佳观察点，选择特定的方法记录结果，如是否要在观察时记录，是否用机械装置，是否要让被调查者知道，以及选择要观察活动的特征等。

5. 整理和分析观察资料

观察者带着对市场现象的观察资料退出现场后，就要进入市场调查资料的整理分析阶段。对观察所取得的资料进行科学的整理，利用整理后的资料对市场做出深入的分析研究，得出结论，写出市场调查报告。

（五）观察调查法的常用记录技术

在采用观察调查法时，应注意采用适当的记录技术，记录技术的好坏直接影响调查结果。良好的记录技术，能准确、及时、全面地记录转瞬即逝的信息及市场变化的情况，同时可以减轻观察者的工作，加快工作进程。常用的记录技术主要有观察卡片、速记、符号、记忆和机械记录。

1. 观察卡片

观察卡片又称观察表，是为了完成观察任务而特制的一种记录观察内容的卡片。在制作观察卡片时，应根据观察内容列出所有项目，去掉那些非重点的、无关紧要的项目，保留重要的、能说明问题的项目，列出每个项目可能出现的各种情况，合理编排，通过小规模的观察来检验卡片的针对性、合理性和有效性，以修正卡片，定稿后印制成观察时使用的卡片。如表 3-2 是某商场为观察购买者的行为而制作的顾客流量购物金额的观察卡片。

表 3-2　顾客流量及购物金额观察卡片

被观察单位：　　　　观察时间：______年_____月_____日_____时至______时

	进向	出向
人数		
购物金额		

2. 速记

速记是指用一套简便易写的线段、圈点等符号系统来代表文字，迅速地记录观察中遇到的各种情况的一种记录方法。

3. 符号

符号是指用符号代表在观察中出现的各种情况，在记录时，只需根据所出现的情况记录相应的符号，或在事先写好的符号上圈写即可，不需要文字的叙述，这样的符号方式可以加快记录观察的速度，避免因手忙脚乱出错，而且也便于资料的整理。

4. 记忆

记忆是指在观察调查中，采取事后追忆方式进行的记录，通常用于调查时间紧迫或不宜现场记录的情况。由于人的大脑不可能准确无误地储存很多信息，因此在使用这种方法时，必须抓住要点记忆，提纲挈领，事后及时进行记录。记忆虽然可以免除被调查者的顾虑，但可能会遗忘一些重要的信息。

5. 机械记录

机械记录是指在观察调查中运用录音、录像、照相、各种仪器等手段进行的记忆。这种记录方法能详尽地记录所要观察的事实，免去观察者的心理负担，但容易引起被调查者的顾虑，使调查记录的真实性受到影响。

四、运用实验调查法

同步案例

咖啡杯的市场调查

美国某公司准备改进咖啡杯的设计，为此进行了实验室实验。

首先，进行咖啡杯选形调查，他们设计了多种咖啡杯，让 500 个家庭主妇进行观摩评选，研究主妇们用干手拿杯子时，哪个形状好；用湿手拿杯子时，哪一种不易滑落。调查研究结果为选用四方长腰果形杯子。其次，他们利用各种颜色会使人产生不同感觉的特点，通过调查实验，选择了颜色最适合的咖啡杯。他们请了 30 多人，让他们每人各喝 4 杯相同浓度的咖啡，但是咖啡杯的颜色则分别为咖啡色、青色、黄色和红色 4 种。试饮的结果是：使用咖啡色杯子的人认为“太浓了”的人数占 2/3，使用青色杯子的人都异口同声地说“太淡了”，使用黄色杯子的人都说“不浓，正好”，而使用红色杯子的 10 人中竟有 9 人说“太浓了”。根据这一调查结果，公司咖啡店的杯子以后一律改用红色。该店借助于颜色，既可以节约咖啡原料，又能使绝大多数顾客感到满意。结果这种咖啡杯投入市场后，与市场上的通用公司的产品展开激烈竞争，结果以销售量比对方多两倍的优势取得了胜利。

资料来源：https://wenku.baidu.com/view/221377330b4c2e3f57276317.html.

（一）实验调查法的含义

实验调查法是指市场调查者有目的、有意识地改变或控制一个或几个市场影响因素来观察市场现象和在这些因素影响下的变动情况，以认识市场现象的本质特征和发展规律的一种实地调查法。实验调查法在市场调查中有比较广泛的应用。一种产品在进入市场或改变包装、价格、广告、陈列方法等因素前，均可先做一个小规模的实验，如包装对产品销量的影响，广告对品牌态度、品牌偏好的影响等，然后再决定是否需要大规模地推广。简单地说，实验调查法就是市场调查人员有意识地改变变量 A，然后观察变量 B 是否随着变量 A 变化。如果变量 B 随着变量 A 的变化而变化，就说明变量 A 对变量 B 有影响。

同步案例

自动洗碗机如何打入市场

自动洗碗机是一种先进的厨用电器。然而，当美国通用电气公司率先推出自动洗碗机时，等待它的却是“门前冷落车马稀”。公司的市场营销部门提出一个新的营销方案，将销售对象由普通消费者转向住宅建筑商。通用电气公司和建筑商共同做了一次市场实验：在同一地区，对居住环境、建造标准相同的一些住宅，一部分安装了自动洗碗机的房子很快卖出去或租出去了，售出进度比未安装自动洗碗机的房子平均要快两个月。当所有的新建住房都希望安装自动洗碗机时，自动洗碗机也迎来了“柳暗花明又一村”的局面。

资料来源：https://www.docin.com/p-85597629.html.

（二）实验调查法的优缺点

1. 实验调查法的优点

（1）实验调查法可以探索不明确的因果关系。运用此法可在实验过程中探索、总结各种因素及其可能产生的结果。

（2）实验调查法具有较强的可控性和主动性。运用此法可以主动改变某些变量，从而观察各种因素之间的相互关系，这是其他调查方法无法做到的。

（3）实验调查法具有可重复性。一般情况下，只要实验者经过专业的训练，都可以运用此方法进行实验，同时不受实验者主观偏见的影响，不同的实验者得到的结论可以完全一致，可信度较高。

（4）实验调查法得到的结果的客观性和实用性较强。此法是一种在真实的或模拟真实的环境下的具体调查方法。其结果一般来说是客观的，而且其结果具有较大推广实用性。

（5）实验调查法得到的结果是结构化的，可以进行各种统计分析。

（6）实验调查法得出的结论有较强的说服力。在实验单位、实验变量、实验设计和实验环境都基本相同的情况下，不管谁来实验，也不管在何时、何地进行实验，结果大致是相同的，这说明实验是可以重复的，故有较强的说服力。

2. 实验调查法的缺点

（1）实验调查法对非因果关系的社会经济现象不能进行分析研究。

（2）实验调查法所耗时间较长、费用较高。由于影响环境的因素是多种多样的，要想比较准确地掌握环境，需做多组实验，综合分析，才能真正掌握因果变量之间的关系。

（3）实验调查法的管理控制较困难。首先，难以选择一个主客观条件均相同或相似的“比较市场”，即对照组，从而使实验调查法的操作有一定的难度。其次，在实验过程中不能影响实验对象所处环境的日常工作，如批发商、零售商的日常工作，并且还要考虑外来因素的影响，所以控制起来比较困难。

（4）实验调查法的保密性较差。如果是现场实验，则保密性较差，研究计划容易暴露，竞争对手可能会有意破坏现场。

（5）使用实验调查法时，具有一定的时间限制。影响环境的因素会由于其他干扰因素的变化而发生变化，所以实验结果用于实际推广时常常受到一定的时间限制。

同步案例

日本环球时装公司的市场调查

日本服装业之首的环球时装公司，由20世纪60年代创业时的零售企业发展成为日本有代表性的大型企业，靠的主要是第一手“活情报”。他们在全国81个城市顾客集中的车站、繁华街道开设侦探性专营店，陈列公司所有产品，给顾客以综合印象，售货员主要任务为观察顾客采购动向；事业部每周安排一天时间全员出动，3人一组、5人一群，分散到各地调查，有的甚至到竞争对手的商店观察顾客情绪，向售货员了解情况，找店主聊天，调查结束后，当晚回到公司进行讨论，分析顾客消费动向，提出改进工作的新措施。全国经销该公司时装的专营店和兼营店均制有顾客登记卡，详细地记载每一个顾客的年龄、性别、体重、身高、体型、肤色、发色、兴趣、嗜好、健康状况、家庭成员、家庭收入，以及使用什么化妆品，常去哪家理发店和现时穿着及家中存衣的详细情况。这些卡片通过信息网络储存在公司信息中心，只要根据卡片就能判断顾客眼下想买什么时装，今后有可能添置什么时装。

资料来源：https://wenku.baidu.com/view/37a09f5e312b3169a451a47d.html.

（三）实验调查法的设计类型

1. 实验前后无控制对比实验

通过记录观察对象在实验前后的结果，了解实验变化的效果。观察对象只有一个实验单位，实验因子也只有一个。例如：某企业生产A、B、C三种产品，企业打算提高A产品价格，以刺激B、C两种产品的市场需求。在特定的商场实验一个月，实验前后均统计一个月的产品销售量，结果如表3-3所示。实验测试表明，A产品提价后，销售量下降1 000件，但B、C两种产品销售量分别增加了1 200件和1 000件，表明A产品提价，对

B、C两种产品的销售具有刺激作用，故A产品价格调整是成功的。

表3-3 ABC产品销售实验统计

产品	销售价格（元）		销售量（件）		销售变动（件）
	实验前	实验后	实验前	实验后	
A	80	100	3 000	2 000	−1 000
B	90	90	2 000	3 200	1 200
C	95	95	1 800	2 800	1 000
合计	—	—	6 800	8 000	1 200

2. 实验前后有控制对比实验

设置控制组和实验组，控制组和实验组的条件应大体相同，控制组在实验前后均经销原产品，实验组在实验前后均经销新产品，然后对实验前后的观察数据进行处理，得出实验结果。例如：某食品公司欲测定改进巧克力包装的市场效果，选定A、B、C家超市作为实验组，经销新包装巧克力，D、E、F为控制组，经销旧包装巧克力，实验期为1个月。实验前后1个月的销售量统计如表3-4所示。

表3-4 巧克力新包装销售实验统计

单位：盒

组别	实验前销量	实验后销量	变动量
实验组	2 000（新）	3 200（新）	1 200
控制组	2 000（旧）	2 400（旧）	400

实验前后对比新包装巧克力销售增加了1 200盒，控制组在实验前后旧包装巧克力销售增加了400盒，实验效果为1 200−400=800（盒），即巧克力采用新包装有利于扩大销售。

3. 控制组与实验组连续对比实验

为了消除非实验因素的影响，可采用控制组与实验组连续对比实验。控制组在实验前后均经销原产品，实验组在实验前经销原产品，实验期间经销新产品，然后通过数据处理得出实验结果。

例如：某企业拟测试某种糖果新包装的市场效果，选择A、B、C三家商场为实验组，D、E、F三家商场为控制组，实验期为1个月，其销售量统计如表3-5所示。

表3-5 糖果新包装销售实验统计

单位：吨

组别	实验前	实验后	变动量
实验组	7.50（原包装）	10.18（新包装）	2.68
控制组	7.38（原包装）	8.13（原包装）	0.75

实验组的新包装糖果比原包装糖果在实验前后增加了2.68吨，扣除控制组增加的0.75吨和实验前两组的差异0.12吨，实验结果表明新包装糖果比原包装销量增加了1.81吨，新包装的市场效果是显著的。

4. 单因子随机实验

单因子随机实验涉及的因子只有一个，而这个因子又具有不同的状态或水平，实验的目的在于判断不同的状态或水平是否具有显著的差异，哪种状态或水平的效应最显著，以决定行动的取舍。具体做法是随机抽取实验单位，要求这些实验单位分别对试验因子的不同状态进行特定的实验活动，并记录其结果，通过数据处理和检验得出实验结果。

例如：某广告公司为某企业设计了三套电视广告脚本，欲测试它们的效果，判断哪一套广告脚本效果最好。为此，随机抽取了 15 名消费者，分为 5 组，每组 3 人，每组分别观看电视广告脚本的三套方案，并要求每组对不同广告方案的效果给出评分（百分制）。实验数据整理如表 3-6 所示。

表 3-6　广告脚本方案消费者评分统计

组别	方案Ⅰ	方案Ⅱ	方案Ⅲ
1	70	87	98
2	68	83	92
3	74	86	89
4	68	80	95
5	72	83	88
平均分值	70.4	83.8	92.4
标准差	2.0	2.48	3.72

可以看出三套电视广告脚本方案的消费者评分均值是不同的，方案Ⅰ为 70.4 分，方案Ⅱ为 83.8 分，方案Ⅲ为 92.4 分，同时各样本组对三套方案的评分值均具有一致的倾向性，因此，方案Ⅲ的测试效果最好。在实际应用时，各状态或水平的观察数据往往存在随机性，为了得出更准确的实验结论，还可采用方差分析并做相应的统计检验。

5. 双因子随机实验

这种实验是同时考察两种因子对实验变量（指标）的影响，借以寻找两种因子的最佳组合。如研究不同的广告方案和不同的价格方案这两个因子对产品销售的影响，寻求广告与价格的最佳组合策略，研究不同的产品配方与加工工艺对产品质量的影响，寻找最佳的产品配方与加工工艺组合方案等。

例如：某企业为了测试三种不同的产品包装和三种不同的价格方案对产品销售的影响，选择三家经济条件大体相同的商场进行了为期 2 个月的试销试验，并分别记录了 2 个月的不同包装和不同价格组合的产品销售量，如表 3-7 所示。

表 3-7　产品包装与价格组合试销数据

价格因子 B 包装因子 A	（商场 1） B1	（商场 2） B2	（商场 3） B3	横行平均
A1	264＋300	322＋346	360＋340	322
A2	288＋312	274＋286	290＋314	294
A3	280＋272	326＋342	342＋322	314
纵栏平均	286	316	328	310

从表中数据可以看出产品包装和价格的组合对产品的销售量是有明显影响的，在采用包装方案 A1 和价格方案 B3 时，产品销售量最大（360＋340)/2＝350（件），最优方案为 A1B3。需要说明是，产品包装与价格组合对产品销售量的影响，亦可运用方差分析进行显著性检验。

（四）实验调查法的实施步骤

为了保证实验调查法达到结果快、效果好的目的，必须按照科学的步骤进行，一般要经过如下几个步骤。

1. 根据市场调查课题，提出研究假设

在市场实验调查之前，通过对现象的初步了解和理论分析，提出市场现象之间及与各种影响因素之间的因果关系假设，是进行实验调查的第一步工作。只有提出研究假设，才能确定实验对象、实验环境、实验活动和实验检测的具体内容。提出研究假设应最终确定实验的自变量，根据研究问题的需要和实验对象特点，实验自变量可以是一个，也可以是两个或两个以上。

2. 进行实验设计，确定实验方法

实验设计是指调查者如何控制实验对象，如何开展活动，当然也包括如何进行实验检测。这其中要应用不同的实验方法，从而验证研究假设，达到实验调查的目的。合理科学的实验设计是实验调查成功的关键。

3. 选择实验对象和实验场所

实验调查一般是在较小范围内开展的，这就必须选择适当的实验对象和实验场所。根据调查课题和市场现象的特点，用随机抽样方法或非随机抽样方法选择实验对象和实验场所，实际上就是从市场调查总体中选择调查单位。被选择的调查单位对总体必须有较高的代表性，同时也必须考虑到实验活动的方便程度。

4. 实施实验，收集资料

根据实验设计的规定实施实验，包括实验活动的开展，即开展改变市场现象环境的实验活动，它是通过改变、控制实验自变量来实现的。实施实验还包括对实验结果的认真了解和记录，即实验调查的资料收集工作。实验调查中，实施实验和对实验结果的记录基本上是一个统一的过程，它是各种收集资料的方法综合运用的过程。

5. 整理、分析资料，得出实验结论

在这一步工作中，要充分应用各种研究问题的方法。根据实验记录的资料，做实验检测，主要是用对比方法观察实验活动的效果，并对其进行数量测定。应用统计分析的方法对实验记录进行整理、分析，再加上理论研究方法的应用，最终才能得出实验结论，写出实验调查报告。

根据上述步骤进行实验调查，不但保证了实验调查的顺利进行，同时也是认识市场现象的客观要求。实验调查的步骤，是将认识的一般理论与实验调查的具体特点相结合，在这种方法应用的实践中总结出来的。

五、运用网络调查法

（一）网络调查法的含义

网络调查法是传统调查在新的信息传播媒体上的应用。它是指在互联网上针对调查问题进行调查设计、收集资料及分析咨询等活动。与传统调查方法类似，网络调查也有对一手资料的调查和对二手资料的调查两种方式，即利用互联网直接进行问卷调查，收集一手资料，可称为网上直接调查；或利用互联网的媒体功能，从互联网收集二手资料，称为网上间接调查。

（二）网络调查法的优缺点

1. 网络调查法的优点

（1）调查成本低。实施网上调查节省了传统调查中耗费的大量人力和物力，调查成本低，调查结果更便捷。

（2）调查速度快。网上信息传播速度非常快，如用 E-mail，几分钟就可把问卷发送到各地，问卷的回收也相当快。利用统计分析软件可对调查的结果进行即时统计，整个过程非常迅速。

（3）调查隐匿性好。网络调查的隐匿性较离线调查高，网络调查的这一特点可使被访者在填答问卷时的心理防御机制降至最低程度，从而保证填答内容的真实性，回答问题时更加大胆、坦诚，调查结果可能比传统调查更为客观和真实。

（4）调查具有交互性。这种交互性在网络市场调研中体现在两方面：一是在网上调查时，被访问者可以及时就问卷相关的问题提出自己的看法和建议，可减少因问卷设计不合理而导致的调查结论出现偏差等问题；二是被访问者可以自由地在网上发表自己的看法，同时没有时间的限制。

（5）调查结果的可靠性和客观性。由于网络的特殊性，被调查者容易打消顾虑，真实地回答问题，使调查的可靠性大大提高。同时，网上调查可以避免访问调查时人为错误导致调查结论偏差，从而保证了调查结果的客观性。

（6）调查的可检验性和可控制性。利用网上调研收集信息，可以有效地对采集信息的质量实施系统的检验和控制。这是因为网上市场调查问卷可以附加全面规范的指标解释，有利于消除因对指标理解不清或调查人员解释口径不一而造成的调查偏差；问卷的复核检验由计算机依据设定的检验条件和控制措施自动实施，可以有效地保证对调查问卷 100%

的复核检验，保证检验与控制的客观公正性。

2. 网络调查法的缺点

（1）调查范围受到限制。由于受网络分布影响，从而使调查范围受到限制，资料的代表性只能是有限群体的。

（2）调查结果的准确性不能验证，结果的正确与否很难断定。一方面受被调查者对互联网技术和操作方法的熟练程度影响；另一方面也受被调查者的态度影响，因在访问过程中不被监控，完全取决于自身，如果是漫不经心的回答，资料的准确性必然降低。

（3）调查问卷回收率低。在美国，网络调查问卷的回收率只有 15%，在我国则更低。为了提高回收率，必须对调查问卷的设计技巧提出更高的要求。

（三）网络调查的程序

网络调查的程序与其他调查方法的程序相比有所不同，它的整个调查过程都在互联网的计算机上进行。

具体流程是：先在计算机上进行问卷设计并确定样本，然后将问卷通过电子邮件等形式传递给被调查者，被调查者将问卷在计算机上填好后以同样的形式传递回来，最后调查者在计算机上进行整理分析并报告结果（见图 3－6）。

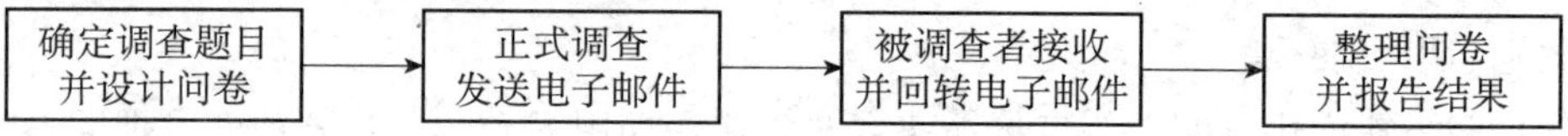

图 3－6 网络调查流程

（四）网络调查的方法

根据调查方法的不同，网络调查法可分为网上问卷调查法、网上讨论法、网上观察法等。

1. 网上问卷调查法

网上问卷调查法是在网上发布问卷，被调查者通过网络填写问卷，完成调查。根据所采用的技术，网上问卷调查一般有两种：一种是站点法，即将问卷放在网络站点上，由访问者自愿填写；另一种是用 E-mail 发送问卷，被调查者收到问卷后，填写问卷，点击“提交”，问卷答案则回到指定的邮箱。被调查者则在填写问卷时甚至不用上网，他们可以将电子邮件下载下来，在发送结果时上线提交即可。电子邮件调查有局限性：问卷的交互性很差，并且数据的处理会很麻烦，每份问卷的答案都是以邮件形式发回，必须重新导入数据库进行处理。网上问卷调查法是最常用的方法，它比较客观、直接，但不能对某些问题做深入的调查和分析。

2. 网上讨论法

网上讨论法可通过多种途径实现，如论坛、即时通信工具、新闻组、网络实时交谈（IRC）、网络会议（Netmeeting）等。主持人在相应的讨论组中发布调查项目，请被调查者参与讨论，发布各自的观点和意见；或是将分散在不同地域的被调查者通过互联网视讯会议功能虚拟地组织起来，在主持人的引导下进行讨论。网上讨论法是小组讨论法在互联网上的应用。它的结果需要主持人加以总结和分析，对信息收集和数据处理的模式设计要求很高，难度较大。

3. 网上观察法

它是对网站的访问情况和网民的网上行为进行观察和监测。大量网站都在做这种网上监测。很多可供免费下载的软件，事实上也在做网上行为监测。使用这种方法最具代表性的是法国的 NetValue 公司，它的重点是监测网络用户的网上行为，号称“基于互联网用户的全景测量”。它调查的主要特点是首先通过大量的计算机辅助电话调查（CATI）获得用户的基本人口统计资料，然后从中抽出样本，招募自愿受试者，下载软件到用户的电脑中，由此记录被试者的全部网上行为。NetValue 的独特之处在于：一方面，一般的网上观察是基于网站的，通过网站的计数器来了解访问量、停留时间等，而 NetValue 的测量则是基于用户的，可以全面了解网站和用户的情况；另方一面，NetValue 的调查是目前世界上唯一基于 TCP/IP 进行的，即它不仅记录了用户访问的网站，而且还记录了网民的上传和下载软件、收发电子邮件等全部网上行为，因此称为“全景测量”。

网络调查对于新闻媒体来说可能是一把双刃剑。一方面，网络调查的优势在于它可以在更广的范围内，对更多受众进行信息收集的工作。与传统研究方法相比，不仅使研究者可以以惊人的低价获得超乎想象的被调查者的情况和资料，而且，普通媒介从业人员也可以设计调查题目，通过免费的服务器询问成千上万的人，为自己的新闻工作服务。设计长问卷的能力不仅仅局限于处于社会权力中心的组织——如政府机构或者大型媒体，网络调查的低费用使得几乎每一个进入互联网的人都有相同的能力。这当然也潜在地使调查过程更为民主化。此外，网络调查还可以以自填的回答方式，通过标准化的方法向被调查者呈现一份多媒体的问卷。这显然是传统的调查方法难以做到的。但另一方面，网络调查潜在的危险是，日益增多的调查越来越良莠不齐，人们也难以区分好的调查与不好的调查。网络调查的价值也受到人们填答意愿的限制，因为在类似调查的狂轰滥炸下，人们可能干脆不理睬，也可能根据其内容、主题、娱乐性或者调查的其他特性而做出参与调查的决定，从而影响网络调查的可信度。

任务三 监控市场调查实施

监控市场调查实施是市场调查活动的重要组成部分，主要包括管理市场调查项目和管理市场调查人员。

一、管理市场调查项目

管理市场调查项目应该做好以下工作。

1. 实地调查工作的组织

实地调查是一项较为复杂烦琐的工作。要按照事先划定的调查区域确定每个区域调查样本的数量、访问员的人数，每位访问员应访问样本的数量及访问路线，每个调查区域配备一名督导人员；明确调查人员及访问人员的工作任务和工作职责，如何做到工作任务落实到位，工作目标、责任明确。当需要对调查样本某些特征进行控制时，要分解到每个调查员，例如：某调查项目，调查样本 1 000 人，要求调查男性 600 人，女性 400 人，调查对象的男女比例为 3∶2，则要求每个调查员所调查样本的男、女比例都应控制为 3∶2，从而保证对总样本中男、女比例的控制。

2. 监督调查计划的执行

调查工作计划是指为确保调查的顺利实施而拟定的具体工作安排，包括调查人员安排和培训、调查经费预算、调查进度日程等。

调查工作计划直接关系到调查作业的质量和效益。调查人员的工作能力、职业态度、技术水平等会对调查结果产生重要影响，一般要求调查人员应具备沟通能力、创造力和想象力；调查费用因调查种类和收集资料精确度的不同而有很大差异。调查组织者应事先编制调查经费预算，制定出各项费用标准，力争以最少的费用取得最好的调查效果；调查进度日程是指调查项目的期限和各阶段的工作安排，包括规定调查方案设计、问卷、抽样、人员培训、实地调查、数据录入、统计分析、报告撰写等完成日期。为保证调查工作的顺利开展和按时完成，调查者可制定调查进度日程表，对调查任务加以具体规定和分配，并对调查进程随时进行检查和控制。

3. 实地调查工作的协调

调查组织人员要及时掌握实地调查的工作进度完成情况，协调好各个调查员间的工作进度；要及时了解调查员在访问中遇到的问题，帮助其解决，对于调查中遇到的共性问题提出统一的解决办法；要做到每天访问调查结束后，调查员首先对填写的问卷进行自查，然后由督导员对问卷进行检查，找出存在的问题，以便在后面的调查中及时改进。

4. 调查问卷的审核

在问卷的初稿完成后，调查者应该在小范围内进行试验性调查，了解问卷初稿中存在哪些问题，以便对问卷的内容问题和答案问题的次序进行检测和修正。试验性调查的具体方法可以是这样：选择一些有代表性的调查对象进行询问，将问卷中存在的问题尽可能表现出来，如问卷中的语言使用、问题的选项、问卷的长短等，然后依据试验性调查的结果，看问卷中所有问题是否乐意回答或能够回答，哪些问题属于多余，还有哪些不完善或遗漏的地方。发现问题，应该立即进行修改。如果预先测试导致问卷内容发生了较大的变动，调查者还可以进行第二轮测试，以使最后的定稿更加规范和完善。

5. 抽样方法的审核

抽样方法的选择取决于调查研究的目的、调查问题的性质以及调查经费和允许花费时间等客观条件。调查人员应该在掌握各种类型和各种具体抽样方法的基础上，对拟选择的抽样方法进行验证。只有这样才能在各种环境特征和具体条件下及时选择最为合适的抽样方法，以确定每一个具体的调查对象，从而保证数据采集的科学性。

二、管理市场调查人员

【知识拓展】调查人员所引起的问卷质量问题

市场调查人员所收集的被调查者的问卷是研究者重要的信息来源。但是，在实际中，由于各种原因，调查人员的问卷来源不一定真实可靠，因此必须对调查人员进行适当的监控，以保证调查问卷的质量。

一般利用下列一些措施来判断调查人员访问的真实性，然后再根据每个调查人员的任务完成质量，从经济上给予相应的奖励或惩罚。

（一）现场准备

（1）编写发放调查人员手册。调查人员手册是主要的工作指南，通常包括以下内容：1）一般信息。包括陈述调查的目的、数据信息的用途、调查机构收集数据的原则。2）简介。3）问卷说明。包括问卷调查中所用的概念和术语的定义。4）问卷的审核与整理。即调查人员在访问期间或访问结束之后应立即对问卷进行现场审核。5）单个样本单元的管理。主要内容是对无回答的被调查者的再访、调查人员为了得到答案应尝试的次数。6）作业管理。主要内容是管理的细节。7）问题与答案。手册的最后一部分列出调查人员会遇到的问题和正确的解决办法。8）一般的调查技能和技术。

（2）编写发放督导手册。督导手册包括以下内容：1）招聘和培训调查员。2）向调查人员分配任务。3）质量和执行控制。4）后勤服务。5）特殊情况下替代数据的收集方法。6）被调查者的安全和隐私保密承诺。7）说服拒访者。

（二）现场监督

对调查人员现场监督管理的目的是要保证调查人员能按照培训的方法和技术来实施调查。要搞好对调查人员的监督管理，首先要了解调查人员在调查过程中由于自身的原因可能出现的问题，其次要掌握监控的各种方法和手段，对调查人员的工作过程和质量实施监督管理。

对调查人员的监督管理，重点在于保证调查的真实性，同时也是衡量调查人员的工作业绩，实行奖优罚劣的需要。比如，每天按15%的比例，由督导采取公开与隐蔽相结合的方法，监督调查人员每天的工作。如果发现操作问题，及时纠正，必要时对调查人员进行进一步的培训。对问卷质量的监控是由督导每天回收当天完成的问卷，并且每天对每份问卷做检查，看是否所有该回答的问题都回答了，字迹是否清楚，跳答的问题是否按要求跳答了，等等。对检查中发现的问题，督导应及时对调查人员进行正面反馈。

（三）调查人员的评价和报酬支付

（1）调查人员的评价。对调查人员进行评价是一件非常重要的工作。调查人员评价的准则主要有：1）费用和时间；2）回答率；3）访问的质量；4）数据的质量。

（2）调查人员的报酬支付。调查人员的报酬主要有两种支付方式，即按完成调查问卷份数支付（计件制）和按工作的实际小时数支付（计时制）。在有些情况下，也按月支付工资或根据全部工作量付费。

（四）调查进度的监督管理

调查进度安排是否合适，直接影响调查的完成情况和调查工作的质量。而且调查进度表经双方一致认可后，市场调查公司就必须严格按照这个进度表来执行，保证市场调查的所有工作在进度表规定的时间内完成。

调查进度与调查质量密切相关，切记要防止调查人员为了赶进度，讲求经济效益，片面追求完成问卷的数量，而忽视调查的质量。为此，很有必要对调查人员每天完成问卷的份数做出规定。进度的安排要综合考虑所有相关的因素。确定调查进度主要考虑的因素有：客户的要求、兼职调查人员和督导的数量和比例、调查人员每天完成的工作量等。

（五）电话回访

根据调查人员提供的电话号码，由督导或专职调查人员进行电话回访。电话回访本身就是对调查人员作弊行为的一个“威慑”，也是对访问结果的质量进行的复核。

教学互动

电话回访的意义有哪些？

【知识拓展】
市场调查人员伦理道德

（六）实地复访

如果电话回访找不到有关的被调查者，根据调查人员提供的真实地址，由督导或专职调查人员进行实地复访。这种方法比电话回访真实可靠，但需要花很多的时间和精力。

在电话回访和实地回访过程中，通常要根据以下几个方面来判断调查人员访问的真实性：一是电话能否打通或地址能否找到；二是家中是否有人接受访问；三是受调查的问题是否跟该调查吻合；四是调查时间是否跟问卷记录时间相符；五是被调查者所描述的调查人员形象是否与该调查人员相符；六是访问过程是否按规定的程序和要求执行。

同步案例

××项目执行手册（市场调查准备）

一、调查背景和目的

社区是否和谐，与每位成员的日常生活息息相关，更关系着整个和谐社会的构建。过去的几年，××市各地在推进社区建设工作中取得了很大的成绩，许多工作在全国、全省都产生了很大的影响，但是社区建设到底好不好，社区辖地的群众最有发言权，××市民政局为推进××市的和谐社区建设进程，全面提升和谐社区建设的整体水平，真正让我们的社区形成人人关心、人人参与、人人支持、人人热爱、人人享有的安全、团结、幸福、和谐的大家园，计划在全市范围内对所有自愿报名参评的社区进行群众满意度测评，以此作为“××市现代化和谐社区群众满意度评估活动”的重要依据。

二、调查的区域范围

××市范围内自愿申报“××市现代化和谐社区群众满意度评估”的社区。

三、抽样方案

（一）样本量及分布

样本量及分布的情况如表3-8所示。

表3-8　样本量及分布情况

总体样本框	普通居民家庭	特殊群体（老年人、残疾人、低保户等）家庭
2 000户及以下	48	12
2 001～3 000户	64	16
3 000户以上	80	20

（二）样本抽样

(1) 特殊群体家庭：从社区居委会提供的社区特殊家庭名单资料中，随机抽取特殊群体名单。

(2) 普通居民家庭：从社区居委会提供的社区居民住户名单资料中，事先将不合格的样本（居住不足半年的）以及老年人、残疾人、低保户等家庭挑选出来，不计入抽样总体。然后以社区居民地址门牌最小号为起点，按照从小到大的原则采取“隔十抽一”的方法，在抽样总体中进行普通居民家庭的抽样。

（三）样本替换原则

(1) 抽样时多抽取60%的备份样本地址。

(2) 如果特殊群体家庭的总体样本小于需要抽取的样本量，则不足的样本由普通居民家庭样本补充。

（四）抽样执行和提交

要求执行机构把抽样员和调查员分开，即抽样员与调查员不是同一个人。抽样员将抽样结果记录到“入户访问接触记录表”中，便于调查员按照地址实地调查。

四、调查前的准备工作

（一）人员组织

每个区、县组成一个调查执行小组，设小组负责人 1 名、执行督导员 2 名、调查员 10～20 名、复核员 2～3 名、审核督导员 1 名、复核督导员 1 名。

1. 调查执行小组负责人

负责本区、县调查的全面执行及管理协调工作。包括：

（1）组建本地的调查执行小组，挑选经验丰富的调查员，并任命执行督导员、审核督导员、复核督导员等。

（2）准备调查入户所需的所有资料等。

（3）指导完成本地样本户的抽样工作。

（4）负责对督导员和调查员进行项目培训。

（5）检查、督促本地调查工作的进度，及时汇报工作进度，确保调查进度。

（6）按照本执行手册的要求进行调查质量的总体控制，确保调查质量。

（7）帮助解决调查过程中的实际问题和各种突发性问题。

2. 执行督导员

负责现场实施控制，包括协调其他有关的各环节。具体职责如下：

（1）负责对本次的调查员进行现场组织、工作分配和质量监控。

（2）调查工作实施前，按照抽样方案抽取家庭户样本，并按照调查抽样要求提供填写好地址的“入户访问接触记录表”。入户访问前，需将“入户访问接触记录表”中记录的样本户按调查员数量进行平均分配，并将分配的样本户名单发放给调查员。此项工作需要在社区居委会的配合下完成，但要注意样本抽取的过程并对结果保密，避免调查时产生人为误差。

（3）负责将每个社区的问卷进行编号，编号的规则是五位数，前两位是社区编号，后三位是问卷数编号。

（4）执行过程中，掌握现场调查工作进度，并就调查员在访问过程中遇到的各种非预见性问题及时上报小组负责人以求得解决方法，并及时反馈给调查员，保证调查工作按时、按量、按质完成。

（5）监管调查员认真、正确填写“入户访问接触记录表”，回收整理入户登记表。

（6）对调查员完成的问卷进行现场（当面）审核（一审），发现问题，责成调查员及时修正。

（7）在现场回收的问卷中，抽取 10% 的无电话号码问卷进行实地复核。

（8）每天向小组负责人汇报工作进程、存在的问题及解决方法。

（9）调查工作结束后，将调查问卷、各类统计表等进行归类整理，提交给小组负责人。

3. 审核督导员

审核督导员主要承担问卷回收后的二审工作。审核发现问题需要填写“审核问卷错误记录表”，并及时反馈给执行督导员。经过反复确认后，做出处理意见，并上报给小组负责人。

4. 复核督导员

复核督导员的主要工作任务是对本地所有问卷逐一进行再审核，并从中随机抽取30%的问卷进行电话复核。复核的内容包括是否接受过访问、访问时长等基本背景信息，以及问卷中的基础客观题，具体见复核问卷。复核结果填写在“复核问卷错误记录表”上，并上报给小组负责人。

5. 调查员

调查员是指入户调查的具体执行人员。调查员参与调查工作前，须经过调查工作培训，熟悉工作背景和问卷。访问时，手持调查问卷对被调查者进行面对面的访问。调查员须服从执行督导员的安排。具体工作如下：

(1) 访问开始前，向执行督导员领取“入户访问接触记录表”，并按其中登记的家庭户进行入户访问。

(2) 向被调查者解释本次调查的目的和意义。

(3) 认真、准确地填写“入户访问接触记录表”，记录调查的完成情况。

(4) 按要求对被调查者进行访问，并圈填调查问卷。

(5) 访问过程中，回答被调查者对问卷提出的各种疑问。

(6) 访问完毕后，及时进行现场自审，保证每份问卷的质量。

(7) 如实向执行督导员反映访问过程中出现的各种问题。

调查员应具备的基本素质：

(1) 有良好的语言表达能力，吐字清楚，能够听懂地方方言。

(2) 诚实可靠，吃苦耐劳，踏实肯干。

(3) 有高度的工作责任感，耐心细致。

(4) 有健康的身体和良好的心理素质。

(5) 有良好的社会工作经验，熟悉当地人文风俗等。

(6) 有充裕的可承担访问工作的时间。

(二) 人员培训

1. 培训方式

各区、县的调查执行小组负责人必须接受××市民政局委派的专业市调机构所进行的集中培训。各区、县小组负责人在组织的各项培训中，应由一家专业市调机构现场对培训进行标准和规范的进一步统一，小组负责人对调查执行小组的各级人员进行项目培训，并组织模拟访问，总结访问中出现的问题并及时纠正，以便调查执行小组对执行方法和问卷进行准确理解。

2. 培训资料

(1) 提高入户访问效果的技巧。

1) 提前了解调查点的基本情况，在入户调查前，事先通过本市地图等渠道了解调查点的基本情况，包括交通路线、楼房分布、样本户分布等，避免调查当天花费过多的时间来寻找调查点和样本户。

2) 每个调查员都应该佩戴胸卡（工作证）。入户时向被调查者出示所佩戴的胸卡（工作证），以获得被调查者的信任和支持，降低拒访率。

3) 入户时间的选择。通常入户时间应选在中午或者晚上。以下为参考时间：

周一至周五：16:00—20:30

(若被调查者中午回家吃饭休息，可考虑 11:30—13:30)

周六、周日：9:00—12:00，14:00—20:30

4) 敲门原则。在入户访问时，有可能指定的被调查家庭没有人。如遇此种情况，调查员须按照“三次敲门原则”进行访问：两小时内不能敲第二次门；一天内敲同一户的门不能超过两次；第二天敲门时，应错开第一天敲门的时间。若三次敲门家里仍无人，则放弃该样本户。

5) 遭遇拒访。当调查员向被调查者说明来意后，被调查者不理解，以没有时间或其他理由拒绝访问时，调查员不要马上放弃访问，应向被调查者解释一下访问的目的以及本次调查工作的访问不涉及被调查者的隐私，回答无所谓对错等，并且表示只是征求一下被调查者的意见，不会耽误太多时间。经过解释后，如被调查者仍然拒绝访问，则放弃此被调查者或样本户。

6) 克服心理障碍。认识访问工作的重要性：入户访问就是由调查员采用登门拜访的形式当面询问问题，因此入户访问实际上是两个人之间的会谈，调查员与被调查者处于平等的地位，访问实际上是给被调查者提供了一个表达其需求或不满的机会。调查员应树立信心，能够熟练应答、做好拒访的思想准备，拒访后调整心态，随时与上级联系。

7) 访问时的态度、语言和形体语言。访问时要保证态度、语言、形体语言中立，注意把握节奏，不要过于急迫，不要对被调查者情况进行假定或诱导被调查者，不要替被调查者确认答案，让被调查者充分思考。每一位调查员都应当努力去争取访问的成功。

8) 解答被调查者的疑问。例如：

疑问一：为什么一定要找我们家，隔壁家不可以吗？

回答：我们是通过随机抽样的方法抽到您家的，您的意见就代表了我们这个社区一定范围内一群人的意见，谢谢您接受我们的访问。

疑问二：我现在没空，你不要烦我。

回答：我们只是做一个简单的访问，您现在没空，那么我们预约一个时间，您大概什么时间有空？

疑问三：我没有什么文化，答错了不太好吧？

回答：我们只是想听取您的一些想法，没有对错之分。

(2) 问卷填写说明。

1) 调查员填写问卷的方法。

第一，填写问卷一律使用钢笔（蓝色）或圆珠笔（黑色或蓝色），严禁使用铅笔；字迹要工整、清晰。特别是阿拉伯数字要规范，不能潦草，如1和7，5和8等。

第二，被调查者的住址和电话是调查工作质量控制中的重要评价指标，信息必须真实、完整。如本人没有联系电话，应填写转叫的电话号码，此栏不能为空。按与被调查者开始谈话和谈话结束的实际时间填写访问时间。如20××年3月21日9时28分至9时50分。

第三，填写单项选择题时，调查员在被调查者所选答案的序号上画圈。如果圈填错了，则在圈填错了的序号上画单斜线，同时在正确的答案序号上画圈。如果想再改回到原选答案，则在原选答案的序号左侧平行画“√”来确认，同时在认定错误答案的序号上画单斜线。示例：Q1题共有5个备选答案，如果第一次选择序号为“1”的备选答案，则应在序号“1”上画圈，即“①”；如果认为第一次选择不对或被调查者改口，并选择序号为“2”的备选答案作为正确答案，则应先在“①”上向左下方画一条斜线，即“①̸”，然后在备选答案的序号“2”上画圈，即“②”：如果仍需改回序号为“1”的备选答案，则应先在“②”上画一斜线，即“②̸”，然后在“①̸”左侧平行画“√”，即“√①̸”，表明回选。

2) 问卷内容及解释，封面及甄别问卷的内容如下：

● 封面 ●

第一，由督导员在分发问卷之前事先对问卷进行编号，问卷编号不得更改。

第二，“联系电话”应是手机号码、住宅电话或公司电话（公司电话如果是总机号码的，应留下分机号码）。

第三，KISH表。随机表内的“关系称谓”需填写开门人称谓，但对于抽取出来的被调查者还是需要问他/她的姓名。针对“家人”的界定，所说的“居住5天及以上”的居住地为调查员敲门访问的那个住宅，不包括该住宅以外的任何一处居住地。

KISH表的使用：

a. 查看该样本户在“入户访问接触记录表”中对应的序列号个位数是几，然后将KISH表的第一行地址编号栏对应的相同数字圈上，并以该数字所在列画一个纵坐标。

b. 在KISH表中第二列空格处按照年龄从大到小依次记录满足条件的家人，如果年份相同的则按照月份大小进行区别。

c. 满足条件的家人填好后，以最小年龄人所处的这行画一个横坐标。

d. 横坐标和纵坐标交叉的这个数字代表的家庭成员编号就是目标访问对象，即本次的被调查者。

● 甄别题 ●

a. 督导员在培训中注意解释甄别题的意义：选择“1”的表示不符合本次调查的基本

要求，保留甄别问卷，不计入成功样本。选择“2”的属于合格被调查者。

b. 符合老弱病残标准的住户无须问甄别题，直接进入主体问卷进行访问。

● 主体问卷 ●

[第一部分：社区基本服务]

Q1：社区对一些困难家庭的帮扶工作，督导员在培训中应注意解释，如对低保户、残疾人的帮助等。

Q2：社区对老年人的服务，如居家养老的义工服务。

[第二部分：社区文体教育活动情况]

Q7：督导员在培训时应注意解释：教育培训活动主要包括育婴指导、健康保健、劳动技能以及其他培训等。

[第五部分：社区民主自治情况]

Q18：对社区居委会在处理涉及居民公共利益的相关事项的方式和方法方面，督导员在培训时应注意解释，如召开听证会，召集居民代表讨论商议等。

[第六部分：社区工作者的工作情况]

Q21：社区工作者的界定是指在社区居委会工作的人员，不包括物业管理及其他非居委会工作人员。

[第七部分：需求度评价]

Q25：此题为排序题，督导员在培训时应注意强调此题的填答要求，可以把问卷给到被调查者手中，待其看完后将顺序填写在空格里，但必须保证全部进行排序，遗漏无效。如果出现重要度相间的则所给数字相同，其他依次排序。“1”代表最重要，“2”代表次重要，“3”代表再次重……依次排序。

[第八部分：综合评价]

Q27：督导员在培训时应注意此题的提问方式，调查员在问及此题时一定要强调一个假设的前提条件：撇开其他如购买房产等因素，单从在本社区居住的和谐程度来说，对社区进行综合评价。

Q28：这是一道开放题，要多追问“还有吗”，以保证被调查者说出全部答案。要注意开放题的答题方式，对于开放题的记录方法：“　”每项内容开始前用此符号；“已”用于经过恰当追问后的答案，如“不知道（已）”；深度追问的答案记录在原答案后的括号里。即先广度，后深度。

3. 考核方式

通过模拟访问了解督导员和调查员对项目和问卷的理解情况，对于理解不准确之处，可及时纠正。确保每个项目的执行成员对项目和问卷的理解准确无误之后再进入正式访问。

资料来源：《××项目执行手册准备市场调查》，载《浙江工商职业技术学院工学结合资料》，2008-09-30。

思政园地

康师傅的“用心”产品策略

1992年中国食品市场上，康师傅方便面一炮打响，迅速走红大江南北，“康师傅”成为中国妇孺皆知的品牌，但却没有多少人知道顶新集团，其实康师傅正是顶新的一笔力作。康师傅从1992年到现在，将近30年，我们看到的是逐步壮大，无论是在顶新的网页还是在高层论点中，“用心”一词使用频率最高，如用心经营、用心维系等。在推出新产品前，他们边做边学，为了把握市场，做了周密的市场调查，为了解大陆消费者与台湾消费者的不同口味偏好，他们请了上万人试吃，不断改进配方，最终推出了大陆人喜欢的红烧牛肉面。新产品取得的成功与顶新集团的用心是分不开的，如董事长把品尝方便面作为自己的“早课”，直接把握产品的品质。在推出新产品之前，先请目标消费者试吃，把竞争对手的产品与自己的产品分别标识为A、B两组，试吃者在不知道的情况下，比较两种产品的优劣。顶新要求自己的产品比例达到70%以上顾客满意才能上市。

顶新不但有好的产品，还有好的销售渠道，有人称康师傅可以“上山下乡”，在中国，有人的地方就有康师傅。

资料来源：百度文库：市场调研案例大全.

问题：作为企业经营管理者，应该如何用心经营企业？

提示：作为企业经营管理者，要关心产品质量，产品质量是企业赖以生存发展的生命线，确保产品质量的安全，也是履行重要的社会责任。好的产品质量是企业生存发展的基础，用心了解和满足顾客是成功的关键，因此，我们要学会“我为人人，人人为我”的经营理念。

【项目总结】

实施市场调查包括组建和培训市场调查队伍、运用市场调查方法和监控市场调查实施三个部分。

组建和培训市场调查队伍是开展市场调查工作的起点。首先要根据调查项目需要，选择合适的市场调查组织结构，市场调查组织结构一般有四种类型，即直线式、职能式、直线职能式和矩阵式；其次是明确项目主管、实施主管、调查督导和调查员的职责；最后是对市场调查人员的培训，培训的主要内容有基础培训和项目培训，基础培训主要包括职业道德、行为规范和调查技巧的培训，项目培训主要包括行业背景介绍、问卷内容及抽样方法的讲解等。

市场调查技术可分为五种类型：文案调查法、访问调查法、观察调查法、实验调查法和网络调查法。

文案调查法，又称间接调查法，是通过收集多种历史和现实的动态文献资料，从文献资料中摘取与市场调查课题有关的情报，对调查内容进行分析研究的调查方法。其主要方法有：参考文献查找法、检索工具查找法和购买法。

访问调查法，又称询问调查法，是在一手资料收集中最常用、最基本的一种方法。它是市场调查人员通过口头、书面或电信等方式向被调查者了解市场情况、收集资料的一种实地调查法。其基本类型有：面访调查法、电话调查法、邮寄调查法和留置问卷调查法。

观察调查法，又称观察法，是指观察者根据特定的研究目的，利用感觉器官和其他科学手段，有组织、有计划地对研究对象进行考察，以取得研究所需资料的方法。其主要方法有：人员观察调查法、仪器观察调查法和痕迹观察调查法。

实验调查法，是指市场调查者有目的、有意识地改变或控制一个或几个市场影响因素来观察市场现象和在这些因素影响下的变动情况，以认识市场现象的本质特征和发展规律的一种实地调查法。其主要设计类型有：实验前后无控制对比实验、实验前后有控制对比实验、控制组与实验组连续对比实验、单因子随机实验和双因子随机实验。

网络调查法，是传统调查在新的信息传播媒体上的应用。它是指在互联网上针对调查问题进行调查设计、收集资料及分析咨询等活动。其主要方法有：网上问卷调查法、网上讨论法和网上观察法。

监控市场调查实施是市场调查活动的重要组成部分，主要包括管理市场调查项目和管理市场调查人员。管理市场调查项目工作包括：实地调查工作的组织、监督调查计划的执行、实地调查工作的协调、调查问卷的审核和抽样方法的审核。

【项目检测】

一、单选题

1. 留置问卷调查法的关键之一是保证（　　）。

A. 时效性　B. 经济性　C. 匿名性　D. 严谨性

2. 下列哪一选项不是观察调查法的具体应用？（　　）

A. 外形观察　B. 店铺观察　C. 匿名观察　D. 流量观察

3. 下列哪一选项不属于观察调查法的分类？（　　）

A. 人员观察调查法　B. 仪器观察调查法

C. 痕迹观察调查法　D. 流量观察调查法

4. 市场调查人员没有借助任何仪器工具，直接加入所调查的情景之中，通过自身感觉器官，以收集、记录有关资料的调查方法，称为（　　）。

A. 人员观察调查法　B. 仪器观察调查法

C. 痕迹观察调查法　D. 流量观察调查法

5. 下列哪一个选项不是神秘购物者观察的应用？（　　）

A. 观察购物环境　B. 观察消费者的购物动机

C. 观察消费者的购买行为　　D. 了解同类产品的市场情况

6. 如果想知道超市里不同的陈列方法对销售量的影响，那么实验变量就是（　　）。

A. 销售量　　B. 商品的陈列方法

C. 超市收入　　D. 超市

7. （　　）的一个最突出的特点是实验环境非常接近实际中的真实环境。

A. 实验室实验　　B. 现场（自然）实验

C. 单一实验组前后对比法　　D. 实验组与对照组对比法

8. （　　）主要是指市场调查人员向被调查者提问，这是市场访问调查的中心环节，是取得市场现象有关资料的关键。

A. 访问的准备　　B. 进入访问　　C. 实施访问　　D. 结束访问

二、多选题

1. 作为一名优秀的市场调查人员，应该具备（　　）等。

A. 思想品德素质　　B. 业务素质

C. 心理和身体素质　　D. 科学素质

2. 市场调查人员的业务素质包括（　　）。

A. 阅读能力，理解问卷的意思

B. 表达能力，要求访问人员在调查过程中能够将要询问的问题表达清楚

C. 观察能力，要具有敏锐的观察能力

D. 随机应变能力

3. 书面训练调查人员的内容主要包括（　　）。

A. 熟悉市场调查项目的内容和目的

B. 熟悉并掌握按计划选择被调查对象

C. 选择恰当时机、地点和访问对象的方法

D. 获得访问对象合作的有关访问技巧

E. 关于调查询问的技术

4. 文献资料的收集方法有（　　）。

A. 参考文献查找法　　B. 手工检索查找法

C. 计算机网络检索法　　D. 购买法

5. 入户访谈调查的优点有（　　）。

A. 信息获取的直接性　　B. 调查组织的灵活性

C. 调查过程的可控性　　D. 调查数据的准确性

6. 降低拒访率的方法有（　　）。

A. 调查者要衣着得体、精神饱满

B. 调查者要言语诚恳、胆大心细

C. 调查者要材证齐全

D. 调查者要依据被调查者的心理活动过程进行访谈

7. 一般情况下，按照不同的划分标准，可将观察调查法分为（　　）。

A. 人员观察调查法　　B. 仪器观察调查法

C. 痕迹观察调查法　　D. 公开观察法

8. 拦截访问调查的缺点有（　　）。

A. 不适合内容较多、较复杂或不能公开提问题的调查

B. 调查的精确度可能很低

C. 拒访率较高

D. 问卷长度不能超过15分钟

9. 邮寄调查法的优点是（　　）。

A. 费用较低　　B. 调查者的影响较小

C. 调查区域广泛　　D. 应答更确切

10. 下列哪些选项是神秘购物者应具备的条件？（　　）

A. 良好的信用　　B. 敏锐的观察力

C. 客观看待问题　　D. 拥有灵活的购物时间和购物地点

E. 有组织性地安排时间

11. 观察调查法的优点是（　　）。

A. 使用观察调查法的调查结果较真实、自然和客观

B. 使用观察调查法时，受市场调查人员偏见的影响小

C. 实施观察调查法时，较简便易行

D. 实施观察调查法时，需要较少的人力、物力

E. 实施观察调查法时，往往不受时空限制

12. 在设计实验调查法时，可供选择的方法有（　　）。

A. 实验前后无控制对比实验　　B. 实验前后有控制对比实验

C. 控制组与实验组连续对比实验　　D. 实验室实验

13. 实验调查法的优点是（　　）。

A. 实验调查法可以探索不明确的因果关系

B. 实验调查法结果的客观性和实用性较强

C. 实验调查法具有较高的经济性

D. 实验调查法具有较强的可控性和主动性

14. 使用仪器观察调查法时，可选择（　　）进行观察。

A. 录像机　　B. 眼睛照相机　　C. 录音笔　　D. 瞳孔测验

E. 测谎仪

15. 对调查人员的监控一般利用（　　）来判断调查人员访问的真实性。

A. 现场监督　　B. 审核问卷　　C. 电话回访　　D. 实地复访

16. 督导手册内容包括（　　）。

A. 招聘和培训调查员　　B. 向调查员分配任务

C. 质量和执行控制　　D. 后勤服务

E. 特殊情况下替代数据的收集方法

17. 调查员评价的准则主要有（　　）。

A. 费用和时间　　B. 回答率　　C. 访问的质量　　D. 数据的质量

三、判断题

1. 简单来讲，文案调查法就是我们可能在足不出户的情况下，通过一些文案工作获取已有信息就可以用来佐证我们的调查项目，支持我们的决策活动。（　　）

2. 一般情况下，二手资料更便宜和快速，无论是一个完整的报告或只是一个主要事实、数字或名字，也不用考虑来源的正确性和可靠性。（　　）

3. 实地调查是收集二手资料的方法之一。（　　）

4. “神秘顾客”是非公开观察的一种方法之一。（　　）

5. 在面对面访谈调查活动中，调查人员应该灵活变通、因地制宜以求随时掌握访谈进程，取得较好的调查效果。（　　）

6. 邮寄调查不需要专门进行调查人员的招聘、培训、监控以及支付报酬，调查的成本不是很高。（　　）

7. 实验调查能够揭示市场变量之间的因果关系，从而采取相应的营销措施，提高决策的科学性。（　　）

8. 进行市场调查工作往往多用兼职人员，因为这些人比较稳定，业务水平高，也就不用再外聘市场调查人员。（　　）

9. 为了保证收集、分析问题全面，我们在调查时，应该进行市场调查整个项目的科学管理与控制。（　　）

10. 在实际中，由于各种原因，调查人员的问卷来源不一定真实可靠，就必须对调查人员进行适当的监控，以保证调查问卷的质量。（　　）

11. 电话回访本身就是对访问员作弊行为的一个“威慑”，也是对访问结果的质量进行的复核。（　　）

12. 结束访问时，给被访者留下什么印象并不重要。（　　）

四、简答题

1. 调查团队的组成及其职责是什么？

2. 市场调查人员培训应该注意什么？

3. 二手资料与原始资料相比较，其优点和缺点是什么？

4. 入户访谈前应该做好哪些准备？

5. 访谈阶段怎样运用技巧来达到活跃气氛的目的？

6. 访问调查法的形式主要有哪四种？四种形式的主要优缺点是什么？在实际运用过

程中应注意哪些问题？

7. 市场调查人员应遵循哪些伦理道德？

8. 简述观察调查法的种类。

9. 简述观察调查法的优缺点。

10. 简述网络调查法的特点。

五、案例分析

啤酒的骗局

老乔到货架上选啤酒，有一种高级啤酒，售价 2.6 美元，另一种是廉价品牌，只卖 1.8 美元。品酒的行家们给高档品牌的质量打了 70 分（百分制），廉价品牌则只有 50 分。老乔应该买哪种啤酒呢？

杜克大学商学院的教授乔尔·休伯（Joel Huber）还有他的研究生克里斯托弗·普多（Christopher Puto），向一群商学院的学生提出了这道难题。学生们首选高档啤酒，选择高档啤酒和廉价啤酒的人数比是 2∶1。另一组学生则可从三种啤酒中做选择，除了上述的两种，还有另一种超低价的劣质啤酒，售价 1.6 美元，品质得分也最低，40 分。没有任何一个学生想要买这种超便宜的啤酒。即便如此，它仍然影响了人们的选择。选择先前那种廉价啤酒的学生比例从 33%增加到了 47%。超低价啤酒的存在让廉价啤酒变得名正言顺了。还有另一组受试者，他们面对的三种选择是最初的廉价啤酒和高级啤酒以及一种超一流啤酒。和不少高档货一样，这种超一流啤酒要贵得多（3.40 美元），但质量只稍微好一点点（75 分）。10%的学生表示，他们会选超一流啤酒。令人吃惊的是，其余 90%的学生全选了高级啤酒。这下没人想要买廉价啤酒了。这简直就像牵线木偶被绳子拉着走。休伯和普多发现，只需增加一种很少有人会选的第三选项，他们就能摆布学生的选择。

选择一种美国产的啤酒应该是一件挺简单的事情。好多“味道盲测”（指测试味道的人事先不知道喝的是什么品牌的啤酒）都说，贪杯客们分不出百威、美乐或者银子弹啤酒的味道。由于面向大众的各种啤酒的味道都差不多，所以你只需在价格和质量之间做一个权衡就可以了。

按餐饮行业的传统，菜单上的菜品分成明星、问题、金牛和瘦狗。明星指的是受人欢迎的高利润菜品，换言之，顾客愿意付出比制作成本高得多的价格买它。问题菜品的利润高，但不受欢迎。金牛菜品则相反，受人欢迎但无利可图。瘦狗菜品既不受欢迎，又赚不到钱。顾问们想办法把问题变成明星，怂恿顾客远离瘦狗，让所有的顾客都相信菜单上的价格比表面上看起来更合理。“包围”就是一种常见的伎俩。把像牛排这样的昂贵项目分成两种分量。顾客看不出小份到底少了多少，但没关系，他以为小份的价格更有吸引力，因为它成本低。其实，餐馆方面本来就想卖出“小份”牛排，所谓的“低价格”也正是他们想要开的价。如果你的菜单上有三种这样的东西，真的很能提高利润呢！

资料来源：https://www.jianshu.com/p/57df4530febb.

试分析：

1. 该案例中，主要运用的调查方法是什么？

2. 讨论从该案例中获得的启示。

【项目实训】

实训项目一

一、项目名称

设计和实施文案调查方案

二、实训目的

通过文案调查的演练与操作，初步掌握如何开展文案调查工作。

三、实训项目

为了解休闲食品、教材及教辅资料等产品的市场销售情况，你会与哪些部门联系，尝试取得二手资料？试着实际操作并相互交流。

四、实训组织与要求

1. 以5～6人为一组，选出小组组长，确定其中一个主题，并以小组为单位开展文案调查；

2. 小组成员依据主题独立收集方案资料，接着组织小组讨论，最后确定成果；

3. 制作某产品文案调查报告（WORD文本）和课堂汇报PPT；

4. 各小组选一位成员以PPT形式向全班同学汇报其成果，必要时其他成员可以补充说明；

5. 向全班同学简单展示其文案调查报告WORD文本。

五、实训考核

考核成绩应根据各小组PPT汇报水平（含PPT设计水平）和WORD文本质量进行综合评分。

1. 小组自评（占15%）；

2. 小组互评（占35%）；

3. 老师总评（占50%）。

实训项目二

一、项目名称

设计和实施访问调查方案

二、实训目的

通过实训，掌握访问调查法实施的步骤、方法，重点掌握访问调查法的实施过程和要求，初步具备利用访问调查法进行资料收集的专业能力。

三、实训项目

自选一种具体的访问调查法，并严格按照所选择的访问调查法的操作技巧、操作流程以及注意事项，对《关于学校商业街商铺满意度的市场调查》进行有关资料收集。

四、实训组织与要求

1. 以5～6人为一组，选出小组组长，确定其中一家商铺开展满意度市场调查；

2. 组长组织本组成员共同设计市场调查方案，包括市场问卷调查表，并将具体任务分配给全体组员，然后再汇总讨论，确定最终市场调查方案；

3. 以每个学习小组为单位对访问调查法的实施程序、方法以及资料收集整理情况、对访问调查法的认识及研究结果等写出3 000字的书面报告和课堂汇报PPT；

4. 各小组选一位成员以PPT形式向全班同学汇报其成果，必要时其他成员可以补充说明；

5. 向全班同学简单展示其书面调查报告WORD文本。

五、实训考核

考核成绩应根据各小组PPT汇报水平（含PPT设计水平）和WORD文本质量进行综合评分。

1. 小组自评（占15%）；

2. 小组互评（占35%）；

3. 老师总评（占50%）。

实训项目三

一、项目名称

设计和实施观察调查方案

二、实训目的

通过实训，熟悉神秘购物者观察的调查技巧，掌握其实施过程和要求，重点学会用神秘购物者观察的方法进行资料收集。

三、实训项目

自选某一金融机构或大型超市的服务质量进行观察，观察的内容包括消费者的成交率以及营业员的服务态度情况。

四、实训组织与要求

1. 以5～6人为一组，选出小组组长，确定其中一家金融机构或超市作为观察对象；

2. 小组成员依据观察对象独立设计服务质量观察表，接着组织小组讨论，最后定稿观察表；

3. 根据神秘购物者观察实施的步骤和要求，有计划地开展现场观察；

4. 以每个学习小组为单位对神秘购物者观察的实施程序、方法以及资料收集整理情况、对该种方法的认识及研究结果等写出 3 000 字的书面报告和课堂汇报 PPT；

5. 各小组选一位成员以 PPT 形式向全班同学汇报其成果，必要时其他成员可以补充说明；

6. 向全班同学简单展示其书面观察调查报告 WORD 文本。

五、实训考核

考核成绩应根据各小组 PPT 汇报水平（含 PPT 设计水平）和 WORD 文本质量进行综合评分。

1. 小组自评（占 15%）；

2. 小组互评（占 35%）；

3. 老师总评（占 50%）。

实训项目四

一、项目名称

设计和实施实验调查方案

二、实训目的

通过实训，熟悉实验调查法的调查技巧，掌握其实施过程和要求，重点学会用实验调查法进行市场调查。

三、实训项目

选择一家商铺或超市，任选同一款换包装前后的饮料等产品进行实验调查，调查该饮料等产品在改变包装前后消费者的反应。

四、实训组织与要求

1. 以 5～6 人为一组，选出小组组长，确定其中一家商铺或超市作为实验调查对象；

2. 以每个学习小组为单位设计合适的实验调查法，完成该实验的具体程序、方法以及资料收集整理情况、对该种方法的认识及研究结果等，写出 3 000 字的书面报告和课堂汇报 PPT；

3. 各小组选一位成员以 PPT 形式向全班同学汇报其成果，必要时其他成员可以补充说明；

4. 向全班同学简单展示其书面实验调查报告 WORD 文本。

五、实训考核

考核成绩应根据各小组 PPT 汇报水平（含 PPT 设计水平）和 WORD 文本质量进行综合评分。

1. 小组自评（占 15%）；

2. 小组互评（占 35%）；

3. 老师总评（占 50%）。

项目四 整理与分析市场调查资料

学习目标

知识目标

1. 理解市场调查资料整理的含义、原则和程序
2. 掌握市场调查资料整理的内容、方法和步骤
3. 了解市场调查资料分析的概念
4. 掌握几种常见的市场调查定性分析方法
5. 掌握几种常见的市场调查定量分析方法

能力目标

1. 能根据市场调查的目的和要求，对市场调查资料进行审核、分组、统计汇总和数据陈示
2. 能根据市场调查的目的和要求，对市场调查资料进行定性和定量分析

重点难点

重点

1. 掌握市场调查资料整理的内容和方法
2. 掌握几种常见的市场调查定性分析方法
3. 掌握几种常见的市场调查定量分析方法

难点

1. 能够根据不同的市场环境和对象，准确运用不同的定性和定量分析方法
2. 能够科学组织实施德尔菲法
3. 非线性回归等定量方法在实际中的应用

项目任务导航图

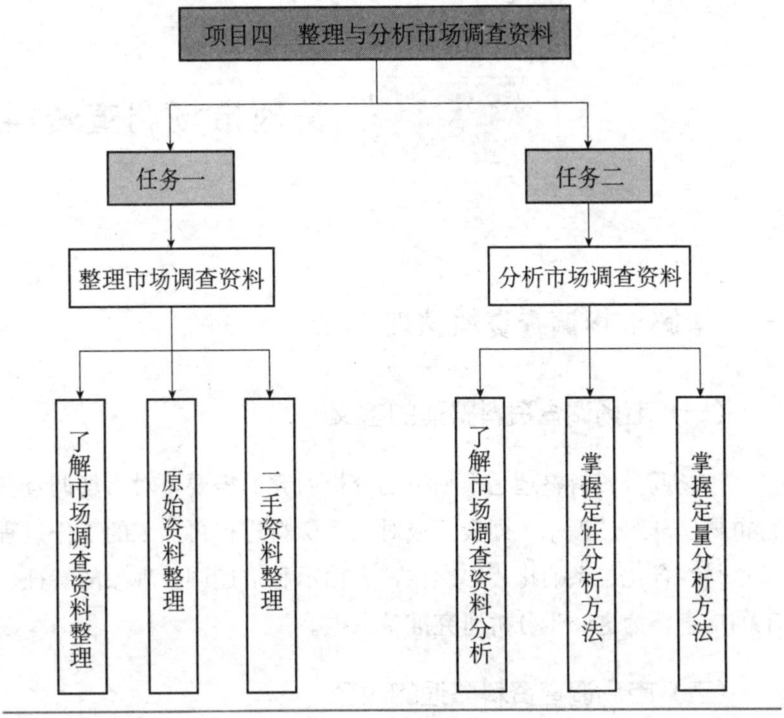

案例导入

史密斯的访问调查

史密斯是一位访问员，他进行了50份问卷调查，审核员对其中的10份调查问卷通过与受访者电话联系，对一个有关态度的问题和两个有关人口统计特征的问题进行了确认。其中有一份问卷，受访者称其年龄属于30～40岁这个年龄段，但在调查问卷上标明的却是20～30岁这个年龄段。在另一份问卷上，当受访者被问及："市政府面临的最重要的问题是什么"时，访问员写的答案是："市政府急于提高税率。"但当对这份调查问卷进行确认时，受访者说："该城市的税率过高。"

资料来源：陈章，千彦.《市场调查与分析》[M]. 广州：华南理工大学出版社，2014.

问题：

1. 作为一名审核员，你认为该访问员是否诚实？

2. 是否可以认为这50份问卷均有效、均可以被接受？如果答案是否定的，你将如何做？

任务一 整理市场调查资料

一、了解市场调查资料整理

（一）市场调查资料整理的含义

市场调查资料整理是根据市场分析研究的需要，对市场调查获得的大量的原始资料进行审核、分组、汇总、列表，或对二手资料进行再加工的工作过程。其任务在于使市场调查资料综合化、系列化、层次化，为揭示和描述调查现象的特征、问题和原因提供初步加工的信息，为进一步分析研究准备数据。

（二）市场调查资料整理的内容

资料整理的基本内容包括以下三个方面。

1. 数据确认

是指对原始数据或二手资料进行审核，查找问题、采取补救措施、确保数据质量。

2. 数据处理

是指对问卷或调查表提供的原始数据进行分类和汇总，或者对二手数据进行再分类和调整。

3. 数据陈示

是指对加工整理后的数据用统计表、统计图、数据库、数据报告等形式表现出来。

（三）市场调查资料整理的原则

1. 目的性原则

市场调查资料整理要服从于市场调查的目的要求，针对市场调查需要解决的问题，即用户管理决策的信息需求、有针对性地加工开发出以总括性数据与结构性（分类的）数据相结合的语法信息。

2. 核查性原则

为确保数据处理质量，市场调查资料整理应注意事前、事中和事后都必须对数据质量进行核查，以求发现问题，查找差错，确保数据的准确性和可靠性，为进一步分析研究提供高质量的语法信息。

3. 系统化原则

市场调查资料整理不能停留在调查问卷或调查表数据的简单加工汇总上，应实行多方向、多层次的加工开发，以及调查项目之间的交叉开发，使加工开发的语法信息具有序列化，能最大限度地满足分析研究的需要。

4. 时效性原则

市场调查资料整理是数据处理的过程，需耗费一定的时间，如果不提高加工整理的效率，数据的时效性就会受到影响。因此，应利用计算机自动汇总技术、数据库技术等对数据进行及时加工处理，及时传输和反馈。

(四) 市场调查资料整理的程序

市场调查资料整理的一般程序如图 4－1 所示。

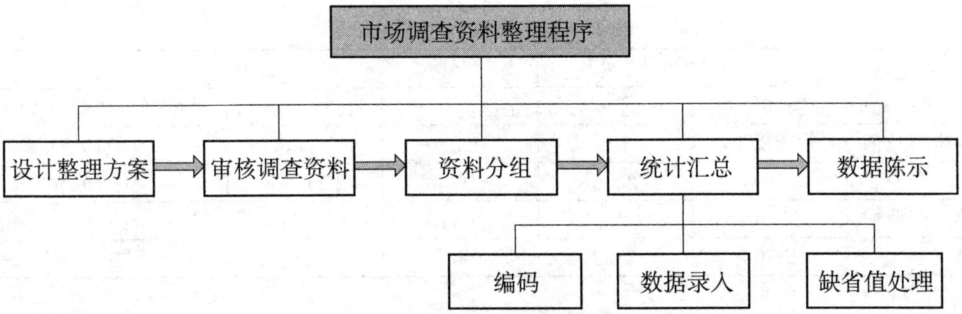

图 4－1　市场调查资料整理程序

1. 设计整理方案

市场调查资料整理方案一般包括整理的目的与要求、资料审核、整理的内容与方式、汇总办法、整理时间、人员安排、数据管理等方面的一些设计和规定。

2. 审核调查资料

审核调查资料主要是审核调查问卷或调查表的完备性、完整性和填答的准确性，以便发现问题进行纠正、补充或删除，防止有问题的问卷或调查表进入整理的流程。或者对二手资料的可靠性、准确性、时效性、可比性等进行评估，以决定其取舍。

3. 资料分组

原始资料和二手资料审核无误后，即可进行分组处理。分组是根据研究的需要，按一定的标志或标准将总体各单位区分为若干组（类）的一种数据加工处理方法。用以划分市场现象的不同类型，揭示总体的内部结构和分布特征，显示市场现象之间的依存关系。市场调查资料分类的标准有属性、数量、时间、空间、关联性等，利用这些分类标准可以对问卷或调查表数据进行多方向、多层次的加工开发和交叉开发。

4. 统计汇总

统计汇总是在分组处理的基础上，利用手工汇总或计算机汇总技术求出各组的单位数、总体单位数、各组综合指标、总体综合指标等。其中手工汇总技术主要有过录法（登记法）、折叠法、卡片法、问卷分类汇总法，等等。计算机汇总一般包括编码、数据录入、缺省值处理等工作程序，它具有速度快、精度高和便于存储数据等特点，特别适合于大批量的数据处理。

5. 数据陈示

市场调查资料整理的最终结果需要借助于一定的形式表现出来，以供调查者和用户阅读、使用和分析研究。数据陈示的形式主要有统计表、统计图、数据库、数据报告等，下面主要讲统计表和统计图。

（1）统计表。统计表是以纵横交叉的线条绘制表格来陈示数据的一种形式。能有条理地、系统地排列数据，使人们阅读时一目了然、印象深刻；能合理地、科学地组织数据，便于人们阅读时对照比较（见表 4-1）。

表 4-1　中国国内生产总值表

	1992 年		1993 年		
	金额（亿元）	比重（%）	金额（亿元）	比重（%）	速度%（1992 年为 100）
国内生产总值	24 363	100	31 380	100	113.4
第一产业	5 800	23.6	6 650	21.2	104
第二产业	11 700	48	16 245	51.8	120.4
第三产业	6 863	28.2	8 485	27	109.3

（2）统计图。统计图是以圆点的多少、直线长短、曲线起伏、条形长短、柱状高低、圆饼面积、体积大小、实物形象大小或多少、地图分布等图形来陈示调研数据。

1）条形图。是以若干等宽平行长条或圆柱的长短来表示品质属性数列中各组频数或频率大小的图形。常以横轴代表不同的组别，纵轴代表各组的频数或频率；亦可用纵轴代表各组，横轴代表频数或频率（见图 4-2）。

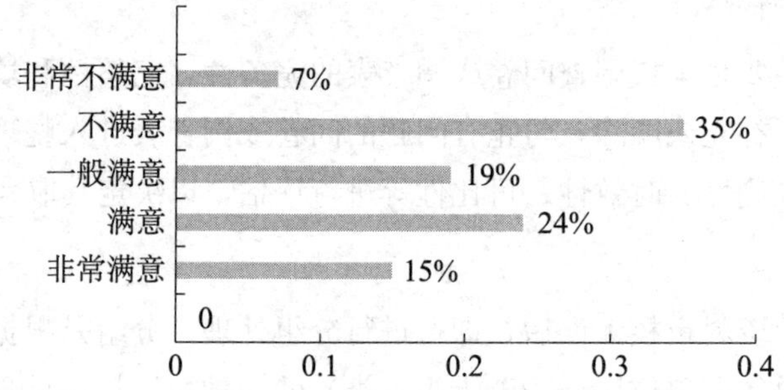

图 4-2　消费者对变频空调的看法

2）动态条形图。动态条形图是以宽度相等的条形的长短或高低来比较不同时期的统计数据的大小的图形，用以显示现象发展变化的过程和趋势。动态条形排列可以是纵列（垂直条形图），也可以是横列（水平或带状条形图），按图形中涉及的统计指标或变量的多少不同，可分为单式条形图、复式条形图、分段条形图等，图 4-3 为复式条形图。

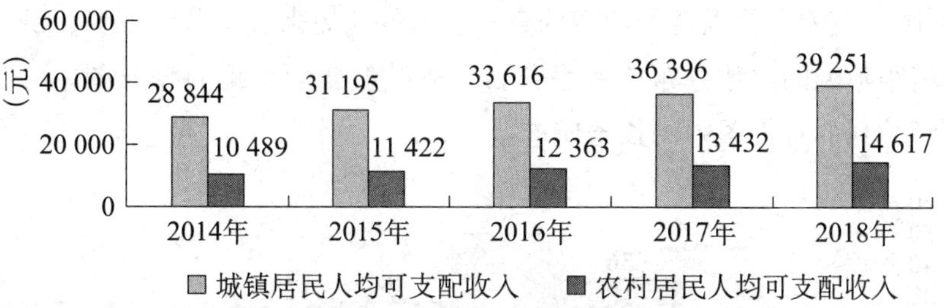

图 4－3 2014—2018 年城镇居民和农村居民人均可支配收入

3）圆面图。圆面图是以圆形的面积代表总体指标数值，圆形的各扇形面积代表各组指标数值，或将圆形面积分为若干角度不同的扇形，分别代表各组的频率。实际应用时亦可将圆面改为圆饼或圆台，变成圆形立体图（见图 4－4）。

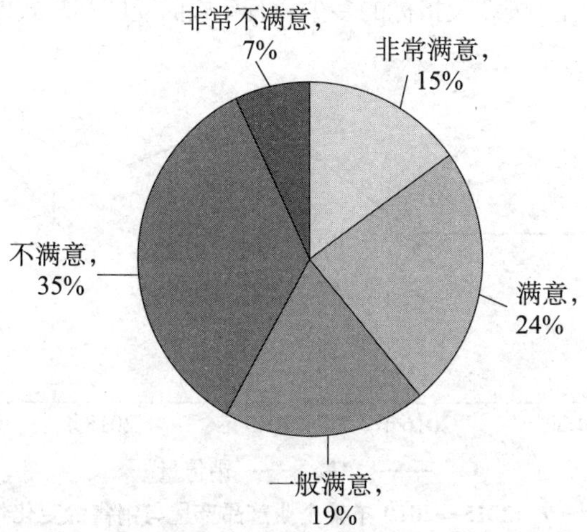

图 4－4 消费者电池购买地点的选择情况饼图

4）环形图。环形图是将总体或样本中的每一部分数据用环形中的一段表示。环形图亦可同时绘制多个总体或样本的数据系列，每一个总体或样本的数据系列为一个环（见图 4－5）。

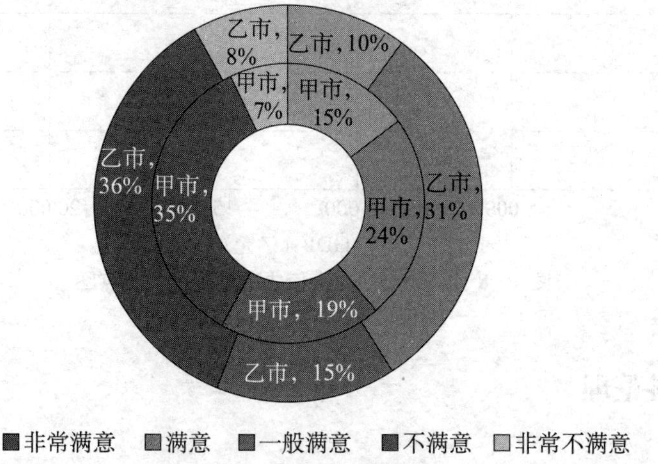

图 4－5 消费者对空调售后服务满意度评价分布

5）直方图。直方图是以若干等宽的直方长条的长短来表示各组的频数或频率的大小。常用于表现组距数列的次数分布或频率分布。离散型变量组距的直方图中的长条应间断，连续变量组距数列的直方图中的长条应连接起来。

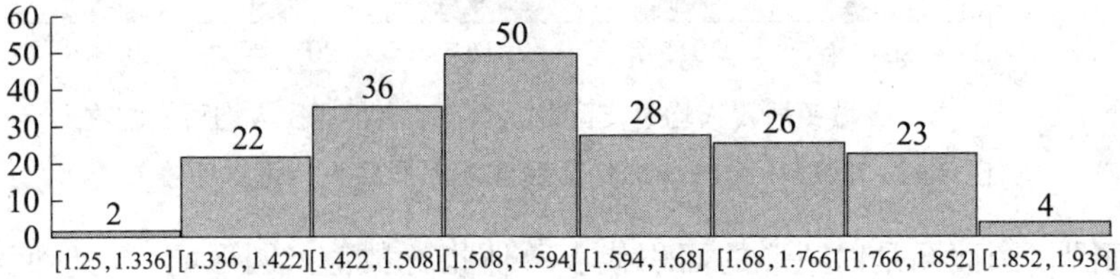

图 4-6　某中学某班级身高分布图

6）动态曲线图。动态曲线图又称时间数列曲线图或历史曲线图，它是以曲线的升降起伏来表示数据的动态变化。按涉及指标的多少，有单式曲线图和复式曲线图之分（见图 4-7）。

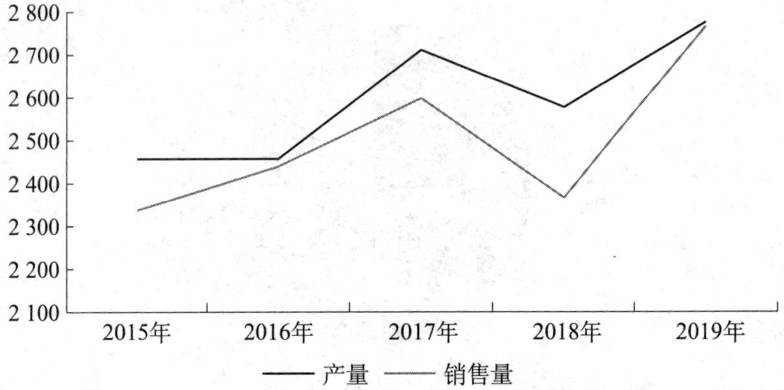

图 4-7　2015—2019 年某企业产品产量与销售量变化情况

7）相关散点图。相关散点图主要用于显示因变量（y）与自变量（x）之间是否具有相关关系，以及相关关系的形式是直线相关还是曲线相关，是正相关还是负相关（见图 4-8）。通常以横轴（x）代表自变量，纵轴（y）代表因变量。

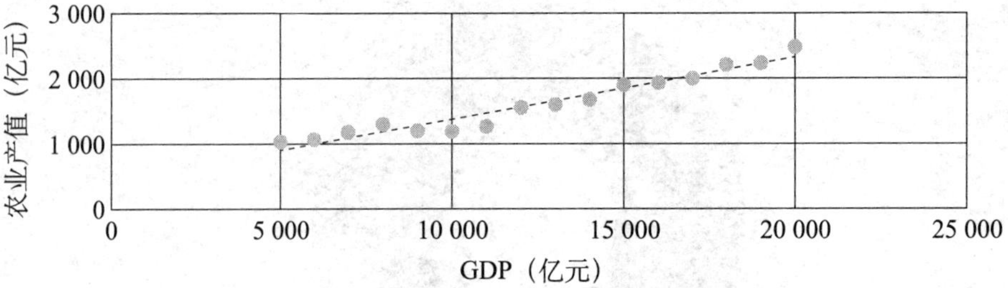

图 4-8　GDP 与农业产值成高度正相关散点图

二、原始资料整理

原始资料整理是指对问卷或调查表提供的原始数据进行加工整理和开发，即对经过审核的问卷或调查表中的原始数据进行分类和汇总，使数据系统化、综合化和条理化，得出能够反映所研究现象总体数量特征的综合资料，并用数据表的形式反映出来。在制定整理方案的基础上，原始资料整理的基本程序如图 4－9 所示。

图 4－9　原始资料整理的基本程序

（一）问卷登记与审核

1. 问卷登记

市场调查问卷回收之后，为了避免信息损失以及评价访问员的工作成绩，要先对资料进行登记分类。分类的标准可以是时间、地区、访问员等。在登记过程中，分别记录各地区、各访问员交回的问卷数量、交付时间、实发问卷数量、丢失问卷数量等情况。在此基础上，对数据资料进行审核，以免不合格、有差错的问卷或调查表进入分类汇总作业流程。

2. 审核的内容

原始资料审核主要是对市场调查活动的真实性、受访者条件、调查过程是否符合标准、回收的问卷或调查表的齐备性、完整性、准确性、时效性和真伪性进行分类汇总前的审核，如表 4－2 所示。

表 4－2　问卷审核的内容

问卷属性	审核内容
齐备性	问卷或调查表的份数是否齐全，是否达到了调查方案设计的样本量的要求。
完整性	问卷或调查表填答的项目是否完整。不完整一般有三种情形：(1) 大面积无回答或者相当多的问题无回答，应作废卷处理；(2) 个别问题无回答应视为有效调查问卷，所留空白以后补救，或直接归入“暂未决定”“其他答案”中；(3) 相当多的问卷对同一问题无回答，仍作为有效调查问卷，对此项提问可作删除处理。
准确性	问卷或调查表中的项目是否存在填答错误，一般有三种情形：(1) 逻辑性错误。明显不符事实，前后不一致。可用电话核实更正，无法核实，按“不详值”对待。(2) 答非所问的答案。一旦发现应通过电话询问纠正，或者按“不详值”对待。(3) 无兴趣回答的错误。一般是被调查者对回答的问题不感兴趣。如果仅属个别调查问卷，应彻底抛弃，如果有一定数目，且集中出现，应把这些问卷作为一个独立的子样本看待，在资料分析时给予适当的注意。
时效性	对调查问卷或调查表的访问时间、有关数据的时间属性进行检查，以评价调查数据是否符合时效性的要求。若延迟访问对调查结果没有什么影响，则问卷仍然是合格的；若延迟访问影响到数据的时间属性不一致，则应废弃这样的问卷或调查表。
真伪性	对问卷或调查表的真实性进行检验，评价访问员是否存在伪造问卷或调查表的行为。一般采用抽样复检的办法进行核实。

3. 审核的方式

较大规模的市场调查项目回收的问卷或调查表往往是大量的，需要聘用审核员进行集中审核。审核的作业方式应该是在问卷或调查表分配给审核员的基础上，实行一卷或一表从头审到尾。审核的具体办法有两种：1）逻辑审核。即用逻辑和经验判断的方法，检查问卷或调查表中的填答项目是否合理，项目之间有无相互矛盾的地方。2）计算审核。即对数据进行计算性的检查，如分项相加是否等于小计，小计相加是否等于合计，数据之间该平衡的是否平衡。

（二）资料的分组

原始资料经过审核，问卷与调查表的质量得到确认之后，即可对问卷或调查表中的问题及答案进行分组处理。分组处理的目的在于使原始资料分门别类，使资料综合化、条理化和层次化。

1. 简单分组处理

简单分组处理是指对总体各单位或样本各单位只按一个标志或标准进行分组处理。分组的标志或标准一般可以区分为品质属性、数量属性、时间属性、空间属性四类。

例如：某市组织了一次样本量为 2 000 户的居民家庭空调满意度和购买行为的市场调查，设计的问题项目是 36 个，其中基本项目 9 个、主体项目 27 个（见表 4－3）。

表 4－3　调查问卷设计问项项目表

（一）基本项目	（二）空调拥有状况	（三）满意度项目	（四）需求项目
1. 性别	10. 拥有量	19. 制冷效果	28. 需求数量
2. 年龄	11. 品牌	20. 制热效果	29. 需求时间
3. 文化程度	12. 机型	21. 节电效果	30. 品牌选择
4. 职业	13. 功率	22. 噪声大小	31. 机型选择
5. 所属行业	14. 购买时间	23. 外观设计	32. 功率选择
6. 家庭人口	15. 购买地点	24. 价格水平	33. 价位选择
7. 就业人口	16. 购买因素	25. 组件质量	34. 购点选择
8. 年人均收入	17. 信息渠道	26. 送货安装	35. 关注要素
9. 居住城区	18. 价格	27. 维修服务	36. 由谁决定

（1）品质属性分布数列。是以被调查者的职业、所属行业、性别、文化程度、品牌等品质属性作为分组标志而形成的简单品质数列。如表 4－4 所示。

表 4－4　某市居民家庭空调拥有量品牌分布

品牌	A	B	C	D	E	F	G	合计
拥有（台）	369	665	775	444	406	261	230	3 150
比重（%）	11.7	21.1	24.6	14.1	12.9	8.3	7.3	100.0

(2) 数量属性分布数列。是以被调查者的年龄、收入、消费支出、家庭人口、就业人口等数量属性作为分组标志形成的变量数列。有如下两种形式:

a. 单项式变量数列。适应于离散型变量(如家庭人口、就业人口、耐用品拥有量、需求量等)的分组处理,即直接以变量的不同取值作组别而编制的变量数列,如表4-5所示。

表4-5　某市居民家庭空调拥有台数分布

拥有量(台)	0	1	2	3	4	5台以上	合计
家庭数(户)	300	708	646	274	52	20	2 000
比重(%)	15.0	35.4	32.3	13.7	2.6	1.0	100.0

b. 组距式变量数列。适应于连续变量(如年龄、收入、消费支出等)的分组处理,即以变量的不同取值区间作为分组的组别而编制的变量数列,如表4-6所示。

表4-6　某市居民家庭人均年收入分布

组别	样本户数(户)	比重(%)
0.5万元以下	180	9.0
0.5~1万元	220	11.0
1~2万元	320	16.0
2~3万元	500	25.0
3~4万元	360	18.0
4~5万元	260	13.0
5万元以上	160	8.0
合计	2 000	100.0

(3) 时间属性分布数列。是以调查问卷中的一些时间属性的调查项目(如购买时间、需求时间)作为分组标志,对被调查者的时间选项进行分组而形成的时间数列,如表4-7所示。

表4-7　某市居民家庭现有空调购买时间分布

购买年数	1年	2年	3年	4年	5年	6年	6年以上	合计
空调数(台)	652	592	551	513	479	310	53	3 150
比重(%)	20.7	18.8	17.5	16.3	15.2	9.8	1.7	100.0

(4) 空间属性分布数列。是以调查问卷中的某些具有空间属性的调查项目(如被调查者的居住区域、购买产品的场所等)作为分组标志而形成的空间数列,如表4-8所示。

表4-8　某市居民家庭现有空调购买场所分布

购买场所	百货店、超市	空调专卖店	电器城	厂家直销	旧货市场	合计
家庭(户)	547	554	534	48	17	1 700
比重(0%)	32.2	32.6	31.4	2.8	1.0	100.0

2. 平行分组处理

平行分组处理是对总体各单位或样本各单位同时采用两个以上的标志进行平行排列的

分组，所编制的分组数列称为平行分组数列。

（1）两变量（项目）平行分组数列。它是将两个有联系的调查项目按相同选项分组的结果并列在一起而编制的平行分组数列，如表 4－9 所示。

表 4－9 某市居民家庭空调品牌分布

品牌	A	B	C	D	E	F	G	合计
1. 拥有（台）	369	665	775	444	406	261	230	3 150
比重（%）	11.7	21.1	24.6	14.1	12.9	8.3	7.3	100.0
2. 需求量（台）	103	192	183	140	110	68	52	848
比重（%）	12.1	22.6	21.6	16.5	13.0	8.0	6.2	100.0

（2）多变量（多项目）平行分组数列。这是将两个以上有联系的调查项目按相同选项分组的结果并列在一起而编制的平行分组数列，常用于产品或服务满意度测评、被调查者态度测量等原始资料的加工开发，如表 4－10 所示。

表 4－10 某市居民家庭空调满意度测评汇总表

测评项目	很满意	满意	较满意	不满意	很不满意	次数合计
1. 制冷效果	261	328	686	340	85	1 700
2. 制热效果	272	330	514	386	198	1 700
3. 节电效果	272	330	514	386	198	1 700
4. 噪声大小	115	230	680	365	310	1 700
5. 外观设计	202	324	860	230	84	1 700
6. 价格水平	212	396	726	285	81	1 700
7. 组件质量	98	283	606	390	323	1 700
8. 送货安装	120	286	698	324	272	1 700
9. 维修服务	120	286	695	326	273	1 700

3. 交叉分组处理

交叉分组处理是对总体各单位或样本各单位采用两个以上的标志或调查项目进行交叉分组，所编制的数列一般表现为相关分组数列或复合分组数列。

（1）基本项目之间的交叉分组处理。它是利用反映被调查者基本情况的基本调查项目之间的关联性进行交叉分组处理，如表 4－11 所示。

表 4－11 被调查者性别与文化程度分布

单位：人

文化程度	性别		合计
	男	女	
小学以下	6	4	10
初中	210	176	386
高中、高职	297	321	618
专科	248	265	513
大学本科	226	177	403
硕士、博士	48	22	70
合计	1 035	965	2 000

(2) 基本项目与主体项目之间的交叉分组处理。它是利用问卷中的基本项目与主体项目之间的关联性进行交叉分组处理，用以揭示不同性别、不同年龄、不同行业、不同职业、不同文化程度、不同居住区域、不同家庭人口的被调查者对所要研究的主体项目选项回答的差异性、相关性等深层次的问题，如表 4-12 所示。

表 4-12　某市居民人均年收入与品牌需求交叉分组列表

人均年收入	品牌需求							合计
	A	B	C	D	E	F	G	
0.5 万元以下	0	10	15	8	10	24	18	85
0.5～1 万元	4	32	28	18	14	20	16	132
1～2 万元	6	60	56	28	18	16	8	192
2～3 万元	14	48	43	30	26	4	5	170
3～4 万元	26	36	30	25	16	2	3	138
4～5 万元	28	4	6	16	14	1	2	71
5 万元以上	25	2	5	15	12	1	0	60
合计	103	192	183	140	110	68	52	848

(3) 三变量交叉分组处理。如表 4-13 所示。

表 4-13　被调查者对空调维修服务满意度测评汇总表

态度测评选项	男			女			合计
	大学以下	大学以上	小计	大学以下	大学以上	小计	
很满意	135	116	251	124	40	164	415
较满意	126	48	174	141	95	236	410
一般	124	52	176	136	46	182	358
不满意	196	46	242	170	13	183	425
很不满意	180	12	192	195	5	200	392
合计	761	274	1 035	766	199	965	2 000

(三) 编码

编码是把原始资料转化为符号或数字的资料标准化过程。即问卷设计者在编写题目时，给予每一个变量和可能答案一个符号或数字代码，也称为事前编码；如问题已经作答，为每一个变量和可能答案给予一个符号或数字代码，则称为事后编码。编码要与分组相对应，具有唯一性、完备性。通过编码，不但使资料简单方便地输入计算机中，更重要的是，通过合理编码，使得不同信息易于分类、理解、计算，对统计计算和结果解释工作产生较大影响。

1. 封闭式问题编码

一般来说，标准化的封闭式问卷资料的编码过程比较简单，常用事前编码，可节省时间。

例如：

您家里是否有第二辆汽车？1——有　2——没有

在这个封闭式问题中，代码 1 代表“有”，代码 2 代表“没有”。

2. 开放式问题编码

开放式问卷资料或讨论、记录资料的编码过程比较复杂，常用事后编码。主要工作包括以下内容：

（1）列出答案。编码人员首先应尽可能地列出每个开放式问题的答案。当总体数量较小时，所有答案都应该列出。在大型调查活动中，也需列出一定数量样本的答案。

（2）合并答案。根据开放式问题答案的性质，编码人员可以将相近类型的答案进行合并处理。合并时，需考虑分组标志的意义以及对数据分析的影响。某调查项目开放式问题“为何选择某品牌手机”的答案合并处理如表 4-14 所示。

表 4-14　“为何选择某品牌手机”的答案

问卷答案	合并答案
1. 质量好	质量好
4. 耐用	
7. 科技含量高	
3. 名牌	名牌
6. 大家都买这个牌子	
9. 许多人推荐	
……	……

（3）设置编码。答案合并处理后，分别赋予每一个类别答案一个数字编码，如表 4-15 所示。

表 4-15　开放式问题答案的合并与编码

答案描述	表 4-14 合并答案	编码
质量好	1、4、7	5
名牌	3、6、9	9
……	……	……

（4）其他情况。非问卷题目的有关问题，如地区划分时，将北京定为“1”；上海定为“2”；对于开放式问题，按收集信息的内容，用“X1”“X2”“X3”来表示。

3. 编制编码手册

当所有问题答案编码都规定清楚之后，编码人员要编写一本编码手册，说明各英文字母、数码的意思。编码手册具备下列功能：1）录入人员可根据编码手册说明来录入数据；2）研究人员或计算机程序员根据编码手册拟统计分析程序；3）研究者阅读统计分析结果，不清楚各种代码的意义时，可以从编码簿中查询。例如：在空调消费者调查问卷时所用的编码手册如表 4-16 所示。

表 4-16 编码手册

变量代码	变量含义	题号	变量名称	是否跳答	数据说明
1	长虹的知名度	Q1	Q1—1	否	1=选中，2=未选中
2	海尔的知名度	Q1	Q1—2	否	1=选中，2=未选中
…	…				
10	其他品牌的知名度	Q2	Q1—10	否	1=选中，2=未选中
11	最常用品牌的知名度	Q2	Q2—1	否	1=长虹，2=海尔，…，11=其他，99=漏答
12	次常用品牌的知名度	Q2	Q2—2	否	同上
13	第三常用品牌的知名度	Q2	Q2—3	否	同上
…	…				
30	长虹价格合理排序	Q10	Q10—1a	是	1=最合理，…，6=最不合理
31	海尔价格合理排序	Q10	Q10—1b	是	1=最合理，…，6=最不合理
…	…				

表 4-16 中，变量是指问卷中所调查的问题或项目；变量代码是给各变量的一个新的数码，表示各变量在数据库中的输入顺序；变量含义是指问卷中问题意思的概括；题号是指变量属于问卷中的第几题；变量名称是变量的代号，便于计算机识别与统计操作；是否跳答是指该问题或项目是否跳过答案；数据说明是对各数码代表被调查者的某种反应的说明。

4. 分组编码

分组编码是根据调查对象的特点和信息资料分类及其处理的要求，把具有一定位数的代码单元分成若干组，每组的数字均代表一定的意义。所有项目都有着同样的数码个数。例如：对目前在校大学生进行一次关于使用信用卡意向的调查，相关的信息包括性别、类别、月消费、使用意向四项。用分组编码法进行编码，如表 4-17 所示：

表 4-17 分组编码表

性别	类别	月消费	使用意向
1=男性	1=本科生	1=小于 150 元	1=已有卡
2=女性	2=硕士生	2=151～300 元	2=准备使用
	3=博士生	3=301～500 元	3=不准备使用
		4=501～700 元	4=无意向
		5=701～1 000 元	
		6=1 001～2 000 元	
		7=大于 2 000 元	

编码“1，2，3，4”就表示一名男性硕士研究生，每月消费在 301～500 元之间，并且不准备办理信用卡。

(四) 数据录入

数据录入形式有两种，一种是以单独数据文件的形式录入和存在；另一种是直接录入专门的统计分析软件中（如 Excel、SPSS）。数据录入前，一般应对所有的问卷进行编号，以便按照问卷编码顺序进行每份问卷数据的录入。数据录入一般是由数据录入人员根据编码的规则（编码手册）将数据从调查问卷上直接录入计算机软件系统中，系统会自动进行记录和存储。录入过程中，为了避免发生差错，应随时进行错误检查，如利用软件自动识别错误；也可以在全部调查问卷的数据录入完毕时运用事先设计的计算机逻辑错误检查程序进行检查，以防止录入的逻辑错误的产生。确认数据录入无逻辑错误后，则可利用设定的计算机汇总与制表程序自动生成各种分组类，为分析研究准备综合化的数据。

（五）缺失数据处理

缺失数据也称缺失值。数据录入中，若遇到数据缺失，先分析数据缺失的原因，如果有个别问题未作答，或是调查员没有记录，可采用以下方法纠正。

（1）找一个中间变量代替。如该变量的中间值或量表的中间值（1～5 分，可选 3）；如是性别变量，可将第一个缺失值用男性数值代替，第二个缺失值用女性数值代替，并依次交替。

（2）用一个逻辑答案代替。如收入缺失，可依据职业情况和个人能力来推断；如性别缺失，可依据受访者笔迹来推断。

（3）删除处理。一种是把整个样本资料全部删除，适合样本数众多时；另一种是在进行缺失样本统计时，将该样本缺失值删除，适合该变量不重要时的情况。

三、二手资料整理

二手资料的加工整理是指对文案调查法、网络调查法等方法收集的次级资料进行再加工整理，使之符合调查者对特定的市场问题研究的需要。二手资料有各种不同的来源，它们的收集目的、总体范围、指标口径和计算方法等与现有问题研究的要求可能存在一定的差别。因此，要使二手资料适用，必须进行再加工整理。其程序如图 4－10 所示。

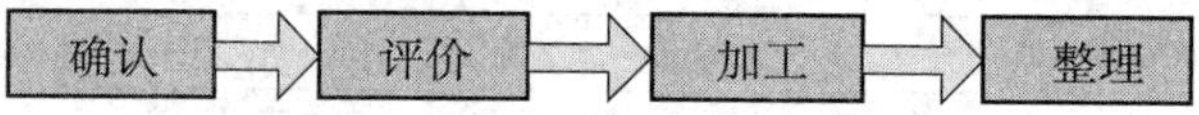

图 4－10　二手资料整理基本程序

（一）确认

确认又称甄别，是指对二手资料的真伪性、准确性、时效性、可靠性等进行检查和判定，以便从中选定可供利用的资料。确认的主要内容包括：确认二手资料原来调查研究的目的是什么，确认资料收集的方式方法是什么，确认调查的总体范围是什么，确认调查的样本量有多大，确认指标口径、计算方法和数据分类是怎样的。通过这些方面的确认以判定二手资料能否适合当前问题研究的需要，决定其取舍。

（二）评价

评价是根据当前问题研究的需要，对所选定的二手资料的可利用程度进行评价，以判别哪些资料可直接利用，哪些资料需要进行再加工处理才能利用。

（三）加工

加工就是对不能直接利用的二手资料进行改造制作，使之符合分析研究的需要。如当二手资料的总体范围、指标口径、计算方法等因种种原因造成前后时期市场调查数据不可比时，一般可用加进、减去、换算等方法进行调整。例如：由于行政区域、组织系统、隶属关系、经营范围变更导致的数据不可比，应以现行的行政区域、组织系统、隶属关系和经营范围为准，调整过去的统计数据。如果统计数据的计量单位和计价标准前后时期不一致，则应按现行的计量单位和计价标准进行加工换算。

【知识拓展】
资料整理的人员要求

（四）整理

二手资料经过确认、评价加工之后，为了使历史数据和有关资料实现有序化，更好地满足分析研究的需要，还应对二手资料进行整理。主要包括数据的列表展示、各类统计表的汇编、编印资料手册、文献资料的分门别类、归档管理等。

任务二 分析市场调查资料

一、了解市场调查资料分析

市场调查资料分析是指根据市场调查的目的，运用多种分析方法对市场调查收集整理的各种资料进行对比研究，通过综合、提炼、归纳、概括得出调查结论，进行对策研究的过程。

市场调查资料是反映市场客观事实的，然而这些资料并不能直接显现一定的规律性，需要对其进行分析总结，寻找客观事物发展的规律性。因此在调查收集资料的基础上，既要对资料进行定性分析，也要对资料进行定量分析，只有这样，才能达到调查研究的目的。

二、掌握定性分析方法

（一）定性分析的概念

定性分析是相对于定量分析而言的，是对不能量化的现象进行系统化理性认识的分析，其方法依据是科学的哲学观点、逻辑判断及推理，其结论是对事物的本质、趋势及规律的性质方面的认识。

定性分析有如下特点：分析的对象是调查资料，分析的直接目的是要证实或证伪研究假设，对市场现象得出理论认识，分析强调纵式关系。

（二）定性分析的原则

进行定性分析通常要遵循三个原则：坚持用正确的理论指导；分析只能以调查资料为基础，并且分析出的结果必须用调查资料来验证；要从调查资料的全部事实出发，不能简单地从个别事实出发。

（三）几种常见的定性分析方法

1. 类推法

(1) 类推法的含义。类推即类比推理，是由特殊（局部、个别）到特殊的分析推理。它与演绎推理、归纳推理并列为三大推理分析方法。类推原理就是根据事物及其环境因素的相似性，通过一个已知的事物的发展变化情况，推测其他类似的事物变化趋势的一种判断预测方法。

类推预测法就是根据对某些经济现象之间的相似性或相关性的认识，对预测目标的未来发展趋势做出合乎实际和逻辑的推理判断。

(2) 类推法的特点。类推法的突出特点就是要求预测对象与类比对象具有类比性、相似性或近似性。类推法适用广泛、手段简便、论证性强，它要求预测人员具有丰富的实践经验，对预测目标及其关联内容有深入的了解，掌握比较全面的有关类比对象的信息资料，有较强的分析能力、综合能力和逻辑推理能力。

(3) 类推法的类型。根据预测者对预测目标和市场范围的不同，人们可将它分为产品类推法、行业类推法、地区类推法、局部总体类推法、更新换代类推法。当然，这样的分法主要是从实用角度出发，本身并不严谨。

1) 产品类推法。产品类推法是依据产品之间在功能、构造、原材料、规格等方面的相似性，推测产品市场的发展也可能会出现某些相似性。例如：在中国的一些合资汽车企业，新产品开发的重点不是自主创新，往往热衷把在国外热销的车型引入中国，多数都取得了较好的市场效果。如北京现代曾引进“伊兰特”车型，销量长期处于前列。

2）行业类推法。有不少产品的发展是从某一个行业开始，逐步向其他行业推广，而且每进入一个新行业，往往要对原来的产品做些改进和创新，以适应新行业市场需要。例如：随着科技发展和人们受教育水平的提高，计算机开始贴近普通民众的日常生活，成为普通家电。于是企业在预测计算机销售时，就不再把它看成高科技工具，而按家电的观念重新看待计算机，于是很多原先的家电销售企业也开始经销计算机，甚至一些企业把专业服务也省略掉，做起直销，取得长足的发展。

3）地区类推法。同类产品的市场不仅在同行业之间存在时差，而且在不同地区之间这种时差表现得更明显。这种空间和时间上的传递也有着一定的规律，找出领先和滞后的地区，并且分析出时差程度，可以很方便地预测许多事物的趋势。例如：法国时装领导着世界服装的潮流，而这种国际潮流一般先传到欧美，然后是日韩，接着传到我国港台地区，进入我国东南沿海一段时期后，才会向中西部延伸。当然，还有许多流行的事物也常遵循着这条路径传递。

4）局部总体类推法。局部总体类推法，即以局部推断总体，是指以某一个企业的普查资料或某一个地区的抽样调查资料为基础，进行分析判断、预测和类推。在市场预测中，普查固然可以获得全面系统的资料，但由于主客观条件的限制，不可能开展普查，只能进行局部普查或抽样调查。因此，在许多情况下，运用局部普查资料或抽样调查资料，预测和类推全面或大范围的市场变化就成为客观需要。

5）更新换代类推法。科学技术的发展，新工艺、新技术、新材料的使用，使得产品更新换代的周期越来越短。更新换代类推法就是利用更新换代前产品的变化规律类推更新换代后产品的变化规律。例如：随着 LED 技术的发展，液晶电视显示器的制造材料 LCD 逐步被 LED 取代；随着互联网的普及，普通家庭上网需求基本得到满足，光纤通信技术代替了传统的电话线上网技术。

（4）类推法的应用。类推法的应用范围很广泛，但最有效的是在新产品需求和销售预测方面。如视听产品的种类有很多，当判断新式的大屏幕液晶电视能取得多大的市场销售量和占有率时，可以使用产品类推法和地区类推法进行预测。当使用产品类推法时，可找准一类产品作为对比的参照物，要求二者具有较高的相似性，可选择其他类型的高档电视或高级音响。通过观察对比参照的产品的市场销售情况来推断新产品的预测销量。当使用地区类推法时，同样要找到可比较的参照地区，其规模、消费特性、市场特点等某些方面有较多的相似性，通过观察参照地区市场上的新产品的销售情况来推断本地区未来的可能发展趋势。

2. 主观概率法

（1）主观概率法的概念。主观概率是预测者对经验结果所做主观判断的度量，即可能性大小的确定。主观概率法是对经验评判中各方法的不同定量估计进行集中整理的常用方法，它是以主观概率为权数，对各种预测意见进行加权平均，求得综合性市场预测结果的方法。

（2）主观概率法的特点：

1）主观概率是一种个人的心理评价，对同一事物，不同人对其发生的概率判断是不同的。

2）主观概率的测定因人而异，受人的心理影响较大，其准确性和可靠性更多地取决于预测者的知识水平和经历经验的丰富程度及对事物的把握程度。

3）主观概率法是预测者对事物发生的概率做出的主观估计和心理评价，通过计算得到它的平均值，并以此作为预测事件的结论。由此可见，它是一种定性为主、定量为辅的计算方法。

（3）主观概率法的应用。主观概率法的具体应用如下例所示。

某企业有4个业务经理分别对下年度（2020年）公司销售额做出各自预测，并根据其能力强弱给出不同权数。如表4-18所示。

表4-18　主观概率预测统计分析表　单位：万元

预测者	A			B			C			D		
权数	1			1.2			1.5			2.5		
概率	高	中	低	高	中	低	高	中	低	高	中	低
	0.3	0.4	0.3	0.7	0.2	0.1	0.2	0.4	0.4	0.2	0.5	0.3
销售额	1 100	950	750	1 200	800	700	1 150	900	750	1 100	1 000	850

1）计算各位业务经理的预期初始值：

A=1 100×0.3+950×0.4+750×0.3=935（万元）

B=1 200×0.7+800×0.2+700×0.1=1 070（万元）

C=1 150×0.2+900×0.4+750×0.4=890（万元）

D=1 100×0.2+1 000×0.5+850×0.3=975（万元）

2）利用加权平均数公式，求得预测值：

Y=966.37（万元）

3）根据以往几年的实际值与预测值对比资料计算平均偏差程度。如表4-19所示。

表4-19　平均偏差表

年份	2013	2014	2015	2016	2017	2018	2019
比率=实际值/预测值	0.98	1.03	1.02	0.86	0.97	1.01	0.90

平均比率=（0.98+1.03+1.02+0.86+0.97+1.01+0.90）÷7=0.967 1

平均偏差程度=0.967 1−1=−0.032 9

说明实际值比预测值低3.29%，应将预测值减去3.29%，得：

966.37×(1−3.29%)=934.58（万元）

最终预测值为934.58万元。

3. 专家意见集合法

（1）专家意见集合法的含义。专家意见集合法也称为专家会议法，就是根据市场预测的目的和要求，聘请一些专家成立预测小组，企业自身不参加预测，只承担管理和组织工作。企业为专家组提供相关的背景资料，由专家自行预测，并以座谈会的形式对预测对象及其前景的预测结果进行评价。最后，在经过综合专业分析判断的基础上得出大家认可的市场发展趋势预测结果。

需要注意的是，专家是指那些有相关事物的知识和经验，来自多个不同领域，具有一定代表性的专业人员，且人数不宜太多，一般在 15 人以内。

(2) 专家意见集合法的特点。专家意见集合法属于集体经验判断预测法的范畴，与集体意见交换法的区别仅在于参加预测的人员为与预测问题相关的各类专家。

专家意见集合法优点：由专家充分讨论、集思广益而做出的判断具有更高的准确性和可靠性。不足之处：专家的威望、个性和心理因素都会影响意见的表达和交换，从而降低预测结果的科学性和准确性，关键在于对专家的选择和在讨论中对“意见领袖”的控制。

4. 头脑风暴法

(1) 头脑风暴法的含义。头脑风暴法是根据预测目的的要求，组织各类专家相互交流意见，无拘无束地畅谈自己的想法，敞开发表自己的意见，在头脑中进行智力碰撞，产生新的思想火花，使预测观点不断集中和深化，从而提炼出符合实际的预测方案。

(2) 头脑风暴法的特点。头脑风暴法是专家会议法的进一步发展，它与专家会议法基本一样，最大特点就是头脑风暴法所要解决的问题是创造性问题而不是逻辑性问题，通过最大限度地发挥人们所具有的智慧和创造力，来寻找解决问题的各种可能性，最终得出令人满意的答案。

每个人都有创造能力，但想要真正发挥出来是件很难的事。发挥人的创造能力、聪明才智来构思方案，其方法是多种多样的，其中头脑风暴法就是一种很好的方法。采用头脑风暴法进行预测，与一般会议的根本区别在于：

1) 不批评别人的意见。创造能力和判断能力共存于人的大脑思维之中，常常是判断能力更强一些，并抑制创造能力。与会专家如果相互批评，就说明判断能力产生了作用，会抑制与会者的独立思考，不利于构思方案。为了能够提出前所未有的、打破常规的方案，基本原则是在构思方案时不使用判断能力。

2) 提倡自由奔放的思考。所谓自由奔放，就是要刺激与会专家的思考能力，使过去的经验和知识处于容易释放的状态，对自己思考的方案也不要使用判断能力。

3) 提出的方案越多越好。这条规则的目的无非是创造尽可能多的解决问题的机会，寻求解决问题的各种可能性。因此，开始时先不要考虑方案的质量，等到寻找到了一切可能性之后，再来分析方案的质量。如果在提方案的时候就考虑质量问题，这就使用了判断能力，分散思考就会受到抑制。为了找到满意的方案，就要追求数量，有了数量就会有质量。

4) 提倡在别人方案的基础上进行改进或与之结合。对已提出的方案不加评论，其意义在于自己可以考虑别人的方案并加以发展，这称为方案的“免费搭车”，即根据别人提出来的方案，按他的思路对方案做进一步发展。

(3) 头脑风暴法的类型。头脑风暴法可分为直接头脑风暴法和质疑头脑风暴法。

1) 直接头脑风暴法。按照上述头脑风暴法的原理和规则，通过一组专家会议，对所预测的问题进行创造性思维活动，从而得出满意方案的一种方法。

2) 质疑头脑风暴法。这种方法是同时召开由两组专家参加的两个会议，进行集体讨论，其中一个专家组会议按直接头脑风暴法提出设想，另一个专家组会议则是对第一个专家组会议的各种设想进行质疑，通过质疑进行全面评估，直到没有问题可以质疑为止，从而形成一个更科学、更可行的预测方案。

5. 德尔菲法

(1) 德尔菲法的含义。德尔菲法实际上就是专家小组法或专家意见征询法。这种方法是按一定的程序，采用背对背的反复征询的方式，征询专家小组成员的意见，经过几轮的征询与反馈，使各种不同意见渐趋一致，经汇总和用数理统计方法进行收敛，得出一个比较合理的预测结果供决策者参考。

(2) 德尔菲法的特点。德尔菲法由美国兰德公司在 20 世纪 40 年代首创和使用，最先用于科技预测，后来在市场预测中也得到了广泛应用。它是一种非常实用的方法，其特点如下。

1) 匿名性。采用德尔菲法收集专家意见，是通过匿名函征询方式，即通过邮寄函件背对背式的方法征询意见。专家们只同组织者发生联系，专家之间不发生联系。组织者对专家的姓名保密，尽量使参加预测的专家互不知情，以免交叉影响。

2) 反馈性。德尔菲法是采用多次逐轮征求意见（一般要经过三四轮），每一次征询之后，组织者都要将该轮情况进行汇总、整理，作为反馈材料发给每一位专家。通过反馈信息，专家们在背对背的情况下，了解到其他专家的意见，以及持不同意见的理由，有利于相互启发，集思广益，开阔思路，充分发挥专家们的智慧，提高预测的准确性和可靠性。

3) 收敛性。通过数轮征询后，专家的意见会相对集中，使预测的问题越来越明确，为决策提供依据。

(3) 德尔菲法的实施过程。德尔菲法实施过程如图 4-11 所示。

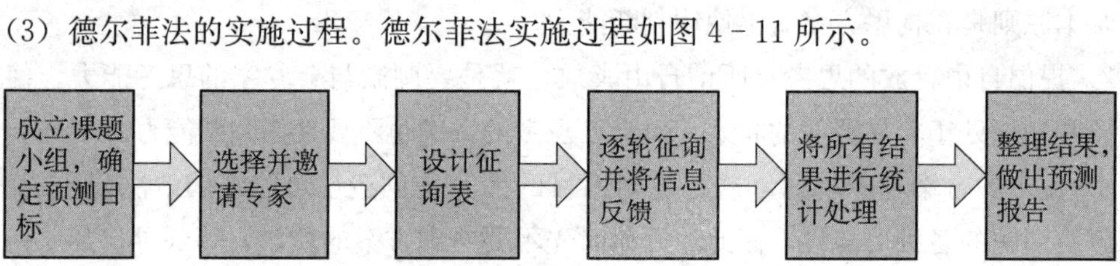

图 4-11　德尔菲法操作程序

1) 成立课题小组，确定预测目标。课题小组是预测的领导者、组织者，也是预测的主持者，具体负责确定预测目标，准备背景材料，选定专家，设计征询表，对征询结果进行分析处理等。

2）选择并邀请专家。选好专家是德尔菲法成败的关键，因此预测课题小组要用足够的时间和力量来选择，应对选定的专家有较全面的了解。所选专家应当对预测对象和预测问题有比较深入的了解和研究，具有专业知识和丰富的经验，思想活跃，富有创造性和判断能力。选择专家应遵循自愿的原则，要有广泛性，结构要合理。专家人数可根据具体情况而定，一般 10～50 人，实际上也有多达百人的情况，常常是选定的专家人数比实际需要的人数多一些，以防止因种种原因造成的征询表的回收率过低的问题。选定专家之后，要向专家发出邀请，并说明德尔菲法的原理、预测的要求和内容。另外，每位专家的权威程度可以从以后回收的征询表中的专家自我评价中获得，如在征询表中让每位专家填写自己对该问题的研究程度或熟悉程度。

3）设计征询表。设计征询表就是围绕预测课题从不同侧面以表格形式提出若干个有针对性的问题，以便向专家征询。表格应简明扼要，明确预测意图，不带附加条件，尽量为专家提供方便。征询问题的数量要适当。经常涉及的征询表有：事件、时间预测征询表，即专家对预测事件实现时间的可能性的主观推测；主要概率征询表，即专家对预测事件发生某种结果的可能性大小的主观估计；事件比重预测征询表，即专家对所研究的某种经济现象中各相关因素构成比重未来变化的主观判断；事件相对重要性预测征询表，即专家对实现同一任务的各种可行方案以打分形式进行优先分析的主观估测；等等。

4）逐轮征询并将信息反馈。这是德尔菲法的主要环节。征询和信息反馈，一般进行三四轮。每次征询后，将专家回答的意见综合整理归纳，匿名反馈给各位专家，再次征询意见，然后再加以综合整理、反馈，反复循环，得出比较集中和一致的意见。一般情况下，每轮作业周期以 1～2 月为宜。在实际中，作业周期的长短应考虑课题的大小、专家人数的多少，处理信息的手段和能力等。

5）将所有结果进行统计处理。实际上，每一轮征询后，都要对大量的数据进行处理，处理的目的在于找出能反映课题发展规律的数据，即未来可能出现的概率。在征询的最后一轮，对专家意见的综合处理通常采用中位数法，即将各专家的预测数值按大小顺序排列，选择居于中间位置的数值表示数据的集中特征。当数列的数目为奇数时，中位数只有一个；当数列的数目为偶数时，中位数则应为中间两个数的算术平均值。

6）整理结果，做出预测报告。预测组织者要撰写详细的预测结果分析报告，以供决策者参考。

（4）应用德尔菲法应该注意的问题：

1）预测组织者应精通德尔菲法的基本原理。只有预测组织者对德尔菲法精通，才能搞好德尔菲法的作业设计，才能把握预测的全过程。

2）不能将预测组织者的意见强加给专家，或通过表格明示、暗示其倾向。这样做只会影响预测结果的可靠性。

3）当预测结果难以统一，或没有明确结果时，应检查所选课题是否可行，或者目标是否存在范围过大、过于笼统的问题。

4）德尔菲法只是一种预测方法，一种决策分析工具，它不能代替决策，它只能为决策者进行决策提供相关信息和咨询，以帮助决策者筛选、比较方案，科学决策。

三、掌握定量分析方法

（一）定量分析的概念

定量分析是指从事物的数量特征方面入手，运用一定的统计学或数学分析方法进行数量分析，从而挖掘出事物的数量中所包含的事物本身的特性，即规律性的分析方法，定量分析中最常用的方法是统计分析法。

（二）几种常见的定量分析方法

1. 集中趋势分析

集中趋势是指调查数据的频数分布从两边向中间集中的趋势，也称趋中性。测定数据集中趋势的常用指标有平均数、中位数和众数。

（1）平均数。平均数又称均值，主要有算术平均数、调和平均数和几何平均数三种计算方法。其中，算术平均数是最常用的计算方法，其计算公式分别表示如下。

1）简单算术平均数——根据原始数据计算。

$$\bar{x}=\frac{x_1+x_2+\cdots+x_n}{n}=\frac{\sum_{i=1}^{n}x_i}{n}$$

式中，$\bar{x}$ 为算术平均数；x_i 为第 i 个观测值或变量值；n 代表样本量。

2）加权算术平均数——根据分组数据计算。

$$\bar{x}=\frac{x_1f_1+x_2f_2+\cdots+x_nf_n}{f_1+f_2+\cdots+f_n}=\frac{\sum_{i=1}^{k}x_if_i}{\sum_{i=1}^{k}f_i}$$

式中，x_i 为第 i 组的组中值；f_i 为第 i 组的单位数；k 为组数。

算术平均数适用于不存在极端值的定距变量或定比变量集中趋势的度量。例如：人均购买量、人均购买次数、人均拥有量等都属于反映消费者的购买或拥有状况的平均指标。算术平均数可以反映某一现象平均水平的变化趋势或规律，也可以用于不同国家、地区和单位之间的对比。

（2）中位数。把一组数据按照从小到大的顺序排列后，位置居中的变量值就是中位数，记为 m_e。中位数将全部调查数据分为两部分，其中一半的数值小于中位数，另一半的数值大于中位数。

依据原始数据或单项式分组数据计算中位数时，首先需要将变量值按照大小顺序排列，然后按照下面的方法来确定：

当 n 为奇数时：$m_e=x_{(n+1)/2}$

当 n 为偶数时：$m_e=(x_{n/2}+x_{n/2+1})/2$

组距式分组数据中位数的确定可采用如下公式来近似计算，即

$$m_e=L+\frac{\frac{\sum f}{2}-S_{m-1}}{f_m}\times d \text{（下限公式）}$$

或

$$m_e=U-\frac{\frac{\sum f}{2}-S_{m+1}}{f_m}\times d \text{（上限公式）}$$

式中，L 为中位数所在组的下限；U 为中位数所在组的上限；$\sum f$ 为总次数；S_{m-1}代表中位数所在组以下各组的累计次数；S_{m+1}为中位数所在组以上各组的累计次数；d 为中位数所在组的组距；f_m 代表中位数所在组的次数。

中位数适用于定序变量以及有极端值且分布比较均匀的定距变量和定比变量。

（3）众数。众数是指数据中出现次数最多的变量值，记为 m_0。原始数据或单项式分组数据的众数可直接通过观察得到，即出现次数最多的变量值就是众数，组距式分组数据的众数，除可以用众数所在组的组中值近似代替外，还可以用插值公式来确定，即

$$m_0=L+\frac{\Delta_1}{\Delta_1+\Delta_2}d \text{（下限公式）}$$

或

$$m_0=U-\frac{\Delta_1}{\Delta_1+\Delta_2}d \text{（上限公式）}$$

式中，L 为众数所在组的下限值；U 为众数所在组的上限值；Δ_1 为众数所在组的变量值的次数与前一组次数之差；Δ_2 为众数所在组的变量值的次数与后组次数之差，d 为众数所在组的组距。

众数反映了数据中最多数的代表值，可以使我们在实际工作中抓住事物的主要矛盾，有针对性地解决问题。众数最适合用来表示定类变量的集中趋势，也可用于有极端值且分布具有明显集中趋势的定距变量和定比变量。例如：当问人们最喜欢哪个品牌时，众数所对应的品牌就是人们最喜欢的品牌。

2. 离散趋势分析

离散趋势是指调查数据远离其分布中心值的程度。如果说集中趋势指标反映的是调查数据的共性和集中性，那么离散趋势指标反映的就是调查数据的个性和分散性。调查数据的离散程度越高，用于描述数据集中趋势指标的代表性就越差，使用这些代表性指标进行统计分析的效果也就越差。

常用的反映数据离散程度的指标有标准差、方差、四分位差、变异系数等。

（1）标准差和方差。标准差是指调查数据中各变量值与其算术平均数离差平方的算术平均数的平方根，记为 S；方差即为标准差的平方，记为 S^2。标准差和方差反映了所有变

量值对平均数的离散程度，其数值大小与平均数代表性的大小成反向变化：方差或标准差越大，平均数的代表性越差；方差或标准差越小，平均数的代表性越好。方差及标准差的计算公式为：

1）根据原始数据计算标准差：

$$S=\sqrt{\frac{\sum_{i=1}^{n}(x_1-\overline{x}^2)}{n}}$$

2）根据分组数据计算标准差：

$$S=\sqrt{\frac{\sum_{i=1}^{n}(x_1-\overline{x}^2)f_t}{\sum_{i=1}^{n}f_i}}$$

对标准差进行平方，即可得到方差。

（2）四分位差。把调查数据按照从小到大的顺序排列后，用三个四分位数点（Q_1，Q_2，Q_3）将其分为四个相等部分：第一个四分位数点 Q_1 是第 25 个百分位数点，又称低四分位数点；第二个四分位数点 Q_2 是第 50 个百分位数点，即中位数；第三个四分位数点 Q_3 是第 75 个百分位数点，又称高四分位数点。高四分位数点 Q_3 与低四分位数点 Q_1 之间的距离即为四分位差，记为 Q_D。四分位差用公式表示为：

$$Q_D=Q_3-Q_1$$

如果四分位差较小，说明数据相对集中于中位数附近；反之，则说明调查数据的分布较为分散。

（3）变异系数。变异系数是指调查数据的标准差与其算术平均数的比值，又称离散系数，主要用于比较不同类别（平均数不同）数据的离散程度，用公式表示为：

$$v_s=\frac{S}{\overline{x}}\times 100\%$$

变异系数越大，说明数据的离散程度越大，平均指标对总体一般水平的代表性越差；变异系数越小，说明数据的离散程度越小，平均指标对总体一般水平的代表性越好。

3. 信度分析

在完成问卷设计以后，问卷还不能马上用于市场调查，还需要对问卷，特别是问卷中量表的信度、效度和可推广性进行评价。

在讲述信度分析之前，需要对测量的准确性有一定的了解，因为它是评估量表的基础，测量值或者说调查值是反映一个物体某种特性的数字。调查值并不能完全代表物体特性的真实值，只是对它的一次观测。许多因素可以引起调查误差，这将导致调查值偏离真实值，真实得分模型为理解此调查的准确性提供了一个框架结构，根据这个模型，有以下公式：

$$X_0=X_T+X_S+X_R$$

公式中各字母的意义是：

X_0——观察值或调查值；X_T——真实值；X_S——系统误差；X_R——随机误差。

总的调查误差包括系统误差和随机误差，系统误差以一种不变的方式影响调查值，即系统误差和真实值之间存在一种固定的函数关系；随机误差不是固定的，代表每次调查时以不同的方式影响调查值，即随机误差是不可预测和计算的。系统误差和随机误差对于我们理解信度和效度是至关重要的。

信度（Reliability）是指如果重复进行测量，一个问卷产生一致性结果的程度。系统误差对信度没有不利影响，因为它以不变的方式影响调查值，重复测量中真实值不会改变，因而系统误差也不会改变；相反，随机误差会影响信度，信度可以理解为调查值排除随机误差的程度，如果随机误差为 0，则调查是完全可信的。

通过确定问卷的系统误差的比例来评价信度，是通过确定用同一问卷得到的调查值之间的相关度来实现的，如果相关程度高，则问卷可信，反之，则问卷信度较低。信度按不同的测量方法分为重复测试信度、复本信度和内部一致性信度。

（1）重复测试信度。重复测试信度（Test-retest Reliability）是指在相同条件下，不同时间进行两次调查，计算相关系数就可以确定信度。在实际中，重复测试信度很少使用，这是因为：1）很多时候都不会进行两次调查来检验信度；2）即使进行两次调查，调查对象在两次测量中的条件也无法完全相同，特别是在市场调查中，相同的条件基本是不可能做到的，而且第一次调查很可能对第二次调查产生影响，得到偏高的信度。

（2）复本信度。复本信度（Alternative-forms Reliability）构建了两个等价的问卷，在不同的时间对同一调查对象进行调查，对等价的量表调查得来的两个结果进行相关分析以确定信度。这种方式在实际中使用更少，因为它除了需要两次调查的缺点以外，还有两个问题：1）构造等价问卷所耗费的时间和精力都很大，成本过高；2）构造等价问卷是非常困难的事情，要求问卷同一内容的两个问题有相同的均值、方差，不同内容以及题目之间有相同关联程度，这几乎是做不到的。因此，如果得到一个低信度，既可能是问卷不可信，也可能是两次问卷不等价。

（3）内部一致性信度。内部一致性信度（Internal Consistency Reliability）被用来评价一个问卷的信度，是指问卷中的一组问题是否测量的是同一个概念，也就是这些问题的内在一致性如何。如果内在信度系数在 0.8 以上，则可以认为调查表有较高的内在一致性。最常用的内部一致性信度指标是折半信度和克朗巴哈 α 系数。折半信度是将问卷中的问题分成两半，分别计算两部分问题的相关系数，相关程度高则表明内部一致性强，这个信度受问题拆分的影响，因此常用的替代方法是克朗巴哈 α 系数，这个系数是对问卷所有分割方法的折半信度的平均数，较折半信度更加科学。

以上各种系数应该达到多大才能认为问卷信度较高？在这方面一般没有统一的标准，但是大多数学者都认为，信度系数如果在 0.9 以上，则认为信度甚佳，在 0.8 以上是可以接受的，如果在 0.7 以上，则问卷应该进行较大的修改，但仍然有价值，如果在 0.7 以下，则问卷价值就很低了。

4. 相关分析

相关分析是研究变量之间相关关系密切程度的统计方法。变量之间的相关关系，按表现形式不同，可以分为线性相关和非线性相关；按相关的方向不同，可以分为正相关和负相关。当两个变量之间的关系大致呈现直线变动时，称为线性相关。在线性相关中，如果两个变量的变动方向相同，即一个变量的数值增大或减小，另一个变量的数值也随之增大或减小，则称为正相关；如果两个变量的变动方向相反，则称为负相关。

常用的测度变量之间相关关系的方法有散点图法和相关系数法。

（1）散点图。散点图是指以直角坐标系的横轴代表自变量 z，以纵轴代表因变量 y，将两个变量间相对应的变量值用坐标点的形式描绘在坐标平面上所形成的图形。利用散点图可以直观地看出两个变量之间相关关系的形式、方向及密切程度。

（2）相关系数。在线性相关的条件下，相关系数是衡量两个变量之间线性相关程度的统计指标，记为 r。其计算公式为：

$$r=\frac{cov(xy)}{S_xS_y}=\frac{\sum_{i=1}^{n}(x_i-\overline{x})(y_i-\overline{y})}{\sqrt{(x_i-\overline{x})^2}\sqrt{(y_i-\overline{y})^2}}$$

式中，$cov(xy)$为协方差；S_x 和 S_y 分别为变量 x 和变量 y 的标准差。

相关系数的取值范围为$|r|\leqslant 1$。若 $0<r<1$，表明 x 和 y 正相关；若 $-1<r<0$，表明 x 和 y 负相关；若 $r=0$，表明 x 和 y 之间不存在任何线性相关关系，若$|r|=1$，表明 r 和 y 完全相关。r 的绝对值越接近于 1，表明两个变量之间线性相关的程度越大，当$|r|\geqslant 0.8$ 时，一般可以认为两个变量之间存在高度相关关系。

5. 回归分析

回归分析是指对具有相关关系的变量之间数量变化的一般关系进行测定，确定一个相关的数学表达式，以便进行估计或预测的统计分析方法。回归分析的目的是通过自变量的给定值来估计或预测因变量的均值。其中：一个或若干个起着影响作用的变量称为自变量，它是引起另一现象变化的原因；而受自变量影响的变量称为因变量，它是自变量变化的结果。

（1）一元线性回归。一元线性回归是最简单的回归分析形式，它反映的是因变量与一个自变量之间的回归关系。一元线性回归模型为：

$$y=\beta_0+\beta_1x+\varepsilon$$

式中，y 为因变量；x 为自变量；ε 为随机误差；β_0 和 β_1 均是未知参数，β_0 为直线在 y 轴上的截距，β_1 为直线的斜率，也称回归系数，它表示 x 每增加一个单位时 y 的平均变动量。

回归分析就是利用最小二乘法等方法对上述回归方程的参数 β_0、β_1 进行估计的过程，其基本思想是使误差平方和最小。y 的估计值为：

$$\hat{y}=\hat{\beta}_0+\hat{\beta}_1 x$$

式中，$\hat{\beta}_0$ 和 $\hat{\beta}_1$ 分别是 β_0 和 β_1 的估计值。

实现一元线性回归分析过程的步骤为：绘出散点图→建立一般模型→估计方程参数→检验回归方程的拟合优度→检验参数的显著性→检验回归方程的显著性→分析回归方程的残差→顶测。

（2）多元线性回归。在实际问题中，影响因变量的因素往往不止一个，这时就需要进行一个因变量与多个自变量之间的回归，即多元线性回归。假设影响因变量 y 的自变量共有 n 个，y 对 n 个自变量的多元线性回归模型为：

$$y=\beta_0+\beta_1 x+\beta_2 x+\beta_n x_n+\varepsilon$$

y 的估计值为：

$$\hat{y}=\hat{\beta}_0+\hat{\beta}_1 x+\hat{\beta}_2 x+\cdots+\hat{\beta}_n x_n+\varepsilon$$

式中，$\hat{\beta}_0$ 为直线的斜率；$\hat{\beta}_i$ 为 x_i 的偏回归系数。

（3）非线性回归。在实际问题中，自变量和因变量之间的关系并非都是线性的。当因变量随着自变量的不同而变化，并且呈现出某种曲线形态时，我们称两者之间为非线性关系。对于变量之间的非线性关系，我们可以用适当类型的曲线来描述，也可以通过变量转换将非线性回归方程转换为线性方程后，再进行求解。

6. 时间序列预测法

时间序列预测法就是通过编制和分析时间序列，根据时间序列所反映出来的发展过程、方向和趋势进行类推或延伸，借以预测下一段时间或以后若干年内可能达到的水平。这种预测方法是非常重要的预测方法之一，它又分为几种具体的方法：算术平均法、移动平均法、几何平均法、指数平滑法、趋势延伸法和季节指数法。

（1）算术平均法。平均数预测法适合于市场现象的各期变化不大、变化趋势呈水平直线状态、各观察值分布于某一直线上下的情况的预测。该方法主要对未来市场的发展水平进行估计。根据计算平均数的要求不同，可分为简单算术平均法和加权算术平均法两种计算形式。

1）简单算术平均法。设时间序列各期观察值为 $y_1, y_2, \cdots, y_t$，简单算数平均数的计算公式为：

$$\bar{y}=\frac{\sum_{t=1}^{n} y_t}{n}$$

式中，$\bar{y}$ 为观察值时间序列平均数；y_t 为时间序列各期观察值；n 为观察的期数。

市场现象的预测值 $\bar{y}$，就用简单的序时平均数代替。该方法预测十分简便，但仅适合于只受个别偶然因素影响出现轻微波动的市场现象预测。

例 1　某小食品企业 2019 年 7—12 月份的销售额如表 4－20 所示，要求预测 2020 年 1 月份的销售额。

表 4-20　某小食品企业销售额统计表　　单位：万元

月份	7	8	9	10	11	12	合计
销售额	280	270	280	290	270	260	1 650

解：依题意，得：

$$\bar{y}=\frac{\sum_{t=1}^{n}y_t}{n}=\frac{\sum_{t=1}^{6}y_t}{6}=\frac{280+270+280+290+270+260}{6}=275(\text{万元})$$

预测值 $\hat{y}=\bar{y}=275$ 万元。

2）加权算术平均法。在进行信息资料处理时，一个重要的因素是考虑时间的影响，利用不同时期所对应的权数来体现由于时间差异而取得的信息重要性不同，就是加权算术平均数在算数平均法中的应用。计算出观测值的加权算术平均数，以这一数字作为预测未来该变量预测值的一种趋势预测方法，其计算公式为：

$$\bar{y}=\frac{\sum_{t=1}^{n}y_t f_t}{\sum_{t=1}^{n}f_t}$$

式中，$\bar{y}$ 为观察值时间序列平均数；f_t 为权数；y_t 为时间序列各期观察值；n 为观察的期数。

例 2　以例 1 资料为基础，考虑到信息的时效性，给每个月的观察值赋予权数，如表 4-21 所示。

表 4-21　某小食品企业销售额统计表　　单位：万元

月份	7	8	9	10	11	12	合计
权数	1	2	3	4	5	6	21
销售额	280	270	280	290	270	260	1 650

解：依题意，得：

$$\bar{y}=\frac{\sum_{t=1}^{n}y_t f_t}{\sum_{t=1}^{n}f_t}=\frac{280\times1+270\times2+280\times3+290\times4+270\times5+260\times6}{1+2+3+4+5+6}$$

$$\approx 272.86(\text{万元})$$

预测值 $\hat{y}=\bar{y}\approx272.86$ 万元。

（2）移动平均法。移动平均法是时间序列预测法中较简单的一种，是在简单算术平均法的基础上发展起来的。这种方法采用分段平均，并按数据点的顺序逐点移动，不断引进新的数据来修正平均值，这样既可以消除激烈变动的不稳定因素，又可以看出其发展趋势。一般至少从三期移动平均数开始。其计算公式如下：

$$M_{t+1}=\frac{y_t+y_{t-1}+y_{t-2}+\cdots+y_{t-n+1}}{n}$$

式中：M 为第 $t+1$ 周期的预测数；n 为周期数；y_t 为 t 期实际值。

例 3　某地区工业总产值 2011—2018 年数据如表 4-22 所示，请利用移动平均法预测

2019 年的工业总产值。

表 4－22　某地区工业总产值计算表　　单位：万元

年份	工业总产值	三期移动平均值
2011	115	
2012	119	
2013	123	
2014	127	(115＋119＋123) /3＝119
2015	126	(119＋123＋127) /3＝123
2016	128	(123＋127＋126) /3＝125.3
2017	131	(127＋126＋128) /3＝127
2018	134	(126＋128＋131) /3＝128.3
2019		(128＋131＋134) /3＝131

解：按照三期移动平均计算，预测出 2019 年的工业总产值为 131 万元，实际上，一般情况下，n 在 3～6 之间选择。当观察值波动较大时，n 取大些，以消除随机干扰；当观察值波动较平稳时，n 取小些，以使预测值能灵敏地反映其变动趋势；当观察值波动呈周期性，n 取其变动周期，以消除周期变动的影响，如季节波动。

此外，还有加权移动平均法、趋势移动平均法。

(3) 几何平均法。几何平均法，又称为发展速度平均法，时间序列中各期的环比发展速度如果接近，说明该市场现象呈现指数曲线变化趋势，可利用几何平均数求出发展速度。

【知识拓展】
发展水平、基期、报告期、发展速度

观察期各期的环比发展速度 G_t，其计算公式为：

$$G_t = \frac{y_t}{y_{t-1}} \times 100\%$$

观察期各期环比发展速度的平均值 $\overline{G}_t$，其计算公式为：

$$\overline{G}_t = \sqrt[n-1]{G_2 \times G_3 \times \cdots \times G_n} = \sqrt[n-1]{\prod G_n} = \sqrt[n-1]{\frac{y_t}{y_1}}$$

近期预测模型为：

$$\hat{y}_t = y_t \times \overline{G}_t^T$$

T 是最后一期观察值为起点计算预测期的时期序号。

例 4　某旅游景点近 7 年接待游客数资料如表 4－23 的第 2 列。使用几何平均法预测 2019—2021 年可能接待的游客人数。

表 4－23　近 7 年接待游客数统计表

年份	游客人数	环比发展速度（%）	趋势值 $\hat{y}_{t+1}$
2012	4 820	—	—
2013	5 400	112.03	5 396
2014	6 030	111.67	6 041

续前表

年份	游客人数	环比发展速度（%）	趋势值 $\hat{y}_{t+1}$
2015	6 750	111.94	6 763
2016	7 570	112.15	7 571
2017	8 480	112.02	8 476
2018	9 490	111.91	9 488

解：第一步，计算各期环比发展速度，填入表中，如 2013 年为 112.03%。从表中可以看出，各期环比发展速度比较接近，可用几何平均法预测。

第二步，计算环比发展速度的几何平均数 $\overline{G}_t$：

$$\overline{G}_t = \sqrt[n-1]{G_2 \times G_3 \times \cdots \times G_n} = \sqrt[n-1]{\prod G_n} = \sqrt[n-1]{\frac{y_t}{y_1}} = \sqrt[6]{\frac{9\ 490}{4\ 820}} = 111.95\%$$

第三步，建立预测模型：

$$\hat{y}_t = y_t \times \overline{G}_t^T = 9\ 490 \times (111.95\%)^T$$

最后，预测 2019—2021 年该旅游景点接待的游客人数：

$$\hat{y}_{2019} = 9\ 490 \times (111.95\%)^1 \approx 10\ 625$$

$$\hat{y}_{2020} = 9\ 490 \times (111.95\%)^2 \approx 11\ 894$$

$$\hat{y}_{2021} = 9\ 490 \times (111.95\%)^3 \approx 13\ 315$$

可以看出，利用几何平均法预测 2019、2020、2021 年该景点接待的游客数分别为 10 625 人、11 894 人和 13 315 人。

（4）指数平滑法。

1）指数平滑法的概念。指数平滑法又称为指数修匀法，它是通过对整个时间序列的数据，用平滑系数进行移动测算的一种预测方法。根据预测精度要求的不同，指数平滑法又有一次指数平滑法和二次指数平滑法。本书我们只讲解一次指数平滑法的应用。

2）一次指数平滑法。一次指数平滑法的计算公式为：

$$M_n = \alpha Y_{n-1} + (1-\alpha) M_{n-1}$$

式中：M_n 和 M_{n-1} 分别为第 n 期、第 $n-1$ 期的预测值；Y_{n-1} 为第 $n-1$ 期的实际值；$\alpha(0<\alpha<1)$ 为平滑系数。

注意：由于时间序列第一期只有实际值，没有预测值，因此必须采用一定的方法确定一个预测值。一次指数平滑法的初值的确定方法有两种：

第一种：取第一期的实际值为初值；

第二种：取最初几期的平均值为初值。

一次指数平滑法比较简单，但也有问题。问题之一便是力图找到最佳的 α 值，以使均方差最小，这需要通过反复试验确定。还有一种方法是通过计算均方误差，选择使其最小的 α 值进行预测。

【知识拓展】
α 如何取值？

例 5 利用表 4-24 的数据，运用一次指数平滑法对 2020 年 1 月某混凝土企业月产量进行预测（取 $\alpha=0.3$，0.5，0.7），计算均方误差，选择使其最小的 α 值进行预测。

表 4－24　2019 年 1—12 月某混凝土企业月产量　　单位：万吨

时间	序号	实际观测值	指数平滑法		
			$\alpha=0.3$	$\alpha=0.5$	$\alpha=0.7$
2019.01	1	203.8	—	—	—
2019.02	2	214.1	203.8	203.8	203.8
2019.03	3	229.9	206.9	209.0	211.0
2019.04	4	223.7	213.8	230.0	224.2
2019.05	5	220.7	216.8	226.9	223.9
2019.06	6	198.4	218.0	223.8	221.7
2019.07	7	207.8	212.1	211.1	205.4
2019.08	8	228.5	210.8	209.5	207.1
2019.09	9	206.5	216.1	219.0	222.1
2019.10	10	226.8	213.2	212.8	211.2
2019.11	11	247.8	217.3	219.8	222.1
2019.12	12	259.5	226.51	233.8	240.1

解： 由表 4－24 可见：

$\alpha=0.3$，$\alpha=0.5$，$\alpha=0.7$ 时，均方误差分别为：$MSE_1=287.1$，$MSE_2=297.43$，$MSE_3=233.36$（最小），因此，选择 $\alpha=0.7$ 作为预测时的平滑系数。

那么，2020 年 1 月的混凝土月产量的预测值为：

$$M_{2020.01}=0.7\times 259.5+(1-0.7)240.1=253.68\text{（万吨）}$$

（5）趋势延伸法。

1）趋势延伸法的概念。趋势延伸法又称为趋势外推法，就是通过建立一定的数学模型，对时间序列拟合恰当的趋势线，将其外推或延伸，用以预测经济现象未来可能达到的水平。趋势延伸法又可以分为直线（线性）趋势延伸法和曲线（非线性）趋势延伸法。

直线趋势延伸法。预测目标的时间序列资料逐期增（减）量大体相等时，长期趋势即基本呈现线性趋势，便可选用直线趋势延伸法进行预测。遇到时间序列大多数数据点变化呈现线性，个别点有异常现象时，经过质数分析，可以在做数据处理（删除或做调整）后再找线性趋势直线进行预测。

曲线趋势延伸法。市场商品的需求与供应，由于受到政策性因素、消费者心理因素、季节性因素等多种因素的影响，其变动趋势并非都是呈一条直线状态，有时会呈现不同形状的曲线变动趋势。在这种情形下，就需要用曲线方程式求得曲线趋势变动线，然后加以延伸，确定预测值。由于影响市场的因素很多，使得曲线方程式多种多样，主要有二次曲线法、三次曲线法、戈珀兹曲线法和指数曲线法。

本书中，我们只讲解直线趋势延伸法的应用。

2）直线趋势延伸法。当时间序列的每期数据按大致相同的数量增加（或减少）时，即逐期增减量（一次差）大体相同，则可配以直线方程并利用最小二乘法进行预测。其预测模型为：

$$y_c = a + bt$$

式中：a 和 b 是参数，a 为截距，b 为直线的斜率；t 为时间变量；y_c 为时间序列线性趋势预测值。

用该方法进行预测时，其关键是将主要问题拟合成一条直线。对于呈直线趋势的变量数列可以找出许多条直线，找出满足“观察值与某一直线的离差平方和为最小”这一要求的直线。利用最小二乘法，$\sum(y-y_c)^2 = Min$ ，y 为实际值。运用数学中求极值的方法，对下面的方程求解：

$$\begin{cases} na + b\sum t = \sum y \\ a\sum t + b\sum t^2 = \sum ty \end{cases}$$

解得：

$$\begin{cases} b = \dfrac{n\sum ty - \sum t\sum y}{n\sum t^2 - (\sum t)^2} \\ a = \bar{y} - b\bar{t} \end{cases}$$

在运用过程中，为了简化 a、b 的计算，可采用一定的技巧将其简化，设法使 $\sum t = 0$。若 n 为奇数，则令中间一项的 $t=0$，上面依次记为 -1，-2，-3……下面依次记为 1，2，3……这样 $\sum t = 0$；若 n 为偶数，则令中间两项为 -1 和 1，上面依次记为 -3，-5，-7……下面依次记为 3，5，7……这样 $\sum t = 0$，则 a、b 可简化为：

$$\begin{cases} a = \dfrac{\sum y}{n} \\ b = \dfrac{\sum ty}{\sum t^2} \end{cases}$$

例 6 某商业企业 2010—2019 年的商品销售额的资料如表 4－25 所示，请预测 2020 年的商品零售额（用一般方法和简化方法分别进行计算并比较）。

表 4－25 某商业企业 2010—2019 年的商品销售额资料　　单位：万元

年份	商品销售额	按一般顺序排序的 t			按简化顺序排序的 t'			趋势值 y_c
		t	t^2	ty	t'	t'^2	t'^y	
2010	7	1	1	7	－9	81	－63	8.8
2011	12	2	4	24	－7	49	－84	12.2
2012	17	3	9	51	－5	25	－85	15.6
2013	20	4	16	80	－3	9	－60	19

续前表

年份	商品销售额	按一般顺序排序的 t			按简化顺序排序的 t'			趋势值 y_c
		t	t^2	ty	t'	t'^2	t'^y	
2014	23	5	25	115	−1	1	−23	22.4
2015	26	6	36	156	1	1	26	25.8
2016	29	7	49	203	3	9	87	29.2
2017	32	8	64	256	5	25	160	32.6
2018	35	9	81	315	7	49	245	36
2019	40	10	100	400	9	81	360	39.4
合计	241	55	385	1607	0	330	563	241

解：观察资料可以发现销售额按大致相同的数额增加，因此可以拟定直线趋势方程 $y_c=a+bt$，根据表中统计的资料进行计算。

1）按一般顺序的方式计算：

$$\begin{cases} b=\dfrac{n\sum ty-\sum t\sum y}{n\sum t^2-(\sum t)^2}=\dfrac{10\times 1067-55\times 241}{10\times 385-55^2}=3.4 \\ a=\bar{y}-b\bar{t}=\dfrac{241}{10}-3.4\times\dfrac{55}{10}=5.4 \end{cases}$$

则直线趋势方程为：$y_c=5.4+3.4t$

现在要预测 2020 年的商品销售额，$t=11$，代入方程得：

$$y_{2020}=5.4+3.4\times 11=42.8(\text{万元})$$

2）按简化方法计算：

$$\begin{cases} a=\dfrac{\sum y}{n}=\dfrac{241}{10}=24.1 \\ b=\dfrac{\sum ty}{\sum t^2}=\dfrac{563}{330}=1.7 \end{cases}$$

则拟合的方程为：$y_c=24.1+1.7t'$

要预测 2020 年的零售额，$t'=11$，代入方程得：

$$y_{2020}=24.1+1.7\times 11=42.8(\text{万元})$$

（6）季节指数法。

1）季节指数法的概念。季节指数法又称为季节周期法、季节变动预测法、季节变动趋势预测法，是根据时间序列中的数据资料所呈现的季节变动规律性，对预测目标未来状况做出预测的方法。

要研究这种预测方法，首先要研究时间序列的变动规律。季节变动的特点是有规律性的，每年重复出现，其表现为逐年同月（或季）有相同的变化方向和大致相同的变化幅度。时间序列的时间单位是季（或是月），变动循环周期为 4 季（或是 12 个月）。例如：在市场销售中，一些商品如电风扇、冷饮、服装等往往受季节影响而出现销售的淡旺季之分的季节性变动规律。掌握了季节的变动规律，就可以利用它来对季节性的商品进行市场需求量的预测。

需要注意的是，运用季节指数法进行预测的目的是分析季节变动因素对趋势发展的影响，并由此预测未来趋势。因此，运用季节指数法，一般应收集至少 3 年连续的各季（或月）的资料，否则会因资料过少而降低预测的准确性，影响反映季节变动的规律性。

2）季节指数法的预测步骤。运用该方法进行预测，首先，利用统计方法计算出预测目标的季节指数，以测定季节变动的规律性；然后，在已知季（或月）的平均值的条件下，预测未来某个季（或月）的预测值。具体分为以下六个步骤。

第一步，收集 3 年以上各年的季（或月）的观察值 y_i，形成时间序列；

第二步，计算各年同季（或月）观察值的均值 $\bar{y}_i=\dfrac{\sum y_i}{m}$，$m$ 为年数；

第三步，计算所有年度所有季（或月）观察值的均值 $\bar{y}=\dfrac{\sum y_i}{n}$，$n$ 为一年的季（或月）数；

第四步，计算各季（或月）的季节指数，$f_i=\dfrac{\bar{y}_i}{\bar{y}}$；

第五步，计算预测期的趋势值 $\hat{x}_t$。

若预测年数值变化不大，趋势值的计算直接以观察年末的年值除一年季（或月）数。

第六步，建立季节指数预测模型 $\hat{y}_t=\hat{x}_t\times f_i$，进行预测。

例 7 某地区保暖内衣 2016—2019 年各季销售额情况如表 4－26 的第 2～5 列所示，试预测 2020 年各季销售额。

表 4－26 某地区保暖内衣 2016—2019 年各季销售额 单位：万元

季度	各季销售额				季均销售额 $\bar{y}_i$	季节指数 f_i（%）	预测值 $\hat{y}_t$
	2016 年	2017 年	2018 年	2019 年			
一季度	148	138	150	145	145.25	127.27	147
二季度	62	64	58	66	62.5	54.76	63.25
三季度	76	80	72	78	76.5	67.03	77.42
四季度	164	172	180	173	172.25	150.93	174.32

解：第一步，编制时间序列表，如表 4－26 所示；

第二步，计算各年同季季平均销售额，结果填入上表第 6 列；

如二季度：$\bar{y}_2=\dfrac{\sum y_i}{n}=\dfrac{62+64+58+66}{4}=62.5$（万元）。

第三步，计算所有年所有季的季平均销售额；

$$\bar{y}=\frac{\sum y_i}{n}=\frac{145.25+62.5+76.5+172.25}{4}=114.125\text{（万元）}$$

第四步，计算各季节指数，结果填入上表第 7 列；

如三季度：$f_i=\frac{\overline{y}_i}{\overline{y}}=\frac{76.5}{114.125}=67.03\%$

第五步，计算预测年的趋势值 $\hat{x}_t=$ （145＋66＋78＋173)/4＝115.5（万元)。

第六步，计算 2020 年各季预测值，结果填入上表第 8 列。

如四季度：$\hat{y}_4=\hat{x}_4\times f_4=115.5\times 1.5093=174.32$（万元)。

思政园地

中国人不喝冰红茶

一间宽大的单边镜访谈室里，桌子上摆满了没有标签的杯子，有几个被访问者逐一品尝着不知名的饮料，并且把口感描述出来写在面前的卡片上。这个场景发生在 1999 年，当时任北华饮业调研总监的刘强组织了 5 场这样的双盲测试，他想知道公司试图推出的新口味饮料能不能被消费者认同，结果新口味冰茶不被测试者认同。然而，2000 年、2001 年，以旭日升为代表的冰茶在中国全面旺销。北华饮业再想迎头赶上为时已晚，一个明星产品就这样穿过详尽的市场调查与刘强擦肩而过。说起当年的教训，刘强还满是惋惜："我们举行口味测试的时候是在冬天，被访问者从寒冷的室外来到现场，没等取暖就进入测试，寒冷的状态、匆忙的进程都影响了访问者对味觉的反应。测试者对口感温和浓烈的口味表现出了更多的认同，而对清凉淡爽的冰茶则表示排斥。测试状态与实际消费状态的偏差让结果走向了反面。

资料来源：百度文库：市场调研案例大全.

问题：针对本案例，作为一名市场调查员，你认为应如何开展科学的调查与分析？

提示：中国是茶的故乡，也是茶文化的发源地。中国茶的发现和利用已有四五千年历史，且长盛不衰，传遍全球。茶是中华民族的举国之饮，发于神农，闻于鲁周公，兴于唐朝，盛于宋代，普及于明清之时。中国茶文化糅合佛、儒、道诸派思想，独成一体，是中国文化中的一朵奇葩！随着消费水平的提升和消费习惯的变迁，茶文化的形式与内涵也要与时俱进。

【项目总结】

通过市场调查实施阶段所获取的原始资料，还只是粗糙的、表面的和零碎的材料，需要经过系统的处理，才能进行分析研究并得出科学的结论。因此，市场调查资料的处理技术是调查过程中必不可少的环节。在实践中，市场调查资料的处理技术主要包括市场调查资料的整理和市场调查资料的分析。

市场调查资料的整理主要讲述调查资料的整理步骤、调查资料的登记与审核、分组与编码、数据录入与缺失数据处理、数据统计汇总和数据陈示，通过调查资料的整理，探求所调查现象的本质及规律性，进而指导营销决策的过程。

市场调查资料分析是市场调查工作中的重要阶段，它与市场调查前期的调查设计、数据搜集及处理阶段密不可分。调查资料分析可分为定性分析和定量分析，定性分析方法主要有类推法、主观概率法、专家意见集合法、头脑风暴法和德尔菲法等；定量分析法有集中趋势分析法、离散趋势分析法、信度分析法、相关分析法、回归分析法和时间序列预测分析法等。

【项目检测】

一、单选题

1. 市场调查中的（　　），一般包括各种调查取得的数字资料、各种报表资料以及查阅文献、历史的数字资料。

A. 文献资料　　B. 数字资料　　C. 文字资料　　D. 定性资料

2. （　　）是表明同类社会经济现象在一定时间和地点条件下所达到的一般水平。

A. 综合数　　B. 相对数　　C. 绝对数量　　D. 平均数

3. 时点数列中的数值（　　）。

A. 时间间隔越长，数值越大　　B. 与时间间隔长短无关

C. 时间间隔越长，数值越小　　D. 具有可加性

4. （　　）是进行市场预测的首要问题。

A. 对资料进行分析　　B. 收集、整理资料

C. 检验预测结果　　D. 确定市场预测的目的

5. 以大量的历史观察值为主要依据，建立适当的数学模型，推断或估计市场未来供应量和需求量是（　　）的特点。

A. 微观市场预测　　B. 定量市场预测

C. 定性市场预测　　D. 宏观市场预测

6. （　　）是指许多市场现象相互之间在发展变化过程中具有类似之处。

A. 系统性原理　　B. 连续性原理　　C. 类推性原理　　D. 可预测性原理

7. （　　）是指预测者根据自己的实践经验和判断分析能力，对某种事件在未来发生的可能性的估计数值。

A. 主观概率　　B. 客观概率　　C. 条件概率　　D. 相对概率

8. 以匿名的方式，轮番征求专家的意见，最后由预测者进行综合分析，确定市场预测值的预测方法称为（　　）。

A. 类推法　　B. 头脑风暴法　　C. 德尔菲法　　D. 主观概率法

9. 采用主观概率预测法进行市场预测，各事件的概率必须在（　　）。

A. 0 和 1 之间　　B. −1 和 1 之间　　C. 0 和 0.5 之间　　D. 0 和 0.8 之间

二、多选题

1. 市场调查资料审核的主要内容有（　　）。

A. 准确性　　B. 齐备性　　C. 时效性　　D. 完整性

E. 真伪性

2. 市场调查资料分组，根据分组标志的数量多少可分为（　　）。

A. 简单分组　　B. 平行分组　　C. 交叉分组　　D. 数值分组

3. 下列属于类推法的是（　　）。

A. 产品类推法　　B. 地区类推法　　C. 行业类推法　　D. 局部总体类推法

4. 市场调查资料整理与分析的意义在于（　　）。

A. 资料整理提高了调查资料的价值

B. 资料整理可以激发新信息的产生

C. 资料整理可以对前期工作起到纠偏作用

D. 资料整理是市场调查必要的重要环节

5. 调查资料分析的原则应该是（　　）。

A. 针对性　　B. 客观性　　C. 完整性　　D. 变动性

6. 调查资料整理应该遵循（　　）。

A. 目的性原则　　B. 时效性原则　　C. 核查性原则　　D. 系统性原则

三、判断题

1. 调查资料的整理过程也包含着调查人员的思维活动过程。（　　）

2. 德尔菲法预测的关键环节是轮询次数的多少。（　　）

3. 市场调查资料的审核与鉴别还应该审核或检查访问员。（　　）

4. 市场调查资料的分析就是将资料进行简单处理，把资料表面显示的内容表达出来，以服务于调查结论。（　　）

5. 定量分析的方法依据是科学的哲学观点、逻辑判断及推理，其结论是对事物的本质、趋势及规律的性质方面的认识。（　　）

6. 定性预测方法比定量预测方法更容易掌握，而不需预测者较系统掌握数理和统计分析方面的学科知识和技能。（　　）

7. 所谓相关关系就是两个要素有一定的联系，其表现为同增或同减。（　　）

8. 只要正确、科学地使用定量预测技术，无论历史资料有多少也能做到科学预测。

（　　）

9. 二手资料的加工整理是指对文案调查法、网络调查法等方法收集的次级资料进行再加工整理，使之符合调查者对特定的市场问题研究的需要。（　　）

10. 类推预测法就是根据对某些经济现象之间的相似性或相关性的认识，对预测目标的未来发展趋势做出合乎实际和逻辑的推理判断。（　　）

四、简答题

1. 市场调查资料审核的内容有哪些？

2. 市场调查资料分组有几种类型？其作用有哪些？

3. 如何处理缺失数据？

4. 什么是头脑风暴法？头脑风暴法有什么特点？

5. 试述德尔菲法的实施步骤。

6. 集中趋势分析法和离散趋势分析法有哪些主要指标？其指标有什么意义？

7. 什么是信度分析？如何理解信度系数？

8. 时间序列预测法主要有几种类型？各适用于什么情况下的预测？

五、案例分析题

关于消费者空调购买行为的调查

某家电经销商为了了解消费者空调购买行为，从某市城镇居民家庭中抽取了 1 000 户进行了问卷调查，并从市统计局收集了有关的数据。资料整理如下：

（1）近 10 年城镇居民可支配收入、空调拥有量等数据资料如表 4－27 所示。

表 4－27　某市城镇居民家庭可支配收入、空调拥有量等数据资料

可支配收入（元/人）	1 592	1 783	2 168	2 817	3 886	4 705	5 052	5 209	5 435	5 818
消费性支出	294	1 446	1 732	2 194	3 138	3 886	4 098	4137	4 482	800
耐用品支出	88	105	128	168	245	269	332	352	394	486
空调拥有量（台/百户）	108.1	110.8	114.2	117.1	119.5	121.0	122.8	125.1	128.1	132.32

（2）去年年末不同收入家庭空调拥有量如表 4－28 所示。

表 4－28　不同收入家庭空调拥有量

组别	最低收入	低收入	中等偏下	中等收入	中等偏上	高收入	最高收入
空调拥有量（台/百户）	88.46	116.35	119.32	123.32	140.12	145.32	151.32

（3）调查的 1 000 户居民家庭中，计划近三年内购买空调的户数分别 53 户、89 户、58 户（1 000 户中有 868 户拥有空调 1 316 台，132 户没有空调）。

（4）计划购买空调的 200 户家庭关注空调服务、质量、促销、价格、其他要素的分别为 28 户、144 户、4 户、20 户、4 户。

（5）计划购买空调的 200 户中，准备购买单冷机的为 23 户，冷暖两用的为 170 户，到时再决定的为 7 户；准备购买窗式机的为 39 户，柜机的为 44 户，壁挂机的为 118 户。

（6）计划购买空调的 200 户中，空调信息来源的渠道分别为报刊 90 户，电视 87 户，销售现场 8 户，朋友同事告知 6 户，销售人员促销 3 户，户外广告 4 户，网络广告 2 户。

（7）计划购买空调的 200 户中，考虑购买空调地点分别为：专卖店 77 户，大型电器商场 94 户，综合性商场 82 户，家电连锁店 56 户，厂家直销店 48 户（有同时选择多个地点的情形）。

(8) 计划购买空调的 200 户中，考虑购买空调时间选择分别为：夏季 86 户，冬季 60 户，厂家促销期 42 户，春季和秋季 12 户。

(9) 计划购买空调的 200 户中，空调功率选择分别为：1 匹以下的 7 户，1 匹的 41 户，1.5 匹的 48 户，2 匹的 35 户，2.5 匹的 12 户，3 匹以上的 23 户，到时视情况而定的 34 户。

(10) 计划购买空调的 200 户中，空调价位选择分别为：2 000 元以下的 12 户，2 000～3 000 元的 56 户，3 000～4 000 元的 45 户，4 000～5 000 元的 36 户，5 000 元以上的 30 户，到购买时再定的 21 户。

(11) 居民家庭对空调价格降低的态度分别为：非常欢迎的 482 户，无所谓的 106 户，不欢迎的 5 户。

(12) 居民家庭对绿色环保空调的看法：符合空调发展方向的 252 户，符合消费需求的 312 户，空调的必需要求 127 户，厂家炒作 112 户，不知道的 197 户。

(13) 居民家庭对变频空调的看法：符合空调发展方向的 169 户，符合消费者需求的 294 户，空调的必需要求 140 户，厂家炒作 99 户，不知道的 298 户。

(14) 居民家庭对静音空调的看法：符合空调发展方向的 239 户，符合消费者需求的 391 户，空调的必需要求 210 户，厂家炒作 52 户，不知道的 108 户。

(15) 居民家庭认为厂家宣传推广对购买决策很有影响的 170 户，有影响的 280 户，一般的 235 户，无影响的 15 户。

阅读资料，回答以下问题：

1. 你认为上述调查数据处理有何特点？有哪些缺陷？实际工作中应怎样弥补这些缺陷？

2. 根据这些数据，你认为可制作哪些形式的统计表和统计图？

3. 若再次做同类调查，你能设计出更完善的调查问卷和数据整理方案吗？

【项目实训】

一、项目名称

设计与实施市场调查资料的整理与分析

二、实训目的

通过实训项目的演练与操作，掌握市场调查资料的整理和分析能力，并依据分析结果对企业经营问题提供改进建议。

三、实训项目

以学校超市为研究对象，为帮助学校超市提高经营业绩，拟开展对学生需求和满意度调查，想通过调查资料整理和分析，寻找超市经营存在的问题，并通过整改和开展有效的市场营销活动，全面提升超市形象和经营业绩。现超市委托你所在的调研小组进行一次市场调查，整理和分析所收集的相关信息，以供超市经营决策层参考。

四、实训组织与要求

1. 以 5～6 人为一组，选出小组组长，以组为单位开展实训；

2. 小组中每人均独立进行问卷设计，接着小组组织讨论并定稿，每小组每人需调查至少 20 位学生，然后对调查资料进行整理、汇总和分析，最后形成小组 WORD 实训报告和课堂汇报 PPT；

3. 各小组选一位成员以 PPT 形式向全班同学汇报其设计成果，必要时其他成员可以补充说明；

4. 向全班同学简单展示其实训 WORD 文本报告。

五、实训考核

考核成绩应根据各小组 PPT 汇报水平（含 PPT 设计水平）和 WORD 文本质量进行综合评分。

1. 小组自评（占 15%）；

2. 小组互评（占 35%）；

3. 老师总评（占 50%）。

项目五 撰写与提交市场调查报告

学习目标

知识目标

1. 理解市场调查报告的作用
2. 了解市场调查报告类型
3. 熟悉市场调查报告撰写步骤
4. 熟悉市场调查报告的结构
5. 掌握市场调查报告的撰写原则及技巧
6. 了解市场调查报告的提交方式
7. 掌握市场调查报告会的报告技巧
8. 掌握指导调查结果使用者的注意点
9. 掌握自我评价市场调查报告的方法

能力目标

1. 能够组织市场调查报告的写作材料
2. 能够撰写合格的市场调查报告
3. 能够选择合适的方式提交市场调查报告
4. 能够指导调查结果使用者使用市场调查报告
5. 能够合理评估市场调查报告

重点难点

重点

1. 熟悉市场调查报告撰写步骤
2. 掌握市场调查报告的撰写原则及技巧
3. 掌握市场调查报告会的报告技巧
4. 掌握指导调查结果使用者的注意点
5. 掌握自我评价市场调查报告的方法

难点

1. 能够撰写合格的市场调查报告

2. 能够选择合适的方式提交市场调查报告

3. 能够合理评估市场调查报告

项目任务导航图

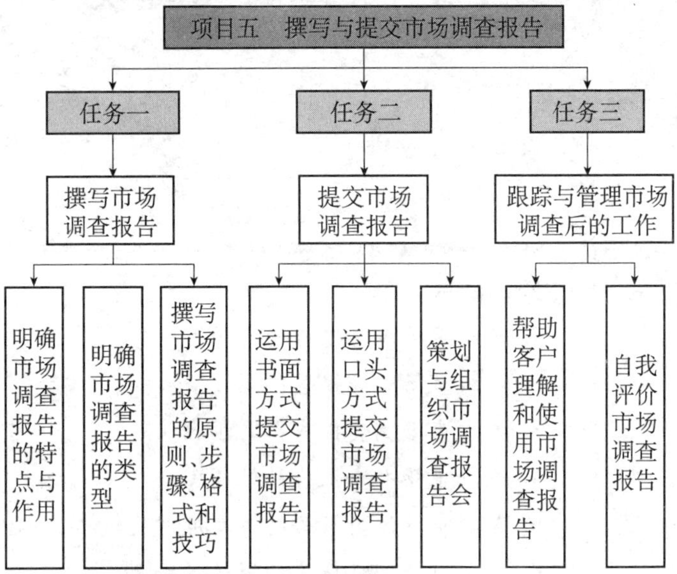

案例导入

约翰的遭遇

纽约地区的调研人员约翰·斯皮尔伯格曾谈起他为美国一家大的糖果制造商精心准备长达250页的调查报告（包括图表和统计数据）的故事。在经历了大约6个月的艰苦调研后，约翰直接向公司3名最高决策者做了口头汇报。他信心百倍，自以为他的报告中有许多重大发现，包括若干个可开发的新细分市场和若干条产品理念方面的创意。

然而，在听了一个小时的充满事实、数据与图表的汇报后，糖果公司的总经理站起来说道："打住吧，约翰！我听了一个多小时枯燥无聊的数字，完全给搞糊涂了，我想我并不需要一份比字典还要厚得多的报告。明天早晨8点前务必把一份5页纸的摘要放到我的办公桌上。"说完，总经理就离开了会议室。在此，约翰遇到了一个将使其受益于整个职业生涯的教训。

问题：

1. 为什么糖果公司的总经理对约翰的口头汇报不满意？

2. 你认为一份好的口头汇报内容应包括哪些主要内容？

任务一 撰写市场调查报告

一、明确市场调查报告的特点与作用

市场调查报告是市场调查活动的直接结果，其目的在于展现市场调查的成果，把获得的市场信息传递给决策者和领导者。

在市场调查活动中，调查机构通过调查策划收集市场信息，并对资料进行整理分析，做出符合实际的结论和判断，最终都必须形成某种形式的报告，提交给市场调查活动的组织者或委托者。针对一项正式的市场调查项目提交市场调查报告更是项目委托合同或协议的重要内容。

（一）市场调查报告的特点

（1）针对性——是指调查报告应针对不同的调研目的和不同的阅读对象安排报告的内容和格式。

（2）时效性——是指为了更好地适应市场竞争，调研报告应及时反馈给使用者，以便使用者适时做出决策。

（3）创新性——是指调查报告中的总结应有创建性的观点、结论，以增强调查报告的使用价值，更好地指导企业的生产经营活动。

（二）市场调查报告的作用

市场调查主体对调查活动最为关心的就是调查报告，从某种程度上讲，调查主体提出进行市场调查活动的直接目的就是获得市场调查报告。这是因为市场调查报告具备以下一些主要作用。

1. 市场调查报告能将市场信息传递给决策者

这是调查报告最主要的功能。决策者需要的不是市场调查采集的大量信息资料，而是这些市场信息资料所蕴含的市场特征、规律和趋势。市场调查报告能在对信息资料分析的基础上形成决策者需要的结论和建议。

2. 市场调查报告可以完整地表述调查结果

调查报告应对已完成的市场调查做出完整而准确的表述。这就要求调查报告能够详细地、完整地表达出市场调查中有关市场调查的目标、背景信息、调查方法及评价，以文字、表格和形象化的方式展示的调查结果、调查结论和建议等内容。

3. 市场调查报告是衡量和反映市场调查活动质量高低的重要标志

尽管市场调查活动的质量还要体现在调查活动的策划、方法、技术、组织和资料处理过程中，但调查活动的结论和论断以及总结性的调查报告无疑也是重要的方面。

4. 市场调查报告能够发挥参考文献的作用

调查报告的使命是作为决策者和领导者做出重大决策时的参考文献。调查报告包含一系列意义重大的市场信息，决策者在研究问题时，往往要以调查报告作为参考。

5. 市场调查报告可被作为历史资料反复使用

当一项市场营销调查活动完成之后，市场营销调查报告就成为该项目的历史记录和证据。作为历史资料，它有可能被重复使用，从而实现其使用效果的扩大。

二、明确市场调查报告的类型

由于市场调查的内容较为广泛，而且调查所要解决的问题各不相同，因而，作为调查结果表现形式的调查报告也具有不同的类型。由于分类标准不同，调查报告的类型划分也是多种多样的，一般最常用的分类如下。

（一）根据报告提供的内容分类

根据报告提供的内容可以将市场调查报告分为综合报告和专题报告两大类。

1. 综合报告

综合报告是提供给用户的最基本的报告，此类报告的目的是反映整个调查活动的全貌，对调查方法、资料分析整理和调查结果等做详细的说明。主要内容包括调查概况、样本情况、调查方法、初步分析和调查结论。

2. 专题报告

专题报告是针对某个问题进行调查后写的报告。它要求报告详细明确、中心突出，对需要调查的问题做出回答。例如：产品消费问题、个人投资问题、城市环境问题都可以写出专题调查报告。

（二）根据企业开展经营活动的要求分类

根据企业开展经营活动的要求分类，可将市场调查报告分为市场商品需求的调查报告、市场与消费潜量的调查报告、市场商品供给的调查报告、商品价格的调查报告、商品销售渠道的调查报告、市场竞争情况的调查报告和经营效益的调查报告七类。

1. 市场商品需求的调查报告

主要包括消费者数量及其结构、家庭收入、个人收入及家庭人口平均收入，购买力的大小以及购买力的增减变化，潜在需求量及其投向等内容。其中包括城乡居民存款额的增减及尚待实现的购买力的大小，消费者在消费支付中吃、穿、用等大类商品所占比重的变化情况，需求层次的变化情况，不同消费者对商品的质量、品种、花色、款式、规格等的不同要求，消费者的心理变化等。如"关于汽车贷款的调查评析"。

2. 市场与消费潜量的调查报告

主要包括企业地区销售额以及销售额的变动趋势给企业带来的影响。如"城市家庭彩电消费系列调查"。

3. 市场商品供给的调查报告

主要包括商品生产的状况、商品资源总量及构成、产品的更新换代速度、不同商品所处市场生命周期的阶段等内容。如"中国宽带网络的现状和发展"。

4. 商品价格的调查报告

主要包括商品成本、市场价格变动情况、消费者对价格变动的看法等内容。如"京沪两地消费者对春运铁路调价的看法"。

5. 商品销售渠道的调查报告

主要包括商品的流转环节、流通路线、运输、储存等一系列市场营运方面的内容。如"美特斯邦威分销渠道调查报告"。

6. 市场竞争情况的调查报告

主要包括竞争的对手、手段、各种竞争产品的质量、性能等内容。如"垄断大餐终结，服务战役打响""牛奶市场谁主沉浮"等。

7. 经营效益的调查报告

主要包括各种推销手段的效果、广告效果以及变化原因等内容。如"今世缘广告效果调查报告"。

三、撰写市场调查报告的原则、步骤、格式和技巧

(一) 明确撰写市场调查报告的原则

1. 易于理解和阅读

主要包括逻辑严密，结构层次清楚。为了易于理解，还应当尽量使用非专业性语言。内容明确是评价报告的一个重要的质量指标。

2. 语言简练流畅

首先应尽量使语句简洁，少使用长而晦涩的语句；其次应使语句尽量活泼流畅，以引

起阅读兴趣。

3. 简要

报告的篇幅一般不宜过长，报告的长短应以能达到研究目的为准；把要点放在前面；既要具体又不能啰唆。

4. 实用

实用原则是很重要的。它主要强调调查报告应有很强的针对性和目的性，可帮助决策者研究问题和解决问题，因此它无须使用华丽的辞藻和进行过多的理论分析。

5. 形式多样化

调查报告的编排形式不是唯一的，相反，灵活多样的编排形式更有利于引起读者的注意，避免呆板，方便阅读。

（二）掌握市场调查报告撰写步骤

市场调查报告撰写步骤详见图 5－1。

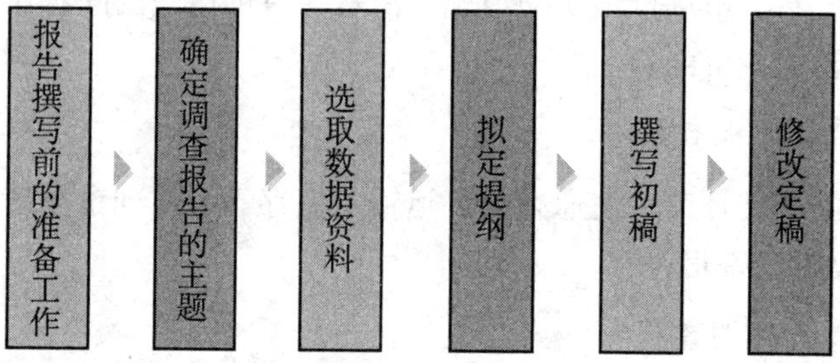

图 5－1　市场调查报告撰写步骤

1. 报告撰写前的准备工作

市场调查成果主要通过调查报告来反映。在动笔撰写报告之前，可考虑先做如下的准备工作：

（1）整理与本次调查有关的资料。包括过去已有的调研资料、相关部门的调查结果、统计部门的有关资料（包括统计年鉴）、本次调查的辅助性材料和背景材料等。

（2）整理统计分析数据。要认真研究数据的统计分析结果。可以先将全部结果整理成各种便于阅读、比较的表格和图形。在整理这些数据的过程中，对调查报告中应重点论述的问题自然就会逐步形成思路。

（3）对理论假设做出接受或拒绝的结论。

（4）对难以解释的数据进行深入研究。对难以解释的数据，要结合其他方面的知识进行研究，必要时可针对有关问题找专家咨询或进一步召开小范围的调查座谈会。

（5）确定报告类型及阅读对象。调查报告有多种类型，如综合报告、专题报告等；阅读的对象可能是企业、公司领导、专家学者，也可能是一般用户。也就是说，根据具体的目的和要求来决定报告的风格、内容和长度。

2. 确定调查报告的主题

调查报告的主题是调查报告中的关键问题。主题是否明确、是否有价值，对调查报告具有决定性意义。

（1）确定主题的步骤。

1）选题。选题是发现、选择、确定、分析论题的过程。论题就是分析对象和目的的概括。因此选题一般表现为调查报告的标题。选题是认识过程中已知与未知领域的连接点。它既表现为已知的，是在以往认识基础之上产生的，又表现为未知的，是以往认识活动所未解决的。它既反映了现有知识的广度和深度，又反映了未知领域探索的广度和深度。

2）确定观点。观点是调查研究者对分析对象所持的看法与评价。它是调查材料的客观性与作者主观认识的统一性相结合的产物，是形成思路、组织材料、构成篇章的基本依据和出发点。观点是在充分分析材料的基础上形成的，它的思维过程是对调查材料的分析—综合—再分析。随着认识的不断深入、认识水平的不断提高，观点渐渐产生。

（2）确定主题应注意的问题。

1）调查报告的主题必须与调查主题相一致。一般来说，调查的主题就是调查报告的主题。因此选题也是调查主题确定的关键。调查主题在调查之初即已基本确定，而调查报告的主题观点则产生在调查分析之后。

2）要根据调查分析的结果确定观点，并重新审定主题。有的时候，调查报告的主题不一定就是调查的主题。这主要是因为调查主题涉及面宽或问题较多，因而需要重新确定主题以缩小原题的范围。在调查主题的范围内有些材料不充分，或调查分析较肤浅、难以把握，就需要重新确定报告主题；在调查分析过程中发现缺乏新意或价值不大的主题时，须依据实际应用价值重新确定，不一定局限于与调查主题相一致。

3）调查报告的主题不宜过大。为便于反映问题，主题要相对小而短，同时容易撰写。

3. 选取数据资料

资料是形成调查报告主题观点的基础。观点是资料的统帅和代表。观点决定资料的取舍和使用。只有达到资料与观点的高度统一，资料才能充分地说明调查报告的主题。这是撰写调查报告必须遵守的原则。

在撰写调查报告时，论证材料必须充分，言必有据。充分的材料不但应是客观、真实的材料，而且必须是全面反映事物本质的典型材料。通常还应有侧面或反面的材料，以说明和支持作者的结论。

在选取调查材料时应注意以下几点：

（1）材料要充分而完整。对调查资料要全面分析和比较，以获取尽可能充分和完整的材料。调查报告不能只是简单地罗列材料，而应根据调查报告的目的和要求，进行具体的分析、比较和论证。这种分析、论证又与论文不同，它必须以反映事实为基础，用事实说话。在不偏离事实叙述的前提下，把充分完整的材料提高到原则高度上进行适当的评析，才能揭示材料的性质和意义。

（2）材料的筛选。材料只有依据主题的需要、观点的要求进行筛选，才能使主题更加突出。与主题无关或关系不大的材料要忍痛割爱。否则，堆砌材料会冲淡主题，削弱调查报告的效果。材料的精选标准是能深刻说明问题的本质。精选一般采用比较鉴别的方法，对同类材料依精选标准和报告的篇幅进行比较、鉴别，以决定取舍。另外，鉴于调查报告明确、简练的特点，可用可不用的材料要大胆舍弃。

（3）多次取舍。在调查材料量很大时，为减少不必要的劳动，在分析之前也可进行一次取舍。这样既省了力，又不会降低材料的代表性和结论的科学性。同时，材料的取舍工作要和定量分析、定性分析等工作结合起来。只有经过筛选，调查报告的依据才能充实、扼要而不至于偏颇。

4. 拟定提纲

提纲是调查报告的骨架，可使思路明确，表明调查报告各部分之间的联系。调查报告写作提纲可分为条目提纲和观点提纲两类。条目提纲就是从层次上列出报告的章节，观点提纲是列出各章节要表述的观点。

一般先拟定大提纲，把调查报告分为几大部分。然后在各部分中再充实，按次序或按轻重，横向或纵向罗列编织成较细的提纲。提纲的粗细也反映了作者对写作内容了解的深浅程度。提纲越细，说明作者对材料、内容掌握越深入、越具体，反映作者的思路越清晰，在撰写报告时也越顺手。拟定调查报告写作提纲的另一作用是可使作者进一步深思熟虑、精益求精，也便于对调查报告进行“构造”的调整。因此，写作提纲的作用是不可低估的，不是可有可无的。即使是有写作经验的人，也应于撰写调查报告之前拟定写作提纲，特别是较细的提纲。

5. 撰写初稿

根据写作提纲的要求，采取单独一人或者小组分工的方式撰写初稿。初稿各部分的写作格式、文字数量、图表和数据要协调、统一。初稿完成后，就要对其进行修改，先看各部分内容和主题的连贯性，是否需要修改或增减，顺序安排是否得当，然后整理成完整的全文，提交审阅。

6. 修改定稿

在初稿完成后，撰写人员针对初稿的格式、内容、结构、措辞等方面进行多次研究和修改，确认报告表达准确、逻辑合理、言之有理、持之有据、观点明确。在定稿前也可以通过召开会议，将整个调查报告或者报告的若干部分整理出来，与有关方面进行沟通，从中得到有效信息，提高报告的质量。

征得各方意见并进行修改后，就可以定稿了。在定稿阶段，一定要坚持对事客观、服从真理，不屈服于权力和金钱的态度，使最终报告较完善、较准确地反映市场活动的客观规律。

（三）熟悉市场调查报告的格式及内容

尽管市场调查报告的格式会因项目和读者的不同而有所差异，但调查报告要把市场信息传递给决策者的功能或要求是不能改变的。因此，在长期的商务实践中逐渐形成了调查报告的常规格式。当然，许多公司在其业务实践中都具有自己特点的报告格式，不同的专著或教科书也会对报告格式提出自家的建议。这里列出的写作格式是一种较全面的常规格式，以供调研者在从业时参考。市场调查报告的结构如图 5－2 所示。

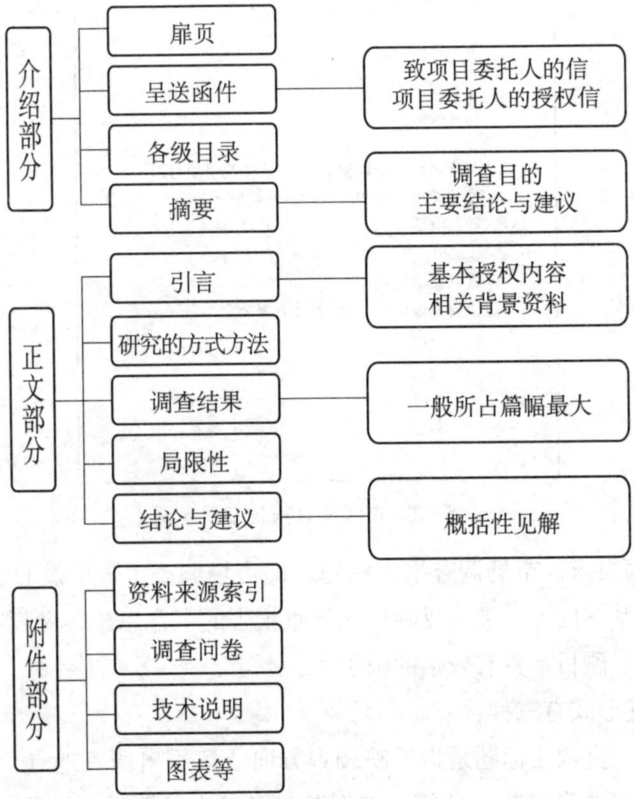

图 5－2　市场调查报告的结构

1. 介绍部分

介绍是调查的概况部分，作用是向读者阐明调查报告的主要内容。对于没有时间深入研究调查报告的读者来说，可以通过介绍部分对调查报告获得整体的概括性了解。调查报告的介绍部分一般包括四个方面：扉页、呈送函件、各级目录、摘要。

（1）扉页。扉页包括的内容有报告的标题、副标题（即该份调查报告提供的具体材料）、报告的提交对象、报告的撰写者和发布（提供）的日期。对于企业内部调研，报告的提交对象是企业某高层负责人或董事会，报告撰写者是内设调研机构。对于社会调研服务，报告的提交对象是调研项目的委托方，报告的撰写者是提供调研服务的调研咨询机构。在后一种情况里，有时还需要写明双方的地址和人员职务。

扉页的设计要求独特但不失稳重，能够迅速吸引读者；应简单醒目并点明调查报告的主题。一般情况下，扉页应放在调查报告的首页，但也有调查撰写者习惯把呈报函件放在首页，从而突出报告呈交给函件中的负责人。市场调查报告扉页示例如图 5－3 所示。

福州市 A 牌纸手帕市场调研报告

调查单位：福职院 A 牌纸手帕调研项目组
通信地址：福州市大学城联榕路×号
联系电话：××× ×××× ××××
E-mail：×××××××××@qq. com
报告提出日期：20××年××月
报告主送单位：LC 贸易有限公司

图 5－3　市场调查报告扉页示例

1）标题的撰写要求。市场调查报告标题，即市场调查报告的题目。市场调查报告的标题应概括全文的基本内容，准确反映市场调查报告的主题思想，做到高度概括、题文相符，要准确、简洁、醒目，具有较强的吸引力。

2）标题的叙述形式有三种：

第一，直叙式。直叙式标题是指反映调查方向或只透出调查地点、调查项目的标题。如“北京市居民住宅消费需求的调查”。这种标题的特点是简明、客观。

第二，表明观点式。表明观点式标题是指直接阐明作者的观点、看法，或对事物做出判断评价的标题。如“进口奶粉仍然是销售热点”。这种标题既表明了作者的态度，又揭示了主题，具有很强的吸引力。

第三，提出问题式。提出问题式标题是指以设问、反问等形式突出问题的焦点和尖锐性，吸引读者阅读、思考的标题。如“××牌产品为什么滞销”。

3）标题的表现形式：

第一，单标题。单标题是用一句话概括调查报告的主题或要回答的问题。一般是由调查对象及内容加上“调查报告”或“调查”组成。如“‘福州大学城学生街’调查报告”“××洗衣机在国内外市场地位的调查”“关于福州市家用电脑销售情况的调查”等。

第二，双标题。也叫双行标题，即一个正标题、一个副标题。一般正标题陈述调查报告的主要结论或提出中心问题，副标题则补充说明调查的对象、范围、问题。如“××牌产品为什么滞销——对××牌产品的销售情况的调查分析”“女人生来爱逛街——京城女士购物消费抽样调查报告”。

教学互动

请对“只有针对性强的标题，才能使市场调查报告发挥作用”的观点提出看法。

(2) 呈送函件。呈送函件包括授权信和提交信。

1) 授权信。授权信是由调研项目执行部门的上级给该执行部门的信，表示批准这一项目授权给某人（部门）对项目负责，并指明可用于项目开展的资源情况。在许多情况下，汇报信会提及授权问题，这样也可以不将授权信包括在调查报告中。但是当调查报告的提供对象对授权情况不了解，或者他需要了解有关授权的详情时，列出授权信提供这方面的信息则是必要的。授权信示例如图 5-4 所示。

授权信

一、授权方（甲方）
住址：
通信方式：
二、执行方（乙方）
住址：
通信方式：
三、项目内容（项目事由和具体要求）
1.……………………
2.……………………
3.……………………
四、授权时间
授权生效时间：
授权项目完成时间：
五、双方签字（盖章）

图 5-4 授权信示例

2) 提交信。提交信是以调查报告撰写者个人名义向报告提交对象个人写的一封信，表示前者将报告提交给后者的意思。在此信中，可以概括一下市场调研者承担并实施项目的大致过程，也可以强调一下报告提交对象需要注意的问题以及需要进一步调查研究的问题，但不必叙述调研的具体内容。其所用口气是个人对个人，因而可以不太受机构对机构的形式拘束，便于沟通双方的思想。在较正规的调查报告中，都应该安排提交信。当调查报告的正规性要求较低或调研活动是企业内部行为时，提交信可以从略。提交信示例如图 5-5 所示。

B 咨询公司的“提交信”

致 A 公司总裁 X 先生

事由：关于 A 产品市场销售状况的调查报告

尊敬的王总裁：

现将我单位完成的关于 A 产品在东北地区销售状况的调查报告呈上，请审阅。这份报告是我单位经过一年多的努力而完成的，调查的项目和内容是根据您于×年×月×日的授权书进行准备的。

根据调查结果，报告建议贵单位在东北地区销售 A 产品时，需要对这一市场的目标客户进行细分，对于现阶段能够提供的服务要进行认真的研究。在对目标顾客群体的调查中，我们了解到一些贵公司不曾关注的问题，比如在售后服务方面存在的问题，以及对于产品售后信息采集的不足。一些多年使用贵公司产品的顾客，他们就贵公司应采取的销售方式和促销措施提出了建议，我单位在综合这些顾客的建议基础之上，结合贵公司的销售现状以及目前该地区 A 产品存在的激烈竞争提出了一些建议，供您参考。

总的来看，这次调查的成果比较显著，调查的顾客群体给予了积极的配合，他们认为 A 产品在东北地区具有一定的竞争优势，但是要想在东北地区占有较大的市场份额，仍需要长期的努力，我单位确信这些研究成果具有一定的代表性。在调查中，我单位主要采取了抽样调查方法，设计了一套比较能够反映市场销售状况的调查问卷。对于调查结果，我单位也进行了统计分析，确认了这次调查统计的有效性。我单位建议，贵公司需要经常性地组织这样的调查，以把握目标市场顾客群体的需求。

我们还发现了另一个值得调查的问题领域，这就是重新划定销售区或的分界线。现在我们正在做一些初步思考。一旦我们确认应该对这个问题开展调查，就会向您提出建议。

最后，我们对您在这项重要的调查中给予的支持和理解表示感谢，并期待进一步的合作。

高级市场分析员

×××

年 月 日

B 咨询公司

总经理兼高级分析员

×××

年 月 日批准呈送

图 5－5 提交信示例

(3) 各级目录。各级目录的设立有利于读者了解报告的结构，快速查找到某一部分内容。通常在报告中编写两个层次的目录，较短的报告也可只编写一个层次目录。调查报告的撰写惯例是将文字内容、表格、图形、附录以及证据分别编写成各级目录。目录示例如图 5－6 所示。

1) 内容目录。即报告主体各章节的题目及其页码。

2) 表格目录。即报告中所用表格及其页码。

3) 图形目录。即报告中所用图形及其页码。

4) 附录目录。也称附件目录，是指各种附件及其页码。

5) 证据目录。即报告中的各种证据材料及其页码。

(4) 摘要。市场调查报告摘要是为了满足没有充裕时间阅读整个报告（特别是高层决策者），或由于不具备丰富的专业知识，只想尽快得到调查结论的读者的需要，而对报告核心和要点做出高度概括和总结的表现形式。许多高层管理人员通常只阅读报告的摘要，可见摘要很可能是调研者影响决策者的唯一机会。因此，摘要是调查报告的重要部分，必须写好。

目　录

一、摘要 …………………………………………………… 1
二、序言 …………………………………………………… 2
　1. 研究背景及目的 ……………………………………… 2
　2. 研究内容 ……………………………………………… 3
三、研究方法 ……………………………………………… 4
四、消费者调查结果 ……………………………………… 5
　1. ××××××××××××××× …………………………… 5
　2. ××××××××××××××× …………………………… 7
　3. ××××××××××××××× …………………………… 9
五、零售商调查结果 ……………………………………… 11
　1. ××××××××××××××× …………………………… 11
　2. ××××××××××××××× …………………………… 13
　3. ××××××××××××××× …………………………… 15
六、结论及建议 …………………………………………… 17
七、附录 …………………………………………………… 23
附录一　消费者调查问卷 ………………………………… 23
附录二　消费者问卷的原始统计数据 …………………… 25
附录三　零售商调查问卷 ………………………………… 30
附录四　零售商问卷的原始统计数据 …………………… 32

图 5-6　目录示例

摘要长度以 2～3 页为宜，因此作者要仔细斟酌哪些内容是足够重要的，需要在摘要中写明。摘要不是报告正文各章节的等比例浓缩。它要写得自成一篇短文，既要概括调研成果的主要内容，也得简明，重点突出。摘要通常包含四方面内容。

1）要申明报告的目的。包括重要的背景情况和项目的具体目的。

2）要给出最主要的结果。有关每项具体目的的关键结果都需写明。

3）注明下的结论。指的是在发现结果基础上的观点和对于结果含义的解释。

4）提出建议或者提议采取的行动。这是以结论为基础提出的。值得注意的是，在许多情况下，管理人士不希望在报告中提出建议。因此，是否在摘要中提出建议需要依报告的特定情况而定。

在书写调查报告摘要时，要对内容进行高度概括，简洁清楚地表达出内容，使读者既可以了解调查的全貌，又可以对结论有概括性的了解；要使用通俗精练的文字，避免生僻、过于专业性的词汇。通常情况下，摘要是放在报告前面，但是写作则是在整个报告完成后进行。

同步案例

手机市场调查报告

某高职院校对大学生手机市场进行调研后，撰写了市场调查报告。摘要部分如下：

年轻人都向往时尚，当今校园，手机已经占据了生活的方方面面。随着各种新奇样式和智能手机的推出，手机的游戏、上网、照相等功能越来越强大。它不但由通信工具逐渐变成了精神寄托、娱乐工具，也带来了另一种时尚之风。然而手机归属于移动通信设备，行业竞争日益激烈，国际品牌、国产品牌、山寨、走私水货等各式各样的手机涌入这个市场，这也让消费者购买手机的行为具有多样性。

本调查报告旨在通过对大学生手机消费情况的调查，探讨影响当代大学生购买决策的因素。为此，我们主要采用问卷调查法对 X 学院进行了调查，通过调查分析得出结论：影响大学生购买决策的因素主要分为两个方面。第一，外显因素，即手机本身特点（外观、质量、价格）；第二，潜在因素，即品牌（公司形象、知名度、广告）、销售方式（服务态度、销售模式、购买的物理环境）、流行时尚。

资料来源：夏学文．市场调查与分析 [M]．北京：高等教育出版社，2019.

2. 正文部分

正文部分是报告主体部分，是调查报告的核心。此部分内容应依据调查提纲设定的内容展开，主要包括引言、调查的方式方法、调查结果、局限性以及结论与建议。各个部分内容要求言之有理、有据，简练准确，但不需刻意注意辞藻华丽与承接关系，应当把整个报告作为整体来处理，注意符合逻辑。

(1) 引言。引言又称导语，是市场调查报告的前置部分，包括基本的授权内容和相关的背景资料。此部分写作要求简明扼要、精练概括。引言部分写作内容包括调查的对象与范围、调查目的、调查时间、调查地点、调查方法等与实施调查者相关的情况。引言也可用来概括市场调查报告的基本观点或结论，引导读者对全文内容、调查意义等获得初步了解。引言的主要写法有以下三种：

1) 先表明结论，然后逐步论证。首先写明调查结论，然后逐步论述观点。这种写法的特点是观点明确，使人一目了然。例如："我们通过对×可乐在福州市的消费情况和购买意向的调查，认为它在福州不具有市场竞争力，原因主要从以下几方面阐述：……"

2) 交代情况，逐层分析。报告开头写明调查对象的历史背景、大致发展经过、现实状况、主要成绩、突出问题等基本情况，进而提出中心问题或主要观点。例如："本公司于 2019 年 4～5 月间在北京、上海、广东、广州进行了一次大规模的抽样调查，力图考察我国通信网络的现状，并展望未来之路。在这次调查中，除了涉及特定专业问题外，还围绕着网络化的大趋势设计了许多问题，包括用户目前的网络使用情况、意见、需求等，调查对象是各种单位中通信网络或计算机方面的技术人员……"

3）开门见山，揭示主题。文章开始就先交代调查的目的或动机，精练概括，直切主题，起到画龙点睛的作用。例如："我公司受A智能家用电器公司的委托，对消费者进行一项有关扫地机器人市场需求状况的调查，预测未来消费者对扫地机器人的需求量和需求的种类，使A智能家用电器公司能根据市场需求及时调整产量及种类，确定今后的发展方向。"

（2）研究的方式方法。研究的方式方法是对技术问题的解释，因此清晰准确地阐明这个部分不是一件易事。主要有以下五个方面的内容需要阐明：

1）调查设计。不仅要叙述调查设计的内容，包括资料的收集、问卷的设计、抽样技术等，而且需要说明调查项目的类型、为何适用于此种类型。

2）资料采集方法。阐明所采集资料是一手资料还是二手资料，结果是通过询问、观察还是实验取得的等。所用调查问卷或观察记录表应编入附录。

3）抽样方法。表述出调查的目标总体是什么，抽样框如何确定，样本多少，是什么性质，是如何取得这些样本的等。这些问题的回答要根据相应的运算列明。

4）实地工作。为了增强最终结果的准确程度，此部分陈述启用了多少名、什么样的实地工作人员，如何培养实地工作人员，监督管理、检查实地工作人员的工作情况。这一部分对于最终结果的准确程度十分重要。

5）资料分析。对调查报告进行定量和定性分析，侧重于分析的计划、策略和结果。主要包括基本问题的原因分析、发展规律和趋势分析、利弊分析、调查问题相关因素分析。

如果有必要，调查报告中可以简单介绍所采用方式方法的特点，增强读者对调查结果的信任感。

（3）调查结果。调查结果在调查报告中所占篇幅最大，这部分报告应遵循一定的逻辑顺序，阐明调查的目标和要求、性质及调查所得结论。可以以叙述的形式表述所发现的结果，使得项目更真实可信，忌过分吹嘘。可将概括性的表格或图像放入其中，但是详细深入的表格或图像分析则应放在附录中。

教学互动

从调查报告要呈现客观的调查结果，思考市场调查人员在处理数据、制作调查报告时要遵守的道德规范。

（4）局限性。在市场活动中，由于不可控因素的存在，完美无瑕的调查是难以实现的，几乎所有调查都会有一定的局限性，正视报告的局限性是在为正确评价调查结果奠定基础。在调查报告中应该实事求是地分析局限性及其成因，把握好分析的分寸，不仅可以让读者详细地了解到调查报告的科学性，也可以避免读者怀疑调查结果的真实性。当然，也不可过分强调调查报告的局限性，造成本末倒置。

同步案例

客观呈现报告的局限性

《福州市 A 牌纸手帕市场调研报告》的局限性表述如下：

本次研究以鼓楼、台江、仓山、晋安、马尾五城区市民为研究对象，未涉及新设行政区域长乐区居民调查，因此本次研究使用的样本选择可能具有一定的偏差，收集得到的数据是 2017 年 11 月前福州市区居民纸手帕消费情况，所以得出的结论只适用于福州市鼓楼、台江、仓山、晋安、马尾五城区。此外，本次研究在数据分析过程中会出现分析者对问题的分析理解和界定有所不同，使得分析的结果受到一定的主观影响。

资料来源：本案例自编，取材于 2018 年的调研项目“福州市 A 牌纸手帕市场调研”。

（5）结论与建议。调查报告主体的最后部分是调查所得结论和建议，通常是由调查人员根据所得资料采用相关研究方法，进行定量和定性分析后所得出的概括性见解。

结论是在调研结果基础上形成的意见，要简明扼要，具有高度概括性，提出方式可用简洁而明晰的语言对调查前所提出的问题做明确的答复，同时简要引用有关背景资料和调查结果加以解释和论证。结论并不一定要单独列出来，它与调查课题有关，如果调查课题小，结论简单，可以直接与调查结果合并成一部分来写；反之，就应分开来写。

建议是针对调查获得的结论提出可以采取哪些措施、方案或具体行动步骤，要具有操作性、可行性。如媒体策略如何改变；广告主题应是什么；与竞争者抗衡的具体方法；价格、包装、促销策略等。需要指出的是：大多数建议应当是积极的，要说明采取哪些具体的措施或者要处理哪些已经存在的问题。尽量用积极的、肯定的建议，少用否定的建议。肯定的建议如“用加大广告投入”“将广告理性诉求为重点变为感性诉求为主”等。否定建议如“应立即停止某一广告的播放”，使用否定建议只叫人不做什么，并没有叫人做什么，因此应尽量避免使用。

在报告主体中，结论和建议应该详细，必要时可辅以佐证。

报告主体部分的最后，还要有结语。好的结语，可使读者明确题旨、加深认识，启发读者思考和联想。结语一般有以下几个方面：

第一，概括全文。经过层层剖析后，综合说明调查报告的主要观点，深化文章的主题。

第二，形成结论。在对真实资料进行深入细致的科学分析的基础上，得出报告的结论。

第三，提出看法和建议。通过分析，形成对事物的看法，在此基础上，提出建议和可行性方案。

第四，展望未来，说明意义。通过调查分析展望未来前景。

3. 附件部分

附件是调查报告的补充说明，主要用来论证、阐明与调查主体相关情况的扩充资料。主要包括：

（1）数据的统计表和统计公式及其详细计算。

（2）一手资料的相关情况（包括来源及联系对象的情况等），二手资料的来源索引。对于保密性的资料，必要时可根据双方签订的合同确认如何付费、承诺保密。

（3）调查问卷、访谈提纲。

（4）选定抽样样本的详细说明。

（5）相关的调查项目策划书、会议记录、手册等资料。

（6）主要质量控制数据。经验丰富的调查人员可根据调查中的拒访率、无回答率等判断结果的有效性。

市场调查报告一般包括上面讨论的各项内容，但是整个写作过程并不是先写摘要，再写正文，然后编附录。市场调查报告的撰写，首先是以市场调查的主题及其分解的题目为中心进行草拟；其次，扩展成以一个个分项题目为主体的分列报告；第三，对这些分列报告进行组合、扩充，加上必要的内容后成为市场调查报告的主体；第四，根据主体内容的需要编写附录；最后，根据主体的内容写出市场调查的摘要及目录。

以上是一份极正规的调查报告所应包含的所有组成部分，这种极正规的格式用于企业内部大型调研项目，或调研公司向客户提供的服务项目。对于那些不很正规的报告，某些组成部分可以略去不写，具体要根据项目的重要程度和委托方的实际需要，从最正规的格式到只有一份报告摘要的简化系列来选择一个适当的设计。

（四）学会市场调查报告写作技巧

调查数据经过统计分析之后，只是为我们得出有关结论提供了基本依据和素材，要将整个调查研究的成果用文字形式表现出来，使调查真正起到解决社会问题、服务于社会的作用，则需要撰写调查报告。调查报告是调查结果的集中表现，能否写出一份高质量的调查报告，是决定调查本身成败与否的重要环节，因此，必须关注撰写市场调查报告的技巧及注意事项。

1. 叙述的技巧

市场调查的叙述，主要用于开头部分，叙述事情的来龙去脉，表明调查的目的和根据、调查的过程和结果。此外，在主体部分还要叙述调查得来的情况。市场调查报告常用的叙述技巧有概括叙述、按时间顺序叙述、叙述主体的省略。

（1）概括叙述。叙述有概括叙述和详细叙述之分。市场调查报告主要使用概括叙述，将调查过程和情况概略地陈述，不需要对事件的细枝末节详加铺陈。这是一种浓缩型的快节奏叙述，要求文字简约，一带而过，给人以整体、全面的认识，以适应市场调查报告快速、及时反映市场变化的需要。

(2) 按时间顺序叙述。交代调查的目的、对象、经过、时间，往往用按时间顺序叙述的方法，井然有序，前后连贯。如开头部分叙述事情的前因后果，主体部分叙述事情的历史及现状，就体现为按时间顺序叙述。

(3) 叙述主体的省略。市场调查报告的叙述主体是写报告的人，在开头部分中出现后，在后面的各部分即可省略，并不会因此而令人误解。

2. 说明的技巧

调查报告以说明为主要表达方式，在报告中“说明”不仅用于陈述情况、介绍背景、反映事物特点和状况等，也用作罗列问题、分析原因以及总结经验和提出建议措施等。“说明”能解释研究对象及其存在的问题、产生的原因及解决问题的办法，增强读者对报告的信服。因此也可以把调查报告看成一种特殊说明文，特点在于细节之处都要做出说明。

调查报告中主要的说明方法有文字说明、表格说明及图形说明三类。

(1) 文字说明。

1) 数字说明。市场运作离不开数字。反映市场发展变化情况的市场调查报告，要运用大量数据，以增强调查报告的精确性和可信度。对于调查报告中大量的数据，说明时一定要确保准确。调查人员需要认真、反复核对，数字录入错误会导致读者对报告的信任度大大降低。数字说明要注意以下两点：

一是使用的汉字应和阿拉伯数字统一。即凡是可以用阿拉伯数字的地方均使用阿拉伯数字，具体来讲就是计量与数量（如 5%，30～70 等）、公历日期（如 21 世纪 20 年代、2016 年 1 月 1 日等）均用阿拉伯数字，星期几用汉字表达，临近的数并列连用表示概述时用汉字（如八九百万、三四天等）。

二是为了让数字更生动鲜明、通俗易懂，编写报告时需注意运用数字表达的技巧。例如：将“某企业年产 77 800 台洗衣机”表达为“每小时生产 80 台”，将“甲产品的成本每件降低 0.8 元”表达为“假设单价保持不变，当年销售量为 50 万件，即可增加销售收入 40 万元”。

2) 分类说明。市场调查中所获材料杂乱无章，根据主旨表达的需要，可将材料按一定标准分为几类，分别说明。例如：将调查来的基本情况按问题性质归纳成几类，或按不同层次分为几类。每类前冠以小标题，按提要句的形式表述。

3) 对比说明。市场调查报告中有关情况、数字说明往往采用对比形式，以便全面深入地反映市场变化情况。对比要清楚事物的可比性，在同标准的前提下，做切合实际的比较。

4) 举例说明。为说明市场发展变化情况，举出具体、典型的事例也是常用的方法。在市场调查中，会遇到大量事例，应从中选取有代表性的例子。

(2) 表格说明。表格以其清晰、直观、形象等特点，被广泛应用于市场调查与预测报告当中。制作表格时应注意以下几点：

1）每张表都要有序号和标题，标题要简明扼要，一般包括时间、地点和内容。

2）项目的排列顺序要适当，按所强调的要素排列。如若强调的是时间，则按时间顺序排列。

3）少用线条，以空白来分隔各项数据。

4）标明各种数据的单位，若只有一种单位，则在标题中统一注明。

5）层次不宜过多，变量较多时，可酌情列数张表格。

6）分组要适当，不宜过多或过少，以能说明问题为最优。

7）给出必要的说明和标注。

8）要标明数据的来源。

9）小数点、个位数、十位数等应上下对齐。

（3）图形说明。图形因其直观、形象、美观等特点，也被广泛应用于市场调查与预测报告当中。市场调查与预测报告中常见的图形有柱形图、饼状图、轮廓图、折线图等。可以根据需要来选择所要说明问题的图形。

设计和制作图形时应注意以下几点。

1）每张图形都要有序号、标题等相关说明。

2）根据说明需要排列项目。

3）尽量避免使用附加的图标说明，说明应尽量标在对应的位置上。

4）数据和作图之间用的笔墨的比例要适当，要既清晰又简明。

5）选择适当的度量单位，均衡地表现图形，使所有差异都是可视和可解释的。

6）作图时最好使用颜色，辅以文字说明。颜色和纹理的选择要有一定的逻辑性。

7）图形要符合客户的阅读习惯。

8）要注明数据来源。

【知识拓展】
各种图表的特性

3. 论证的技巧

（1）归纳论证法。从具体事实中抽象地提取出观点。撰写人员在获得大量的调查资料的基础上，运用科学分析法经过充分论证，得出结论并给出建议。

（2）局部论证法。市场调查报告不可能对整个报告进行论证，只能针对某一层面，在获得具体数据、资料的基础上，运用适当的分析法对这个层面进行分析论证得出局部结论。它是对主题进行细分后，每一个方面形成一个论点的方法。

4. 语言运用的技巧

（1）用词方面。市场调查报告中数词用得较多，因为市场调查离不开数字，很多问题要用数字说明。可以说，数词在市场调查报告中以其特有的优势越来越显示出重要作用。

市场调查报告中介词用得也很多，主要用于交代调查目的、对象、根据等，如用

“为、对、根据、从、在”等介词。

此外，还多用专业词，以反映市场发展变化，如“商品流通”“经营机制”“市场竞争”等词。为使语言表达准确，撰写者还需熟悉与市场有关的专业术语。

（2）句式方面。市场调查报告多用陈述句，陈述调查过程、调查到的市场情况，表示肯定或否定判断。祈使句多用在提议部分，表示某种期望。但提议并非皆用祈使句，也可用陈述句。

（3）用语要求。报告具有较强的说明性和应用性，因此对于语言有较高的要求。

1）严谨性。在报告中尽可能不要使用模棱两可的含糊词语，如大概、也许、或许、可能等，也不宜使用观点过多的长句；在使用强度副词和形容词时要注意程度差异，比如反应强烈、较大反响、有反应、有所反应这类词语的强度是递减的，用来形容“变化”的程度也有显著变化、很大变化、变化不大等区别；应灵活运用数词、介词（依据、对、为等），比如在同一段落中不宜频繁使用同一介词。另外，能用图表的情况下多用图表表示，避免用过多的文字。

2）简洁明了。在叙述、说明调查情况时，尽量通过较少的文字清楚地表达出较多的内容。这就对调查报告的撰写人员有一定的要求，只有撰写人员思维清晰、逻辑能力强、才能透过现象抓住调查的本质和关键，从而使概括和表述的语言更精简、准确。

3）通俗易懂。除了专业性极强的调查报告之外，大多数调查报告在语言上要求通俗易懂，避免晦涩字眼、俚语或者行话，报告只有朴实、平易近人，才有读者愿意阅读，才能发挥其作用。通俗易懂并非平淡无奇，这就需要撰写者不仅在语言表达上、文学修养上有一定的基础，而且需要加强训练，提高驾驭文字的能力。只有这样，撰写出来的调查报告才更具有价值。

5. 撰写调查报告应注意的问题

写一份好的调查报告不是件易事，调查报告本身不仅显示了调查的质量，也反映了作者本身的知识水平和文化素养。在撰写调查报告时，需要注意以下几个方面的问题：

（1）考虑读者。报告应当是为特定的读者而撰写的，他们可能是领导、管理部门的决策者，也可能是一般的用户。不但要考虑这些读者的技术水平、对调查项目的兴趣，还应当考虑他们可能在什么环境下阅读报告，以及他们会如何使用这个报告。有时候，撰写者必须适应有几种不同技术水平和对项目有不同兴趣的读者，为此可将报告分成几个不同的部分或干脆完全针对对象分别地撰写整个报告。

（2）力求简明扼要。调查报告的用语应该是精练的，删除一切不必要的词句，但也不能为了达到简洁而牺牲了完整性。

（3）行文流畅，易读易懂。报告中的材料要组织得有逻辑性，使读者能够很容易弄懂报告各部分内容的内在联系。使用简短的、直接的、清楚的句子把事情说清楚，比用正确的但含糊难懂的词语来表达要好得多。为了检查报告是否易读易懂，最好请两三个不熟悉该项目的人来阅读报告并提出意见，反复修改几次之后再呈交给用户。

(4) 内容客观。调查报告的突出特点是用事实说话，应以客观的态度来撰写报告。在文体上最好用第三人称或非人称代词，如“作者发现……”“笔者认为……”“据发现……”“资料表明”等语句。行文时，应以向读者报告的语气撰写，不要表现出力图说服读者同意某种观点或看法。读者关心的是调查的结果和发现，而不是你的个人的主观看法。同时，报告应当准确地给出项目的研究方法、调查结果的结论，不能有任何迎合用户或管理决策部门期望的倾向。

(5) 选用图表，说明和突出重点内容。用表格、图表、照片或其他可视物品来补充正文中的关键信息是十分重要的。直观可视的图表等对帮助报告撰写者和读者之间进行交流是很有好处的，也可以增强报告的效果。

(6) 详细注释报告中引用他人的资料。这一点是大多数人常忽视的问题之一。通过注释，指出资料的来源，以供读者查证，同时是对他人研究成果的尊重。注释应详细、准确，如被引用资料的作者姓名、书刊名称、所属页码、出版单位和时间等都应予以列明。

(7) 注意细节、消灭差错、外观美观。最后呈交的报告应当是专业化的，应使用质量好的纸张，打印和装订都要符合规范。对打印好的调查报告要反复仔细地检查，不允许有任何差错出现，特别是对于企业的名称、专业术语等更应仔细检查。如一些专门的英文单词，差错率往往很高，在检查时要特别予以注意。印刷格式应有变化，字体的大小、空白位置的应用等对报告的外观及可读性都会有很大的影响。同时报告的外观是十分重要的。干净整齐、组织得好的有专业味道的报告一定比那些匆匆忙忙赶出来的、外观不像样的报告更可信、更有价值。撰写者一定要清楚不像样的外观或一点小失误和遗漏都会严重地影响阅读者的信任。

教学互动

有人说：市场报告越长越能体现价值。你觉得呢？

任务二 提交市场调查报告

一、运用书面方式提交市场调查报告

调查人员将定稿后的调查报告打印为正式文件，而且要求对报告中所使用文字的字

体、字号、颜色、字间距等进行细心的选择和设计，文章的编排要大方、美观，有助于阅读。另外，报告应该使用质地较好的纸张打印、装订，封面应选择专门的封面用纸，封面上的字体大小、空白位置应精心设计。因为，粗糙的外观或一些小的失误和遗漏都会严重影响阅读者的兴趣，甚至其信任感。如果市场调查项目是由客户委托的，则往往会在报告的目录前面附上提交信（即一封致客户的提交函）和委托书（即在项目正式开始之前客户写给调查者的委托函）。一般来说，提交信中可以大概阐述一下调查者承担并实施的项目的大致过程和体会（但不提及调查的结果），也可确认委托方未来需要采取的行动（如需要注意的问题或需要进一步做的调查工作等）。有时候，提交信还会说明委托情况。而委托书则是表明授权调查者承担并实施调查项目，确认项目的范围和合同的时间、内容等。

二、运用口头方式提交市场调查报告

绝大多数市场调查项目在准备和递交书面报告之前或之后都要做口头陈述。它可以简化为在使用者组织的地点与经理人员进行的一次简短会议，也可以正式向董事会做一次报告。不管如何安排，有效的口头陈述均应以听众为中心，充分了解听众的身份、兴趣爱好、教育背景和时间等，精心安排口头陈述的内容，将其写成书面形式；也可以使用各种综合说明情况的图表协助表达；还可以借助投影仪、幻灯片或大型图片等辅助器材，尽可能"直观地"向全体目标听众进行传达，以求取得良好的效果。如有可能，应从市场调查人员当中抽取数人同时进行传达，各人可根据不同重点轮流发言，避免重复与单调。而且应该留适当时间让听众有机会提出问题。

三、策划与组织市场调查报告会

（一）市场调查报告会的准备工作过程

1. 分析听众

市场调查报告会应该符合听众的需求特点。因此，报告人应该首先了解听众的背景、兴趣、在项目中充当的角色和本身的影响程度。

2. 构思流程

高质量的市场调查报告会，需要报告人有精心、充分的准备。应该遵循书面报告的形式，报告人准备一个提纲和详细的梗概，按照报告的程序，将整个过程划分成几个板块，每个板块再列出具体步骤。

3. 制作演示文稿

将报告内容以演示文稿的形式表示出来。演示文稿因其良好的视觉效果能给人以专业化的印象。演示文稿是对报告内容的高度总结和概括，应该突出重点、彰显特点、突破难点。

4. 反复演练

市场调查报告会在某种程度上类似于演戏，可看成“制作性的演出”。要想取得好的效果，报告人必须反复演练，做模拟报告。只有这样才能不断发现问题并进行修正，使报告内容更加凝练，条理更加清晰。同时，模拟报告也能增加演讲者的自信，在现场报告时不怯场，使报告人更容易表述报告内容，加强与听众的互动，提高报告的质量。

（二）市场调查报告会的报告技巧

1. 挑选布置会场

首先，报告方应该组织相关部门和人员确定报告场地，对所需要的设备做认真的准备和检查。由于每一种会议都有其举办的特定的理由、目的与期望，因此在确定报告场所前要先了解清楚此次报告的目的，考虑会场的大小。例如：会场座席数目是否合适，会议室布局是否合理，能否让参会人员都毫不费力地看到讲话人员，会场设置能否让与会人员轻松方便地在会场里自由移动等。

最重要的是要考虑会场设施是否符合要求，包括投影屏幕、照明灯、音响、空调、桌椅安排等。一般来说，为配合报告效果，要求投影屏幕要具有相应的大小，以保证现场讲座时听众的视觉效果达到最佳。屏幕的悬挂要处于背光区，屏幕与投影中间必须无障碍。灯光音响要事先调好，以配合口头报告的效果。在进行陈述时灯光要暗，要保持场内安静，使参会人员的注意力集中到屏幕上。

2. 语言表述到位

市场调查报告会需要生动地描述所要传达的信息，让听众能够理解且对其感兴趣。语言要浅显易懂，叙述应简洁有力。报告人尽量避免使用调查行话，而应该使用简短而熟悉的词语，平实、通俗，使听者易于理解，“口头语”应杜绝。在做报告时，报告人不要说太多客套的废话，或做过多与主题无关的解释，务必让听众在最短的时间内知道你所要表达的重点意图。一般的规律是，听众在 3 分钟之内就会对口头报告内容下判断，此时如果还无法吸引听众，则说明报告人在叙述技巧和报告内容准备上还存在改进的空间。

成功的报告人一般都在下面几点做得较好：

（1）着装得体；

（2）准备充分，尤其是对开场白和结束语的准备；

（3）控制时间进度，结论和建议部分都留出足够时间；

（4）微笑自信，与听众有目光交流，鼓励听众参与；

（5）控制不必要的肢体动作；

（6）语速合理、音调适中、措辞准确、无口头语。

3. 注重互动与沟通

只有报告人自己的表情丰富、感情投入，才能带动听众深入其中理解和接受报告的内容。报告人一开始表情要积极、自信，有时稍微停顿一下可以有效地吸引听众的注意。报告过程中报告人应该站着说话且与听众保持良好的眼神接触。关注听众的回馈，促使听众对你的报告产生信任，并激励他们参与。报告人可在报告的过程中穿插一些问题与听众进行沟通，也可以鼓励听众将自己的意见写在纸上传递至报告人进行现场回答，还可以在幻灯片演示结束后，专门进行答辩和讨论。报告人要善于运用肢体语言，并运用各种手段活跃气氛，创造听众更容易接受并乐意参与进来的氛围。

4. 提供书面材料

有的市场调查报告会一开始就送上全体报告，这样往往使听众埋头苦读，而不理会报告人。因此，提供书面数据应该是“适当”的而非全部。报告人一般提供给听众一份口头报告的演示幻灯片复印件，报告流程和主要结论的摘要。需要强调的是，报告人提供的数据中不应该出现统计数据和图表，且书面数据应装订简洁，方便听众翻阅和批注记录。

5. 多媒体交叉使用

（1）幻灯片。将口头报告的主要内容制成 PPT 演示文稿是近年比较常用的做法。制作时，可有以下技巧。

第一，尽量遵守“诺亚法则”，即每张幻灯片上的字数不要超过 40 个，一个数字也算一个字。40 是最大的上限，20 是很好的平均数，低于 10 更好。如果字数少，可将字体放大或采用艺术字形。

第二，按照“总—分—总”的顺序组织幻灯片，即首先告诉听众报告的内容和思路，然后分别进行讲述，最后进行总结。

第三，采用高雅明快的颜色和图像设计，避免过于浮华。

第四，标题采用简洁的短语，而非完整的句子。

【知识拓展】
提交市场调查报告的注意要点和误区

第五，背景与文字的颜色反差尽量大些，这样易于阅读。

第六，可以将公司的图标等放在母版上，以作点缀。

（2）录音、录像。报告人在口头报告的过程中，插入必要的录音和录像，会增强报告效果，增加说服力。

（3）实物投影。报告人现场通过实物投影可以放大图形、表格、文件等数据，以及报告中需要展示的物品，这样更加形象直观。

（4）白板、黑板。报告人有时在现场用笔在白板或者黑板上讲解，更有助于听众理解解决问题的思路和过程，效果更直接。

任务三　跟踪与管理市场调查后的工作

一、帮助客户理解和使用市场调查报告

（一）指导市场调查结果使用者的意义

市场调查报告编写和解释工作的完成，并不意味着市场调查过程的结束和调查任务的最终完成。实际上，对市场调查结果使用者进行指导，是市场调查过程的一个有机组成部分，也是市场调查人员的一项任务。

（1）因为市场调查本身只是一种手段，而不是目的，其真正的目的是通过调查获取足够的信息资料，为正确的经营决策提供依据，所以，仅仅得到市场调查结果并未实现其目的，只有当使用者以市场调查结果为依据，指导其经营决策和经营业务，才能达到其目的。为此，调查者需要进一步指导使用者运用市场调查的结果。

（2）因为市场调查人员的帮助指导，对调查报告使用者来说是必要的，市场调查报告所反映的情况总是有一定的局限性，市场调查结果的使用者对市场调查报告的理解也有一定的局限性。为此，市场调查人员对市场调查报告的使用者给予指导，能够进一步向使用者传达报告中未能反映出来的信息，帮助使用者更好地了解有关情况。这种指导能大大提高调查结果的使用效果。

（3）对市场调查报告的使用者给予指导是市场调查承担者应负的职责，如同物质产品的生产经营者只对自己生产经营的产品进行售后服务一样，市场调查者也应对自己的产品——市场调查报告在提交给使用者以后继续提供服务。

（4）市场调查承担者对市场调查报告的使用者的指导也是评价市场调查结果的有效途径。使用者通过使用市场调查报告，对市场调查结果的评价往往具有更强的客观性和全面性；市场调查人员通过指导使用者的使用，可以随时与使用者沟通，听取其意见，对市场调查结果做出评价，能够发现问题，及时采取补救措施，这对市场调查者和使用者双方都是有益的。

（二）指导调查结果使用者

在市场调查的承担者和使用者为同一单位的情况下，双方的关系比较密切，市场调查的承担者对使用者的指导较容易。调查者和使用者之间协调、沟通可能仅仅涉及部门

之间的关系，在时间、空间等各方面的障碍较少，这样就可以采用较为灵活的指导方式。

如果市场调查的承担者和使用者不在同一单位，情况要复杂得多。由于在时间、空间上的障碍会给双方的沟通增加难度，双方的关系也会因为商业原因而疏远，容易产生沟通的障碍。为此，承担者要做好对使用者的指导，需要注意以下几点：

（1）市场调查的承担者要有为客户服务的观念，积极努力地为使用者提供方便，使用者也要积极与承担者协调配合。双方要相互支持、相互谅解，建立起亲密的合作伙伴关系。

（2）要有具体的行之有效的措施。如项目承担方要落实专人负责对使用方指导帮助的制度。在指导帮助的时间、方式等方面要有具体的规定。

（3）项目承担方对使用者具体的指导要在项目委托协议或合同条款中给予明确的规定，它有利于调研工作规范化，避免不必要的矛盾和产生负面的结果。

二、自我评价市场调查报告

一个完整的市场调查工作流程应该包括效果评估这一环节。在市场调查工作结束以后，应该对此次调查工作的效果做一次全面、深入、科学、合理的评估。调查目的是否达到？抽样方式和方法是否有效？问卷设计是否可行？工作流程是否流畅？调查预算的执行是否得当？调查时间（周期）的安排是否合理？分析预测的方法是否可靠有效？对实际情况能否起到作为依据的作用？这些都是我们要认真探究的问题。

企业对调查工作的关切点按重要程度依次分为调查工作的质量、委托方是否满意、时间投入和成本这四点。这也构成了市场调查工作效果评估的四方面内容。

（一）调查工作的质量

不管采用哪种市场调查方法，所获得的市场调查结果最终是服务于研究的目标的。市场的动态、客户的参差不齐、调查人员个人素质等因素决定了市场调查效益指数的不稳定性，那么就需要对市场调查进行相关评估，从而去完善和纠正市场调查的操作步骤，以提高市场调查的价值。

市场调查问卷和市场调查报告是市场调查工作中最重要的两份资料，关系着整个市场调查工作的成败，因此一定要重点评估。

1. 评估市场调查问卷

（1）问卷的真实性。结合市场相关数据，通过主观的判断，确定问卷的真伪度。因为问卷受调查人员以及调查对象的年龄、性格、受教育程度、生存环境、社会阶层等因素影响，同时受市场动态、市场区域、人文精神等其他因素的影响，所以其答题的正确性和一致性受到影响。研究者通过对问卷的验证，可以了解问卷本身是否优良，进而筛选、修正市场调查的数据，避免最初错误的判断。

（2）问卷的稳定性。在尽可能相同的条件下，隔一段时间对同一个区域进行两次调查，通过比较两次调查结果间的相关分析或差异的显著性来评定问卷的稳定性。或者，对同一种问卷，在同等条件下，可采用两种调查方法，通过对两种调查结果的比较，也可以判定问卷的稳定性。另外，也可以将相同条件下的两份问卷合在一起，通过两份问卷各自的数据间的关联和逻辑连贯性来判断市场调查的稳定性。

（3）问卷的关联性。将市场调查问卷的数据与企业最初研究的目标相比较，分析问卷与调查的目标的联系，检查问卷的内容与目标之间是否合适，衡量选择的项目是否符合研究的目的和要求，同时分析市场调查所获得的数据，是否符合市场经济发展的要求，是否是企业所需要的，是否经受市场变化的考验，要时刻把握数据和目标的直接联系。总之，市场调查要为企业服务，要创造效益，要时刻把握市场调查的核心与价值。

2. 评价市场调查报告

（1）评价标准：

第一，科学性。在分析市场调查数据时，是否采用了科学的分析技术。在抽样时尽量做到科学严正，不要凭主观情感判断。在分析市场调查表时，尽量将数据转换成多种直观图。在对所有数据进行统计汇总时，应由全体研究成员以会议的方式共同审核，并将汇总的数据分析表交由相关专家鉴定，然后存档作为公司提供决策的数据依据。

第二，目标性。市场调查表是否是企业最初研究目标需要的数据？能否作为公司决策和制定战略计划的数据依据？确定市场调查报告能否给出公司需要的答案？调查数据是否抓住了公司研究问题的核心所在？公司通过将市场调查报告和最初拟订的调查计划相比较，分析、研究调查是否达到了期望的目标，为下一阶段的市场调查提供参考标准。通过市场调查报告拟订公司决策计划。

第三，有效性。公司管理决策，很多方案都需要用市场调查数据作为决策依据。因为我们需要对每一次市场调查进行有效性评估，即对价值性、时效性、动态性等进行分析。首先，从价值性上讲，任何一个无价值的调查数据都是失败的市场调查，因为调查是为公司的长期战略创造价值。因此，需要分析市场调查报告的价值有多大，在哪些环境有价值、哪些环境没有价值，要分析调查数据的价值核心所在。其次，调查所获信息有生命周期，并不能无限制地使用，当然有些数据可以作为多个决策的依据，有些数据在几年的市场运行中也可以利用。因此需要对每次调查的数据进行生命周期分析。对于生命周期短的数据，可以通过二次市场调查、三次市场调查进行更新和补充，以保证调查数据的最新使用价值。最后，市场的任何波动都会影响评估市场调查数据的价值。而且公司的研究目标和问题来源于市场。因此，只有把握市场的发展趋势和动态，才能使市场调查真正服务于公司的研究目标和问题。

方案制定—设计问卷—选择抽样方法—整理手段的使用—分析预测方法的选择—调查报告的写作，每一个环节都要真实且准确，并保证整个市场调查工作的流畅性。

（2）评价内容：

第一，评价报告的由来和背景。

报告中应该写明项目提出的由来、项目的提出者和委托者、项目的承担者等。评价这一部分时，应注意主要问题有以下几方面：

- 报告是否描述清楚项目的提出者和委托者？
- 报告是否描述清楚项目的目的和应该完成的任务？
- 报告是否对项目的承担者做了清楚的描述？

第二，评价报告中的市场调查设计。

报告中应清楚地描述市场调查的规划和所用的方法、市场调查的对象和样本、市场调查的分析技术等。这些设计内容应该是与调查目标相适应的。评价这一部分应注意的主要问题有以下几个方面：

- 报告是否有一个完整的、描述清楚的调查设计？
- 调查设计是否与市场调查项目的目的相一致？
- 调查设计中是否存在会导致产生偏差的地方？
- 是否存在为了迎合赞助人而产生偏差的地方？
- 调查设计是否已对那些可能影响市场调查结果的各种外部因素进行了控制？
- 被调查对象能否准确地回答调查设计所提出的有关问题？
- 调查设计中是否对该市场调查项目的市场调查对象做了精确的描述？
- 设计的调查样本结构是否能有效地代表该项目的市场调查对象？
- 调查报告是否具体阐明了所用样本的类别及样本选择的方法？
- 市场调查报告是否具体描述了数据分析的方法？
- 报告的附件是否包括调查询问表、现场调查指导、抽样指导及其他一些能反映市场调查设计和实施过程的材料？

第三，评价市场调查过程的实施。

评价这部分内容主要是看各种信息是否由合格的人员运用与市场调查目的相适应的方法，仔细地收集汇总。评价这一部分应注意以下问题：

- 市场调查报告是否清楚地描述了资料收集过程？是否包括“质量控制”过程？
- 市场调查报告是否详细地说明了直接从中收集资料的样本部分？
- 具体的调查人员在收集资料的过程中是否采取措施，尽量降低可能发生的偏差？

第四，评价市场调查报告的可靠性和适用性。

评价报告的可靠性要看样本规模是否已在报告中做出解释，而且样本规模是否足够大以便使收集的资料具有可靠性。可提的问题有以下几个方面：

- 样本规模是否足够大到使所收集的资料具有较高的代表性和可靠性？
- 是否对选样中可能产生的偏差加以限制？
- 抽样过程中的误差是否得到说明？

● 对主要的市场调查结果，其报告中所列的误差允许值是否直接基于市场调查所得的数据分析？

评价报告的适用性主要看市场调查报告是否明确指明研究结果的使用范围。可提出的主要问题有以下几方面：

● 市场调查报告是否明确说明了资料的收集时间？

● 市场调查报告是否明确说明了除了那些直接的资料，市场调查结果是否可供应用？

● 市场调查报告所提供的资料中，是否说明了有些对象未被充分代表？

● 如果市场调查结果的使用有所限制，那么在报告中是否做了明确说明，或者什么事情在什么时候、在什么条件下可供使用？

第五，评价解释和结论。

评价这部分内容主要看调查报告中所涉及的所有假设、判断、结论、建议等是否做到了明确说明。评价这一部分时，应该注意以下问题：

● 市场调查报告中所包含的内容是否采用简单明确、直接的语言给予说明？

● 报告中使用的测量方法是否合理？

● 是否把市场调查所得的各种真实资料同那些基于这些资料所做的解释给予公开与公正说明？

● 在分析某些事物产生的原因和预测发展趋势时，是否严格按照事实根据，客观公正地进行？

第六，评价报告的公正性。

评价市场调查报告的公正性主要看报告是否对市场调查过程和结果进行诚实、公开、完整的叙述。应该注意以下问题：

● 调查报告是否对市场调查的过程做了充分、直率的描述？

● 所有的相关资料或结果是否都得到了反映？

（二）委托方是否满意

（1）总的调查目的是否达到；

（2）调查内容是否详尽、全面；

（3）调查的结果能否反映当前现状，体现企业背景；

（4）提出的建议或对策能否作为企业决策的重要依据；

（5）委托方的满意度如何。

（三）时间投入

（1）调查人员的反应是否迅速，能否在接到委托要求以后，短时间内就找到企业问题所在，确定调查方案。真正高效的调查人员拥有丰富的市场调查经验，具备经济学、统计学知识，能迅速找到企业存在的问题，以及调查需要解决的问题。

（2）调查人员能否及时开展调查工作，如果不能，就可能错过现实的市场环境。

（3）在调查过程中遇到特殊情况能否灵活应对，保证调查工作的正常开展。

（4）调查时间（周期）能否在预算范围内，有无延时现象。

（四）成本

（1）调查工作成本的具体使用情况。

（2）有无超出预算，主要的差异出现在哪里。

（3）整个调查工作的效率分析。委托方是否采纳调查建议或对策；采用了建议或对策后给企业带来了什么样的经济效益，如企业产品质量的改善、市场份额的增长幅度、市场竞争力的提高以及未来支出的减少等。

思政园地

保健品市场调查报告

一、基本情况

（1）调查总人数：共回收调研表格 110 份。

（2）应用分类：用于养生 11 人，药食联用 2 人，药食交替 2 人，食疗 94 人，病后康复 1 人。

（3）有可比性材料数：具有应用保健食品前后对比数据的材料 72 份。

（4）材料来源情况：美罗国际按中华亚健康研究协会的要求，发放统一表格，由消费者填写后直接寄给协会。

（5）调研涉及产品：均为美罗国际产品，有灵芝菌丝体胶囊、香杞胶囊、松茸胶囊、仙叶胶囊、慧源胶囊、新慧通胶囊、慧清胶囊、玫瑰胶囊、仁美营养胶囊、和中胶囊、红钙 d 胶囊、欣舒宁胶囊、桑菊灵芝茶、多糖蛋白粉等。

二、调查主要内容与结果

（一）产品应用定位

（1）养生：单独应用食用菌类保健食品，目的是“治未病”，即养生、防衰、强生（防感冒等疾病）。

（2）药、食联用：在应用明显毒性药物的同时，加用可减轻毒副作用的食用菌食品。如肿瘤化疗时可加用灵芝系列产品。

（二）经济对比

对 72 例保健食品应用前后有药物治疗做对比的人群进行了经济负担分析，72 例在应用保健食品前，曾以药物治疗花去医药费共计 208.435 2 万元，人均花费 2.894 9 万元，但均未获得满意效果，临床症状获得暂时缓解的人仅 20 人，占 27%，其余均无效。这 72 位消费者因药疗效果不佳停止用药，改为食疗，共花费 25.157 3 万元，人均消费 0.349 4

万元，取得显效的 60 人，占 83.3%，有一定效果的 12 人，占 16.6%。

（三）治疗与时间对比

对上述 72 位消费者在药疗和食疗上所耗的时间进行了对比，72 位消费者进行药物治疗所耗的时间总数为 6 558 个月，人均消耗时间为 91.08 个月（相当于 7.59 年），停用药疗，改用食疗后，72 人用于食疗的总时间是 327.89 个月，人均消耗为 4.55 个月。

资料来源：https://ishuo.cn/subject/bxpduu.html.

问题： 如何让保健品满足不同类型消费群体的健康发展需求？

提示： 近年来，随着人民生活水平的不断提高，中国人不仅要吃得饱，更要吃得健康，营养保健食品逐渐受到人们追捧。国家出台了许多政策支持保健食品的发展，其中《国民营养计划（2017—2030 年）》《“健康中国 2030”规划纲要》《关于实施健康中国行动的意见》等由中共中央、国务院和各部委印发的纲领性文件为整个大健康产业的发展提供了政策指导，明确了国家通过疾病预防、“治未病”以提升人民健康水平，预计 2025 年中国保健食品市场规模将达到 2 435 亿元。

【项目总结】

市场调查报告是市场调查人员对特定市场的某一方面的问题进行深入细致的调查之后，通过书面形式表达市场调查结果的书面报告，是市场调查活动的最终成果。一篇优秀的市场调查报告，能够透过调查对象的现象看本质，能够使市场主体更加深入而系统地了解市场，掌握和驾驭市场规律，分析市场的有关问题，制定正确的市场决策，编制科学有效的经营管理计划。

根据报告提供的内容可以将市场调查报告分为综合报告和专题报告两大类。根据企业开展经营活动的需要分类，可将市场调查报告分为市场商品需求的调查报告、市场与消费潜量的调查报告、市场商品供给的调查报告、商品价格的调查报告、商品销售渠道的调查报告、市场竞争情况的调查报告和经营效益的调查报告七类。

撰写市场调查报告时需要遵循易于理解和阅读、语言简练流畅、简要、实用、形式多样化等原则。

市场调查报告撰写步骤为：报告撰写前的准备工作、确定调查报告的主题、选取数据资料、拟定提纲、撰写初稿、修改定稿六个步骤。

正式的市场调查报告的格式一般包括介绍、正文和附件三部分。具体由扉页、呈送函件、各级目录、摘要、引言、研究的方式方法、调查结果、局限性、结论与建议、资料来源索引、调查问卷、技术说明、图表等各种附件等内容组成。

市场调查报告常用的叙述技巧有概括叙述、按时间顺序叙述、叙述主体的省略等。调查报告中主要的说明方法有文字说明、表格说明及图形说明三类。调查报告中主要的论证技巧有归纳论证法和局部论证法。调查报告中主要的语言运用的技巧包括用词、句式、用语要求等。

在撰写调查报告时应注意：考虑读者；力求简明扼要；行文流畅，易读易懂；内容客观；选用图表，说明和突出重点内容；详细注释报告中引用他人的资料；注意细节、消灭差错、外观美观。市场调查报告提交的方式有书面和口头提交两种方式。

市场调查报告会的准备工作过程包括分析听众、构思流程、制作演示文稿和反复演练等内容。

市场调查报告会的报告技巧有挑选布置会场、语言表述到位、注重互动与沟通、提供书面材料、多媒体交叉使用等。

对市场调查结果使用者进行指导，是市场调查过程的一个有机组成部分，也是市场调查人员的一项任务。

一个完整的市场调查工作流程应该包括效果评估这一环节。自我评价市场调查报告可以从调查工作的质量、委托方是否满意、时间投入和成本这四方面进行评估。

【项目检测】

一、单选题

1. 调查报告的介绍部分不包括（　　）。

A. 提交信　　B. 扉页

C. 目录　　D. 研究的方式方法

2. 按标题的叙述形式分类，“关于农村住房情况的调查”这则标题属于（　　）。

A. 表明观点式标题　　B. 直叙式标题

C. 提出问题式标题　　D. 暗示性标题

3. 在调查报告中对待局限性问题，错误的态度为（　　）。

A. 实事求是地分析局限性　　B. 把握好分析的分寸

C. 避免谈及调查报告的局限性　　D. 实事求是地分析其成因

4. 调查报告中关于调研项目的简要介绍指的是（　　）。

A. 摘要　　B. 目录　　C. 前言　　D. 结论和建议

5. 市场调查报告整个写作过程是（　　）。

A. 目录—摘要—正文—附录　　B. 目录—正文—摘要—附录

C. 正文—摘要—附录—目录　　D. 摘要—正文—附录—目录

二、多选题

1. 市场调查报告在营销管理活动中的作用有：（　　）。

A. 可以完整地表述调查结果　　B. 证明调查人员确实履行了合同

C. 可以用来衡量调查工作开展的质量　　D. 可以作为企业历史资料供以后参考

2. 目录一般包括（　　）。

A. 内容目录　　B. 表格目录　　C. 附录目录　　D. 证据目录

E. 图形目录

3. 了解报告听众应该做到（　　）。

A. 在进行解释之前，负责报告解释的小组必须认真分析和了解听取报告对象的特点

B. 掌握听众的身份、文化水平、兴趣爱好

C. 了解和掌握听众的需要及其关注点

D. 了解听众对市场调查问题的熟悉程度及以后对决策的参与程度

4. 需要解释调查报告的负面结果时，我们（　　）。

A. 不能回避负面的市场调查结果

B. 应该告诉客户事实真相是一个专业调查人员的职责

C. 应该真正对客户负责

D. 不能隐瞒那些负面结果或避重就轻

5. 自我评价市场调查报告可以从（　　）等方面进行评估。

A. 调查工作的质量　　B. 委托方是否满意

C. 时间投入　　D. 成本

三、判断题

1. 报告题目可以由一个正标题组成，也可以既有正标题又有副标题。（　　）

2. 解释调查报告就是要让调查报告的使用者或委托人确信：我们的调查报告正确无误，可以直接运用于市场营销管理决策中。（　　）

3. 自我评价市场调查报告可以为以后的调查工作积累有益的经验，以便更好地为用户服务。（　　）

4. 在口头提交市场调查报告时，需要详细解释每一个问题。（　　）

5. 评估调查报告时必须考虑调查成本。（　　）

6. 市场调查承担者有责任指导调查报告的使用者，使其能够正确理解报告、使用报告，这是市场调查工作的一部分。（　　）

四、简答题

1. 解释市场报告的意义。

2. 举例说明如何运用市场调查报告的叙述技巧。

3. 撰写调查报告有哪些注意点？

4. 策划和组织市场调查报告会的技巧有哪些？

五、案例分析题

一次失败的口头报告

王林是某管理咨询公司的项目经理。他和他的团队经过几个月的努力，终于完成了关于某产品的产品定位和市场细分的调查。在调查过程中，他们收集了大量的人口特征信

息、社会经济信息、消费心理信息和消费行为信息。最后，王林执笔、团队协作写出了一份几十页的长篇调查报告。

报告紧贴调查主题，逻辑结构清晰，主要论点突出，图表丰富。在调查报告的结论和建议部分，他们提出了几条产品定位的新思路，并且探索了几个可以重点开发的新市场。委托方项目经理仔细阅读了该报告，对王林和他的工作团队的工作评价很高，对调查报告很满意。委托方项目经理考虑到其他管理人员特别是高层管理者可能会因为工作繁忙无暇细读，或者会像对待普通文件一样漫不经心搁置一边不重视，因此，他请王林在周三的公司高层领导会议上做一个可投报告，介绍调查的情况和结果。

王林认为口头报告就是将书面文字以口头表达的形式表述一遍，这样可以使听众免于翻阅报告时带来的沉闷和枯燥，只需"聆听"即可。于是，他将调查报告的电子文档剪切成小段落，粘贴在一张张的幻灯片上，并在周三下午开会前事先进行演练。由于是自己执笔的东西，他对内容掌握得很熟练，感到很有把握。

会议上，王林通过演示和讲解将工作过程及发现的问题展现给大家。幻灯片上大量的统计数据和图表真的让与会者体会到他们工作的辛苦及结果的可信。然而不可否认的是，烦琐的资料像催眠剂一样令人昏昏欲睡。时间过了四十分钟，报告刚刚讲述了一半，王林发现有几位管理人员已经睡眼朦胧，项目经理也微蹙眉头，强打精神地倾听。这时，总经理发话了："对不起，打断一下，你们的调查工作很专业、很认真，但我们不需要你堆积这么多枯燥乏味的数据，我只需要知道你们的结论和建议，我们关心的是我们该采取怎样的措施。请明天上班时提交给我一份提要，三五页纸足够。谢谢你，今天咱们到此结束吧。"

王林感觉很委屈，自己经过精心演练和准备的报告，竟然换来这样的结果。同时又感到很茫然，他认为他的口齿清晰、声音洪亮，演讲内容逻辑清晰，为什么不能引起众人的兴趣，达不到预期的目的呢？问题出在哪里呢？

根据上述材料，回答以下问题：

1. 你认为该案例中王林做口头报告失败的原因在哪里？

2. 如果你是王林，你将如何改进？

【项目实训】

一、项目名称

撰写市场调查报告

二、实训目的

通过本次实训，学生能够撰写合格的市场调查报告并做口头汇报。

三、实训项目

1. 以各小组前期执行的项目为背景，完成调查报告的撰写。

2. 制作口头汇报市场调查报告 PPT。

四、实训组织与要求

1. 以 5～6 人为一组，选出小组组长，以组为单位开展实训；

2. 小组中每位成员完成组长分配市场调研报告中的内容，然后由组长编稿并组织小组讨论，最后确定市场调研报告；

3. 依据市场调研报告完成口头汇报市场调查报告 PPT；

4. 各小组选一位成员以 PPT 形式向全班同学汇报其设计成果，必要时其他成员可以补充说明；

5. 向全班同学简单展示其设计的市场调研报告 WORD 文本。

五、实训考核

考核成绩应根据各小组 PPT 汇报水平（含 PPT 设计水平）和 WORD 文本质量进行综合评分。

1. 小组自评（占 15%）；

2. 小组互评（占 35%）；

3. 老师总评（占 50%）。

参考文献

[1] 陈章，千彦．市场调查与分析 [M]．广州：华南理工大学出版社，2014.

[2] 侯佳，蔡志君，赵祁．市场调查与预测 [M]．长春：吉林大学出版社，2019.

[3] 陈松，惠青．市场调查与预测 [M]．长沙：湖南师范大学出版社，2020.

[4] 赵轶．市场调查与预测 [M]．北京：清华大学出版社，2017.

[5] 庄小将．市场调查与分析 [M]．上海：上海交通大学出版社，2016.

[6] 郑聪玲．市场调查与分析 [M]．北京：中国人民大学出版社，2016.

[7] 康杨，宋辉．市场调查分析与预测 [M]．长春：吉林大学出版社，2016.

[8] 杜明汉．市场调查与预测 [M]．大连：东北财经大学出版社，2014.

[9] 宋文光，刘巧兰，郝春霞．市场调查与预测 [M]．大连：大连理工大学出版社，2013.

[10] 谢平芳，黄远辉，向林峰．市场调查与预测 [M]．南京：南京大学出版社，2017.

[11] 覃常员，彭娟．市场调查与预测 [M]．大连：大连理工大学出版社，2018.

[12] 居长志，周峰．市场调研 [M]．南京：东南大学出版社，2019.

[13] 邓剑平，付强．市场调查与预测 [M]．北京：高等教育出版社，2015.

[14] 刘玉玲，王吉方．市场调查与预测 [M]．北京：科学出版社，2016.

[15] 覃常员，彭娟．市场调查与预测 [M]．大连：大连理工大学出版社，2018.

[16] 谢平芳，黄远辉，向林峰．市场调查与预测 [M]．南京：南京大学出版社，2017.

[17] 夏学文．市场调查与分析 [M]．北京：高等教育出版社，2019.

[18] 卢海涛，马楠，吴波虹，周永刚．市场调查与分析 [M]．北京：人民邮电出版社，2019.